Shimson_lab

필기 노트

2024

심우철
하프
모의고사

심우철 지음

**This
is
TRENDY
HALF!**

2024 심우철 영어 하프 모의고사 시리즈

Season 3. 국가직 대비

커넥츠 공단기 gong.conects.com
심슨영어연구소 카페 cafe.naver.com/shimson2000

회차 01 하프 모의고사

01 밑줄 친 부분과 의미가 가장 가까운 것은?

Some research suggests that multitasking can actually <u>hinder</u> your productivity.

① employ 고용하다; 이용하다 (= use, utilize, exploit)
② boost 신장시키다, 북돋우다
③ shift 바꾸다, 옮기다, 이동하다; 변화; 교대 근무
④ interrupt 방해하다, 중단하다

hinder 방해하다, 막다

방해하다, 금지하다, 막다
ban
forbid
prevent
prohibit
inhibit
hinder
outlaw
deter
disrupt
interrupt
impede
preclude

강화하다[시키다], 북돋우다, 신장시키다
enhance (향상시키다)
strengthen
reinforce
fortify
intensify
boost
consolidate (+ 합병하다, 통합하다)

해석 몇몇 연구는 멀티태스킹이 실제로 당신의 생산성을 방해할 수 있다고 시사한다.
① 고용하다, 쓰다 ② 신장시키다, 북돋우다 ③ 옮기다 ④ 방해하다
어휘 multitasking 멀티태스킹, 다중 작업 productivity 생산성

---

02 밑줄 친 부분과 의미가 가장 가까운 것은?

When we <u>set about</u> the manuscript review, our goal wasn't to rewrite it entirely.

① entitled 자격[권리/권한]을 주다; 제목을 붙이다
② completed 완성시키다, 끝내다; 완전한
③ initiated 시작하다, 착수 시키다
④ assigned 배정하다, 할당하다; 지정하다

set about 시작하다 (= set out, set off, start, begin, initiate); 처리하다

분배[배분]하다, 할당하다, 나누어 주다
distribute
dispense
assign (+ 지정하다)
allocate
hand out
pass out
allot
apportion
portion (+ 부분, 비율; 몫)

해석 우리가 원고 검토를 시작했을 때, 우리의 목표는 그것을 완전히 다시 쓰는 것이 아니었었다.
① 제목을 붙이다, 자격을 주다 ② 완성하다 ③ 시작하다 ④ 할당하다
어휘 manuscript 원고

② 관계사/의문사 ⟨p.191⟩

N +

(1) 관계대명사 ① 그런데 그 명사 ② 불완전 ③ 격 ④ 콤마·전치사 + that X
(2) 관계부사 ① 그런데 그 명사에서(는) ② 완전

⋈ + (3) 의문사 ① 해석 ② 완전/불완전 ③ 격 ④ 간접의문문 어순 (의+S+V)
(4) 복합관계대명사 ① 해석 ② 불완전 ③ 격
(5) 복합관계부사 ① 해석 ② 완전

④ 가정법 도치 ⟨p.180⟩

(1) 가정법 과거　　　　Were + S ~, S + 조동사의 과거형 + RV
(2) 가정법 과거완료　Had + S + p.p. ~, S + 조동사의 과거형 + have p.p.
(3) 가정법 미래　　　Should + S + RV ~, S + 조동사의 과거형/현재형 + RV
　　　　　　　　　　　Were + S + to RV ~, S + 조동사의 과거형 + RV
(4) 혼합 가정법　　　Had + S + p.p. ~, S + 조동사의 과거형 + RV + (now/today)

~이 없다면/없었다면 ⟨p.180⟩

~이 없다면　　　　　　If it were not for ~, S + 조동사의 과거형 + RV
(가정법 과거)　　　　= Were it not for ~,
　　　　　　　　　　　= But[Except] for ~,
　　　　　　　　　　　= Without ~,

~이 없었다면　　　　　If it had not been for ~, S + 조동사의 과거형 + have p.p.
(가정법 과거완료)　　= Had it not been for ~,
　　　　　　　　　　　= But[Except] for ~,
　　　　　　　　　　　= Without ~,

회차 01 하프 모의고사

03 어법상 옳은 것은?

① We could hear someone shouted at the TV.
　　　지각V　O　　　OC
　　　(능동)(→ shout 또는 shouting) 068-2

② A desert is a sand-covered plain(which nothing grows)
　　　　선행사　　　　　　　　　(→ where 또는 in which)
　　　　　　　　　　　　　　　　S　　　V　→ 완전

③ The park(in the middle of the woods) were amazingly beautiful. 080-2
　　　　　　　　　　　　　　　　　　　 (동)(단수)(→ was)　SC

④ Had it not been for his mistake, he wouldn't have gotten into so much trouble. 122
　　가정법 과거완료　　　　　　　　　　　　　　　　　　　　　　　+ 붙가산 N

전략
어휘 문법 → (동)　VS　(조)
　　　　　　(수일치)　(능·수동)
　　　　　　(능·수동)
　　　　　　　　　　　形 VS 부

① 지각동사·사역동사 ⟨p.172⟩

(1) 지각동사
watch, see, notice 023-1,　　　　　　+ O + RV·RVing (능동)
hear 026, listen to, feel　　　　　　　　　　　　　　to RV(X)
　　　　　　　　　　　　　　　　　　　　　　　　　p.p. (수동)

(2) 사역동사
make 027-1, have 028 + O + RV(능동) / p.p.(수동)
let 029　　　　　　　　 + O + RV(능동) / be p.p.(수동)
　　　　　　　　　　　　　　　　　　　　　　p.p. (X)

(3) 지각동사·사역동사의 수동태
S + 지각/사역 V + O + RV　→　O + be p.p. + to RV
　　　　　　　　　　　　　　　　　　　　　　　 RV (X)

해석 ① 우리는 누군가가 TV에 소리치는 것을 들을 수 있었다.
② 사막은 아무것도 자라지 않는 모래가 덮인 평원이다.
③ 숲 한가운데에 있는 공원은 놀랍을 정도로 아름다웠다.
④ 그의 실수가 없었으면, 그가 그렇게 큰 곤경에 빠지지는 않았을 것이다.

어휘 plain 평원 get into trouble 곤경에 처하다

회차 01 하프 모의고사

04 우리말을 영어로 잘못 옮긴 것은?

① 벤자민 프랭클린은 정직이 최선의 방책이라고 말했다.
→ Benjamin Franklin said[that honesty [is] the best policy]
S V O 불변의 진리(현재시제)
동(단수·현재)
069-2

② 그 진단을 통해 환자는 자신이 건강하다는 것을 알 수 있었다.
→ The diagnosis made possible for the patient[to find himself fit]
가O it 의미상S 진O
5V OC 5V O OC

③ 그 식당은 가장 신선한 재료만을 사용하는 데 전념하고 있다.
→ The restaurant is committed to using only the freshest ingredients.
+ RVing

④ 나는 가장 인기 있는 관광지 중 하나인 괌에 가본 적이 있다.
→ I have been to Guam(which is one of the most popular travel destinations)
주격 관·대
068-2
003-2
+ 복수N

① 시제 일치의 예외 (p.179)

(1) 항상 현재인 경우 : 불변의 진리/속담/습관
· 지구는 둥글다, 빛은 빠르다, 해는 동쪽에서 뜬다, 정직이 최선의 방책이다
· always, usually, every day

(2) 항상 과거인 경우 : 역사적 사실
· 한국 전쟁, 제1차 세계대전, 콜럼버스의 미국 발견

(3) 시간·조건의 부사절 : 내용상 미래(완료)시제를 현재(완료)시제로 대신 사용
· 시간 접속사 : when, while, until, after, before, as soon as, by the time
· 조건 접속사 : if, unless, once, in case, as long as

② make 027

(1) 사역동사로 쓰인 경우
· 목적격 보어에 원형부정사가 있는지 확인 (to RV X)
[수동태로 쓰인 경우, 뒤에 to RV가 있는지 확인 (원형부정사 X)

(2) [가목적어 - 진목적어] 구문인 경우
[가목적어 it이 있는지 확인 (it 생략 X)
[목적격 보어가 형용사인지 확인 (부사 X)

(3) 목적격 보어에 형용사가 있는지 확인 (부사 X)

find 032

(1) 가목적어-진목적어 구문일 경우,
· 가목적어 it이 있는지 확인 (it 생략 X)
· 목적격 보어가 형용사인지 확인 (부사 X)

(2) 목적격 보어에 RVing 또는 p.p.가 있는지 확인 (원형부정사 X)
ex) I found him sit on a chair.
sitting

④ have been to VS have gone to 126
[have been to : ~에 가본 적이 있다
[have gone to : ~에 가고 없다

어휘 diagnosis 진단 fit 건강한 ingredient 재료 travel destination 관광지

회차 01 하프 모의고사

③ (동)명사만을 쓸 수 있는 관용구문 (p.186)

look forward to 064 ~을 고대하다

be [used 057 / accustomed] to ~에 익숙하다

[object / be opposed] to ~에 반대하다

contribute to ~에 기여하다

be [devoted / dedicated / committed] to ~에 전념하다

when it comes to ~에 관해 말하자면

with a view[an eye] to ~할 목적으로

What do you say to ~? ~하는 건 어때?

---

05 밑줄 친 부분에 들어갈 말로 가장 적절한 것은?

A: Mike suddenly got relocated to England at his job. So we decided to throw him a farewell party tomorrow.

B: Really? I had no idea. I'll definitely be there!

A: Good. Mike will be so happy to see you.

B: By the way, _____ [빈칸 주변이 중요 / 준비하는 데 도움이 필요한지 묻는 표현]

A: No, it's okay. Everything's taken care of already. Your presence will be enough.

B: Alright then. I'll make sure to leave my schedule empty. See you then.

① when is Mike leaving for England? Mike는 언제 영국으로 떠날거니?

② have you prepared a speech for him? 그를 위한 연설을 준비 했니?

③ can you fill me in on the exact location? 정확한 위치를 알려줄 수 있니?

④ do you need a hand with the preparation? 준비에 도움이 필요하니?

③ fill sb in on ~에게 정보를 제공하다

해석: A: Mike가 직장에서 갑자기 영국으로 전근되었어. 그래서 우리는 내일 그에게 송별회를 열어주기로 했어.
B: 정말? 전혀 몰랐어. 꼭 갈게!
A: 좋아. Mike가 널 보면 정말 기뻐할 거야.
B: 그나저나, 준비에 도움이 필요하니?
A: 아니, 괜찮아. 이미 모두 다 된 상태야. 너의 참석이면 충분할 거야.
B: 그럼 알았어. 내 일정을 꼭 비워두도록 할게. 그때 봐.
① Mike는 영국으로 언제 떠나니?
② 그를 위한 연설을 준비했니?
③ 나한테 정확한 위치를 알려준다고?
④ 준비에 도움이 필요하니?

어휘: relocate 전근시키다 throw sb a party ~에게 파티를 열어주다 farewell 작별 take care of ~을 처리하다 presence 참석 leave for ~로 떠나다 fill sb in on ~에게 알려주다

02 회차 하프 모의고사

01 밑줄 친 부분에 들어갈 말로 가장 적절한 것은?

> Attending the safety workshop is _____ + _____ for all employees to ensure a secure work environment and compliance with company policies.

① optional 선택의, 선택적인, 임의의
② obligatory 의무적인, 강제의, 필수적인
③ credible 믿을 수 있는, 믿을만한 (= reliable, dependable, trustworthy)
④ excessive 지나친, 과다한, 과도한

필수적인, 의무적인

essential

necessary

vital (+ 생명의; 활기찬)

mandatory (+ 명령의)

obligatory

compulsory

fundamental (+ 근본적인, 기본적인)

required

requisite (+ 필요 조건)

imperative

inevitable (+ 피할 수 없는, 필연적인)

indispensable

해석 안전 워크숍 참석은 안전한 업무 환경과 회사 정책 준수를 보장하기 위해 전 직원들에게 의무적이다.
① 선택적인 ② 의무적인 ③ 믿을 수 있는 ④ 지나친, 과도한

어휘 ensure 보장하다 secure 안전한 compliance 준수

---

02 밑줄 친 부분에 들어갈 말로 가장 적절한 것은?

> If any disturbances or cheating _____ during the test, the officials will investigate to guarantee the fairness of the test results.

① brings out 들추어내다, 발매하다 (= release, publish, launch)
② brings back 돌려주다 (= return, give back); 상기시키다 (= remind, recall)
③ breaks down 고장 나다, 망가지다; 부수다, 분해하다 (= take apart)
④ breaks out 발생하다, 발발하다, 발병하다

bring으로 시작하는 중요 이어동사 추가 정리

bring about 야기하다, 초래하다 (= cause, bring on, give rise to)

bring forward 앞에 내놓다, 제시하다 (= present, propose, introduce)

bring up 기르다, 양육하다 (= raise); (화제를) 꺼내다, 제기하다 (= mention)

해석 시험 중 소란이나 부정행위가 발생하면, 관계자들은 시험 결과의 공정성을 보장하기 위해 조사에 들어갈 것이다.
① 들추어내다 ② 돌려주다 ③ 고장 나다 ④ 발생하다

어휘 disturbance 소란 cheating 부정행위 official 관계자 investigate 조사하다 guarantee 보장하다 fairness 공정성

회차 02 하프 모의고사

03 밑줄 친 부분 중 어법상 옳지 않은 것은?

Tutankhamen became the king of Egypt in 1348 B.C. and ① died when he was only 18 years old. He was buried in a tomb ② filling with Egyptian treasures. In 1922, British archaeologist Howard Carter broke through an inner door of King Tutankhamen's tomb. As he peered into the dark tomb ③ cautiously enough, he saw golden beds, couches, and jewelry. It was ④ the most complete and untouched royal tomb ever excavated.

동(수동)(→ filled)

③ enough의 어순 083
· 부사인 경우 형용사·부사 뒤에 쓰였는지 확인 (형용사·부사 앞 X)
ex) [small / long] enough (to RV) (~하기에) 충분히 작다/길다
'통 이너프 투~하고 예서를 앞으로 반복해서 외우는 게 편해요

해석: Tutankhamen은 기원전 1348년에 이집트의 왕이 되었고 고작 18세 때에 죽었다. 그는 이집트의 보물들로 가득 찬 무덤에 묻혔다. 1922년에, 영국의 고고학자인 Howard Carter는 Tutankhamen 왕의 무덤의 안쪽 문을 뚫고 들어갔다. 그가 어두운 무덤 안을 충분히 신중히 들여다봤을 때, 그는 금으로 만든 침대, 의자, 그리고 보석들을 보았다. 그것은 여태까지 발굴된 것 중에서 가장 완벽하고 손길이 닿지 않은 왕실의 무덤이었다.

어휘: archaeologist 고고학자 | 방언 break through ~을 뚫고 들어가다 | peer into ~을 유심히 들여다보다 excavate 발굴하다

04 우리말을 영어로 잘못 옮긴 것은?

① 우리는 비가 오기 전에 지붕을 고쳐야 한다.
→ We must get the roof repaired before it rains.
030-1 동(수동)

② Steve는 그 보고서를 3시까지 끝냈어야 했다.
→ Steve ought to have finished the report by three o'clock.
동작의 완료 시점

③ 도시들은 주차 수입으로 훨씬 더 많은 돈을 벌 것이다.
→ Cities will make much more money from parking revenue.

④ 문화적으로 중요하게 여겨지더라도, 방언은 계속해서 적게 사용되고 있다.
→ Although considering culturally important, dialects continue to be less used.
접속사 / 형용사 / 동(복수/능동) / 동(수동)
분사구문 (수동)(→ considered) 분사구문의 의미상 주어

② 조동사 + have p.p. : 과거 사건에 대한 추측이나 후회 (p.182)

must have p.p. — 반드시 ~했음이 틀림없다
must not have p.p. — 반드시 ~하지 않았음이 틀림없다

should have p.p. 056 — 당연히 ~해야 했는데 하지 않았다
should not have p.p. — 당연히 ~하지 말았어야 했는데 했다

may[might] have p.p. — 아마 ~했을 것이다
may[might] not have p.p. — 아마 ~안 했을 것이다

cannot have p.p. — ~했을 리가 없다
ought to have p.p. 129-3 — 당연히 ~해야 했는데 하지 않았다

need not have p.p. — ~했을 필요는 없었는데 했다

[had better / would rather / may as well] have p.p. — ~했던 편이 나았는데

어휘: revenue 수입 dialect 방언

7

회차 02 하프 모의고사

until VS by [165]

[until : 동작이나 상태의 지속 → '계속'이라는 말을 넣어 해석
  by : 동작의 완료 시점 → '늦어도'라는 말을 넣어 해석]

③ much [080-1]
(1) 형용사・부사의 비교급 수식 (원급 수식은 very)
(2) 뒤에 단수명사(부분가산명사)가 있는지 확인 (복수명사 X)

---

05 밑줄 친 부분에 들어갈 말로 가장 적절한 것은?

> A: Excuse me, but you look familiar. Have we met before?
> B: I don't think so. This is my first time here.
> A: Wait. Didn't you go to Eagle High School?
> B: Yes?
> A: Tom, right? Don't you remember me? We used to be on the same football team and practice after school together.
> B: John? You changed a lot! Sorry _____. 못 알아봤다는 표현

① I didn't recognize you 내가 너를 못 알아봤어
② it's been long time no see 오랜만이야
③ I was up all night last night 어젯밤에 한숨도 못 잤어
④ it caught my attention right away 그게 바로 내 관심을 끌었어

해석 A: 실례지만 낯이 익은데요. 우리 전에 만난 적 있나요?
B: 아닌 것 같은데요. 전 여기 처음이에요.
A: 잠깐만요. Eagle 고등학교 다니지 않았나요?
B: 네?
A: Tom 맞지!? 나 기억 못하겠어? 우리 같은 미식축구팀에 있어서 방과 후에 함께 연습하곤 했잖아.
B: John? 너 많이 변했구나! 못 알아봐서 미안해.
① 못 알아봐서
② 오랜만이라서
③ 어젯밤에 한숨도 못 자서
④ 그게 바로 내 관심을 끌어서

어휘 familiar 익숙한, 낯이 익은 after school 방과 후에 recognize 알아보다 be up all night 밤을 새우다 catch one's attention ~의 관심을 사로잡다

회차 03 하프 모의고사

01 밑줄 친 부분에 들어갈 말로 가장 적절한 것은?

The rapid evolution of technology and its _____ + _____ advancements showcase the incredible capacity of modern devices.

① sparse 드문, 희박한
② intuitive 직관적인
③ trivial 사소한, 하찮은
④ unprecedented 전례 없는 (= unparalleled, unmatched, unrivaled)

사소한, 하찮은
minor
trivial
negligible
insignificant

해석 기술의 급속한 진화와 진화된 전례 없는 발전은 현대 기기의 놀라운 능력을 보여준다.
① 드문 ② 직관적인 ③ 사소한, 하찮은 ④ 전례 없는
어휘 advancement 발전, 진보 capacity 능력

02 밑줄 친 부분과 의미가 가장 가까운 것은?

The company has refuted allegations that they turn a blind eye to posts on controversial content.

① embrace 포옹하다, 껴안다; 포용하다, 받아들이다; 포용; 수락
② eliminate 없애다, 제거하다
③ disregard 무시하다
④ ridicule 비웃다, 조롱하다; 비웃음, 조롱

turn a blind eye (to) ~을 못 본 체하다, 무시하다

무시하다, 폄하하다	없애다, 지우다, 제거하다
ignore	erase
neglect	remove
disregard	eliminate
dismiss	eradicate
discount	extinguish
despise	exterminate
look down on	uproot
make light of	root out
pass over (+ 배제하다, 제외시키다)	wipe out
put[lay] aside (+ 제쳐 놓다: 저축하다, 비축하다)	get rid of

해석 그 회사는 그들이 논란의 여지가 있는 주제를 담고 있는 게시물을 못 본 체한다는 혐의를 반박했다.
① 포용하다 ② 삭제하다 ③ 무시하다 ④ 조롱하는
어휘 refute 반박하다 allegation 혐의 controversial 논란의 여지가 있는

9

회차 03 하프 모의고사

03 어법상 옳은 것은?

069-3

① It was Switzerland in that the film was made.
   ① Switzerland where/in which
   ② in Switzerland that

② Depression would accompany her(for the rest of her life) **017**

③ You can't force people to do things(they don't want them)
   5V O   OC
   선행사 (that) 목적격 관·대 생략
   024 **071-1**

④ I asked him[how could I get to the airport]and he told me.
   4V IO DO I could

② REMALIODASC : 자동사 같은 타동사 ⟨p.171⟩

R resemble **015**, reach **016**
E enter
M marry **104-1**, mention
A accompany **017**, affect **105**, approach
L leave
I influence **106-2**
O obey, oppose
D discuss **013**
A answer, attend, address
S survive **018**
C consider, contact **014**

해석
① 그 영화가 만들어진 것은 바로 스위스에서였다.
② 우울증은 아마도 그녀 평생 내내 그녀와 함께할 것이다.
③ 당신은 사람들로 하여금 원하지 않는 것을 하라고 강요할 수 없다.
④ 나는 그에게 내가 공항으로 어떻게 갈 수 있는지를 물었고, 그는 내게 대답해 줬다.

어휘 depression 우울증 accompany 동행하다

③ 목적격 보어에 to 부정사를 사용하는 동사 : 코리아 파이팅 동사 (COREAF/P) ⟨p.173⟩

C cause **100**, compel
O order **101-1**
R require **098-2**
E enable, expect, encourage
A ask **024-2**, allow **025**, advise
F/P force, permit, persuade

④ 관계사/의문사 ⟨p.191⟩

N + ((1) 관계대명사   ① 그런데 그 명사 ② 불완전 ③ 격 ④ 콤마·전치사 + that X
     (2) 관계부사   ① 그런데 그 명사에서(는) ② 완전
M + (3) 의문사   ① 해석 ② 완전/불완전 ③ 격 ④ 간접의문문 어순 (의+S+V)
     (4) 복합관계대명사   ① 해석 ② 불완전 ③ 격
     (5) 복합관계부사   ① 해석 ② 완전

회차 03 하프 모의고사

04 우리말을 영어로 잘못 옮긴 것은?

① 그들은 교사이지만 둘 다 똑똑하지는 않다.

→ They are teachers, but neither of them <u>is</u> smart.
단수V
복수N

② 그 뉴스는 놀랍기보다는 실망스러웠다.
A
B

→ The news was <u>not so much</u> surprising <u>as</u> disappointing.
A   B

③ 그것을 누구든 마케팅을 책임지고 있는 사람에게 보내라.

→ Send it to [whomever] is in charge of marketing.
whoever V   주어 X   SC   → 불완전
불완전

④ 그녀는 아이들을 방치할 수 없었기 때문에 집에 있었다.

→ She stayed home because she could not <u>let her children be unattended</u>.
O   OC

① [one 003
     each 144
     either 161-2
     neither 162-2] of + 복수명사 + 단수동사 〈p. 176〉

어휘 be in charge of ~을 책임지다, 담당하다 unattended 지켜보는 사람이 없는, 방치된

---

② 영작 문제에서 A와 B를 바꾸는 것에 주의 〈p. 207〉

(1) 원급·비교급 표현

(2) 원인·결과 표현 : result in, result from / influence 106-1, be influenced by

(3) would rather A than B 054-2 / not so much A as B 172
(B하기보다는 차라리 A하겠다)   (A라기보다는 오히려 B인)

(4) not until A, B / cannot A without B
041-1

Hardly[Scarcely] A when[before] B
042

③ 복합관계사 〈p. 190〉

(1) 해석
복합관계대명사 [whoever / whomever / whosever 명사절 : ~하는 사람이면 누구나
                                           부사절 : ~하는 사람이면 누구든지 (제한된 선택)

         whichever [명사절 : ~하는 것이면 어느 것이든 (제한된 선택)
                      부사절 : ~하는 것이면 어느 것이든지 간에

         whatever [명사절 : ~하는 것이면 무엇이든 (막연한 선택)
                     부사절 : ~하는 것이면 무엇이든지 간에]

복합관계부사 [whenever 부사절 : ~할 때면 언제든지
              wherever 부사절 : ~하는 곳이면 어디든
              however 부사절 : 아무리 ~해도]

(2) 완전 vs 불완전
[복합관계대명사 + 불완전한 문장
  복합관계부사 + 완전한 문장]

(3) 격

· 복합관계사의 격은 주절에서의 격이 아니라
복합관계절 내의 격에 의해 결정됨

03 하프 모의고사

④ 지각동사·사역동사 <p.172>

(1) 지각동사

watch, see, notice [023-1], hear [026], listen to, feel + O + RV·RVing (능동) / to RV (X) / p.p. (수동)

(2) 사역동사

make [027-1], have [028] + O + RV(능동) / p.p.(수동)

let [029] + O + RV(능동) / be p.p.(수동) / p.p. (X)

(3) 지각동사·사역동사의 수동태

S + 지각/사역 V + O + RV → O + be p.p. + to RV / RV (X)

---

05 밑줄 친 부분에 들어갈 말로 가장 적절한 것은?

A: Winter vacation's finally here! What are you going to do?

B: I'm going to join a gym and lose some weight. I feel like I've gained too much weight lately.

A: _____. I'm feeling some extra weight around my belly too.
  (같은 입장이라는 표현)

B: Why don't we work out together at the gym?

A: That's a good idea. Which gym are you thinking of signing up for?

B: I'm thinking about the one near the school. Should we go and have a look this weekend?

A: Sounds good.

① That won't work 그건 효과가 없을 거야

② Take it or leave it 네 마음대로 해

③ Welcome to the club 나도 같은 처지야

④ Push yourself a little more 조금만 더 힘내

② Take it or leave it. 네 마음대로 해. / 하든지 말든지. / 싫으면 그만 둬.

③ Welcome to the club. 나도 같은 처지야.
= Join the club.

[해석]
A: 드디어 겨울방학이야! 너는 뭐 할 거야?
B: 헬스장에 등록해서 살을 좀 뺄 거야. 나는 최근에 살이 너무 많이 찐 것 같아.
A: 나도 같은 처지야. 나도 배에 살이 좀 더 찐 것 같아.
B: 우리 헬스장에서 같이 운동하는 게 어때?
A: 그거 좋은 생각이야. 어느 헬스장에 등록할 생각이야?
B: 학교 근처에 있는 곳을 생각 중이야. 우리 이번 주말에 가서 살펴볼까?
A: 좋아.
① 그건 효과가 없을 거야 ② 네 마음대로 해
③ 나도 같은 처지야 ④ 조금만 더 힘내

[어휘] sign up for ~을 신청[등록]하다 work out 운동하다 push oneself 스스로 채찍질하다

회차 04 하프 모의고사

01 밑줄 친 부분에 들어갈 말로 가장 적절한 것은?

His client was in a(n) _____ + _____ mood and did not lose his sense of humor.

① agreeable 기분 좋은, 유쾌한
② careless 부주의한, 경솔한 (= reckless, imprudent)
③ indifferent 무관심한, 냉담한 (= uninterested, apathetic)
④ noxious 유독한, 유해한

유독한, 유해한, 해로운, 치명적인

harmful
poisonous
toxic (독성의)
deadly
fatal
lethal
baneful
deleterious
detrimental
noxious
nocuous

02 밑줄 친 부분과 의미가 가장 가까운 것은?

In the latest financial report, executives were urged to account for the unexpected expenses that arose during the quarter.

① clarify 분명히 설명하다, 명확하게 하다 (= explain, illuminate)
② excel ~을 능가하다, ~보다 뛰어나다 (= exceed, surpass, outdo, outperform)
③ attribute ~의 탓으로 돌리다 (= ascribe); 속성, 특징 (= characteristic, feature, trait)
④ assess 평가하다, 감정하다

account for 설명하다 (= explain), 차지하다 (= occupy, take up)

평가하다, 감정하다

assess
rate
evaluate
appraise
gauge (+ 판단하다, 측정하다: 치수, 기준)
estimate (+ 추정하다: 추정)

for와 관련된 숙어 표현 추가 정리

stand up for ~을 옹호하다, 지지하다 (= stand for)
apply for ~에 지원하다
long for ~을 갈망하다 (= yearn for)
stand for ~을 나타내다, 상징하다, 대표하다, 지지하다 (= stand up for);
~에 입후보하다 (= run for)

회차 04 하프 모의고사

03 어법상 옳은 것은?

주격 관·대 + 불완전

① The woman (who lives next door to me) are a dancer.
S [066] 동 (단수/능동) → is
동 (단수/능동)

② The farther you go, however, the harder it is to return.
[173] 접속 S V SC ⓐ 가S V 진S 준 (능동)

③ I'm not accustomed to change my lifestyle to eco-friendly tendencies.
changing

④ Anyone (wishing to work on holidays) is asking to obtain permission in advance.
S 동 (단수/수동) 준 (능동)
(→ is asked)

③ (동)명사만을 쓸 수 있는 관용구문 〈p.186〉

look forward to [064] ~을 고대하다

be [used [057]] to ~에 익숙하다
  [accustomed]

[object] to ~에 반대하다
[be opposed]

contribute to ~에 기여하다

be [devoted] to ~에 전념하다
  [dedicated]
  [committed]

when it comes to ~에 관해 말하자면

with a view(an eye) to ~할 목적으로

What do you say to ~? ~하는 건 어때?

해석 ① 내 옆집에 사는 여자는 댄서이다.
② 그러나 멀리 가면 갈수록 돌아오기는 더 어렵다.
③ 나는 내 생활 방식을 친환경적인 성향으로 바꾸는 것에 익숙하지 않다.
④ 휴일 근무를 희망하는 사람은 누구나 미리 허가를 받을 것을 요구받는다.

어휘 eco-friendly 친환경적인 tendency 성향 obtain 얻다 permission 허가, 승인 in advance 미리

④ 목적격 보어에 to 부정사를 사용하는 동사 : 코리아 파이팅 동사 (COREAF/P) 〈p. 173〉

C cause [100], compel

O order [101-1]

R require [098-2]

E enable, expect, encourage

A ask [024-2], allow [025], advise

F/P force, permit, persuade

5형식 동사 ask의 수동태

S ask O to RV

→ O be asked to RV (by S)

② to 부정사와 동명사 둘 다 목적어로 취하지만 의미가 다른 동사 〈p.185〉

[to 부정사 : 미래적 (동작이 아직 X)
[동명사 : 과거적 (동작이 일어남)

· remember to RV ~하기로 한 것을 기억하다
  037   RVing ~한 것을 기억하다

· regret to RV ~하게 돼서 유감이다
  039   RVing ~한 것을 후회하다

· forget to RV ~하기로 한 것을 잊다
  038   RVing ~한 것을 잊다

· try to RV ~하기 위해 노력하다
         RVing 시험 삼아 ~해보다

· stop to RV ~하기 위해 멈추다
  040-1   RVing ~하는 것을 그만두다

tell 115

(1) '말하다' 동사 중 유일하게 4형식과 5형식 가능
(2) 4형식 동사로 쓰인 경우, 간접목적어 앞에 전치사 to가 없는지 확인 (to X)

③ I wish 가정법 : ~라면 좋을텐데 119 〈p.181〉

(1) I wish [+ 가정법 과거(과거V/were)   현재 사실의 반대
    현재   [+ 가정법 과거완료(had p.p.)   과거 사실의 반대

(2) I wished [+ 가정법 과거   과거 사실의 반대
    과거   [+ 가정법 과거완료   대과거 사실의 반대

회차 04 하프 모의고사

04 우리말을 영어로 잘못 옮긴 것은?

① 나는 설거지를 할 때마다 접시를 깨뜨린다.
→ I never wash dishes without breaking a dish.
　　　　　　　　　　　　　　+ RVing

② 나는 억눌렀던 감정을 내게 말한 것을 후회한다.
→ I regret telling you the feelings(that I suppressed).
　　　　+ RVing   IO DO ← 목적격 관·대 + 불완전 069-1
　　　　　　　　　　　　　　　　　목적어 X

③ 우리가 3년 전에 그 아파트를 구입했더라면 얼마나 좋을까.
→ I wish we had bought the apartment three years ago.
　 현재　　　가정법 과거완료
　　　　　　(과거 사실의 반대)

④ 이 시리즈의 각 권에는 교과서의 오디오 파일이 포함되어 있다.
→ Each of the books(in this series) include audio files of the textbook.
　　　　복수N　　　　　　　　 단수V includes

① ~할 때마다 ~하다 〈p.183〉
cannot ~ without RVing
cannot ~ but S + V
never ~ without RVing
never ~ but S + V

④ [one 003
  [each 144   of + 복수명사 + 단수동사 〈p.176〉
  [either 161-2
  [neither 162-2

어휘 suppress 억누르다, 참다

15

회차 **04** 하프 모의고사

05 밑줄 친 부분에 들어갈 말로 가장 적절한 것은?

A: Jane, could you help me with something?

B: Of course, what is it?

A: My thesis reviewer says he is no longer available.

B: Then, are you looking for someone else?

A: Yes, is there anyone you know who might be interested?

B: I can't think of anyone right now. _____동료들에게 말해봐 주겠다는 표현_____

A: You're all I've got. I'm glad that you have many close associates.

① That reviewer is really irresponsible. 그 검토자는 정말 무책임하다.

② I'll pass the word on to my colleagues. 내가 동료들에게 말을 전해 줄게.

③ I think your thesis will be worth reading. 나는 네 논문이 읽을 가치가 있을 거라고 생각해.

④ I'm happy to assist you in your research. 너의 연구를 돕게 되어서 기뻐.

해석 A: Jane, 나 좀 도와줄 수 있어?
B: 물론이지, 뭔데?
A: 내 논문 검토자가 더는 일을 못 한다고 하네.
B: 그럼 다른 사람을 구하고 있는 거야?
A: 응, 네가 아는 (사람 중에) 관심 있을 만한 사람이 있을까?
B: 당장 생각나는 사람이 없어. 내가 내 동료들한테 말을 전해볼게.
A: 너밖에 없다. 네가 친한 동료들이 많아서 기뻐.
① 그 검토자는 정말로 책임감이 없네.
② 내가 내 동료들한테 말을 전해놓을게.
③ 나는 네 논문은 읽을 가치가 있을 것이라고 생각해.
④ 너의 연구를 돕게 되어 기뻐.

어휘 thesis 논문 available 시간이 있는, 이용 가능한 associate 동료 irresponsible 무책임한 pass the word on ~에게 말을 전해주다

회차 05 하프 모의고사

01 밑줄 친 부분과 의미가 가장 가까운 것은?

Contemporary people, most of whom earn wages, expect their exertions to be rewarded by surviving the fierce competition.

① salaries 급여, 봉급
② endeavors 노력, 시도; 애쓰다, 노력하다 (= try, attempt)
③ loyalties 충성(심), 충심
④ dispositions 기질, 성향 (= temper); 배치, 배열

exertion 노력, 분투; 발휘, 행사
exert 노력하다; 발휘하다, 행사하다

해석 대부분 임금을 버는 현대인은 치열한 경쟁에서 살아남음으로써 그들의 노력이 보상을 받기를 기대한다.
① 급여 ② 노력 ③ 충성심 ④ 기질, 성향
어휘 contemporary 현대의, 동시대의 wage 임금 reward 보상하다 fierce 치열한, 격렬한

02 밑줄 친 부분에 들어갈 말로 가장 적절한 것은?

Although he achieved better results than his other colleagues, he would be _____ for promotion.

① turned to ~에 의지하다
② handed in 제출하다 (= turn in, give in, submit)
③ ruled out 제외시키다, 배제하다 (= exclude)
④ started over 다시 시작하다 (= restart)

의지하다, 의존하다

depend (up)on
rely on
lean on
count on
turn to
look to
resort to
draw on
bank on
fall back on
be contingent on

해석 비록 그는 다른 동료들보다 성과가 뛰어났지만, 승진에서 제외될 것이다.
① 의존하다 ② 제출하다 ③ 제외시키다 ④ 다시 시작하다
어휘 colleague 동료 promotion 승진, 진급

17

회차 **05** 하프 모의고사

03 밑줄 친 부분 중 어법상 옳은 것은?

"Everyone has the need to cry," says psychotherapist Vera Diamond. She explains that psychic therapy often ① <u>consists</u> the ways to permit people to
of
cry. She even gives crying exercises, in which patients practice crying just to
+ RVing
become used to ② <u>expressing</u> emotion. She suggests safe, private places to cry,
(동) relieving
like under the bedcovers or in the car. Crying is a way of ③ <u>relieve</u> tension, but
전치사 (동)
people don't like it when others cry because it <u>makes</u> them ④ <u>gloomily</u>. After
O OC (→ gloomy)
all, people may be holding back a need to cry, or they'll do just about anything
to make you stop crying.

① consist of [109-2]
(1) 능동태로 쓰였는지 확인 (수동태 X)
(2) consist 뒤의 전치사(of/in/with)에 따른 의미 구별
┌ consist of : ~로 구성되다
├ consist in : ~에 있다
└ consist with : ~와 일치하다

② used to [057] : 3가지 용법에 유의
┌ be used to RV : ~하는 데 사용되다
├ used to RV : ~하곤 했었다
└ be[get] used to RVing : ~하는 데 익숙하다[익숙해지다]

④ make [027-3]
(1) 사역동사로 쓰인 경우
┌ 목적격 보어에 원형부정사가 있는지 확인 (to RV X)
└ [수동태로 쓰인 경우, 뒤에 to RV가 있는지 확인 (원형부정사 X)
(2) [가목적어 - 진목적어] 구문인 경우
┌ 가목적어 it이 있는지 확인 (it 생략 X)
└ 목적격 보어가 형용사인지 확인 (부사 X)
(3) 목적격 보어에 형용사가 있는지 확인 (부사 X)

해석 "모든 사람은 울고 싶은 욕구를 가지고 있습니다."라고 심리치료사인 Vera Diamond는 말한다. 그녀는 심리 치료가 종종 사람들에게 우는 것을 허용하는 방법들로 구성된다고 설명한다. 그녀는 심지어 울기 운동도 시키는데, 그 운동에서 환자들은 단지 감정을 표현하는 데 익숙해지기 위해 우는 연습을 한다. 그녀는 울기 위한 안전하고 사적인 장소로 침대 커버 속이나 차 안을 제안한다. 우는 것은 긴장을 완화해 주는 한 방법이지만, 사람들은 다른 사람들이 우는 것을 좋아하지는 않는데, 왜냐하면 그것이 그들을 우울하게 만들기 때문이다. 결국, 사람들은 울고자 하는 욕구를 억제하고 있거나, 당신의 울음을 그치게 하기 위해 어떤 일이라도 할 것이다.

어휘 psychotherapist 심리치료사 psychic therapy 심리 치료 relieve 완화하다 gloomy 우울한, 비관적인 hold back 억제하다, 자제하다

회차 05 하프 모의고사

04 우리말을 영어로 가장 잘 옮긴 것은?

① 그들은 매일 서로 전화한다.
→ They **call** themselves every day.
each other
동 (복수/능동/현재)

② 면접을 본 두 후보 중에서 그가 더 나았다.
→ Of the two candidates interviewed he was the best.
better
형 (수동)

③ 그가 유학을 마칠 때쯤이면 그녀는 이미 결혼했을 것이다.
→ She will have been married by the time he finishes studying abroad.
+ RVing
미래완료   118 ~할 때 즈음에   동 (단수/능동/현재)
(시간 부사절)

④ 그들은 프로젝트 기간 동안 생기는 모든 문제를 처리할 것이다.
→ They will handle any issues (that **emerged during the project**)
069-1 emerge + 특정 기간
주격 관·대 + 불완전

---

② of the two
(1) 비교급 앞에 the가 있는지 확인 (the 생략 X)
(2) 비교급이 쓰였는지 확인 (최상급 X)
※ 기타 한정 비교
- of both : 둘 중의
- of the twins : 쌍둥이 중에서
- between[of] A and B : A와 B 사이[중]에서

어휘 candidate 후보 handle 처리하다 emerge 생겨나다

---

① ③ 시제 일치의 예외 ⟨p.179⟩
(1) 항상 현재인 경우 : 불변의 진리/속담/습관
· 지구는 둥글다, 빛은 빠르다, 해는 동쪽에서 뜬다, 정직이 최선의 방책이다
· always, usually, every day

(2) 항상 과거인 경우 : 역사적 사실
· 한국 전쟁, 제1차 세계대전, 콜럼버스의 미국 발견

(3) 시간·조건의 부사절 : 내용상 미래(완료)시제를 현재(완료)시제로 대신 사용
· 시간 접속사 : when, while, until, after, before, as soon as, by the time
· 조건 접속사 : if, unless, once, in case, as long as

③ marry 104
(1) 완전타동사임에 유의
ex) 그녀와 결혼하다 : marry her (O) / marry with her (X)

(2) be married to 형태로 가능
(결혼한 상태)

동명사를 목적어로 취하는 동사 : MEGAPEPACAS ⟨p.185⟩
Mind, Enjoy, Give up, Avoid 062, Postpone, Escape,
Practice, Finish, Appreciate, Consider 019-2, Anticipate, Suggest 061-2

④ for vs during ⟨p.204⟩
for + 불특정 기간 (주로 숫자를 포함 / for five years)
during 084 + 특정 기간 (주로 한정사 포함 / during the[his] vacation)

회차 **05** 하프 모의고사

05 두 사람의 대화 중 가장 어색한 것은?

① A: Excuse me, can you move over?

　　B: Well, there's no space here.

② A: Can I get a table for two?

　　B: You'll have to wait half an hour, ma'am.

③ A: We're behind schedule. Please hurry up!

　　B: Don't worry. We'll arrive right on time.

④ A: Oh my god! I can't find a place to park. → 주차하는 상황

　　B: Yeah, there's a lot of traffic. → 도로 위 교통체증이 상황

③ behind schedule 예정보다 늦은

해석 ① A: 실례하지만, 자리 좀 내주실래요?

　　　　B: 음, 여기 공간이 없네요.

　　　② A: 2인용 자리 있나요?

　　　　B: 30분은 기다리셔야 해요, 손님.

　　　③ A: 우리 예정보다 늦어지고 있어. 서둘러 줘!

　　　　B: 걱정 마. 우리는 제 때에 딱 도착할 거야.

　　　④ A: 세상에! 주차할 곳을 못 찾겠어.

　　　　B: 맞아, 교통체증이 심하네.

어휘 move over 자리를 내주다 space 공간 behind schedule 예정보다 늦은 on time 정각에, 제 때에 traffic 교통량

MEMO

회차 06 하프 모의고사

01 밑줄 친 부분에 들어갈 말로 가장 적절한 것은?

The transportation authority decided to _____↑_____ the subway line to the suburbs to accommodate the growing population in those areas.
수용하다

① extend 연장[확장]하다, 늘리다
② prevail 만연하다; 우세하다, 이기다
③ extinguish 끝내다, 없애다; 끄다
④ pretend ~인 체하다, 가장하다 (= simulate)

늘리다, 연장[확장]하다, 증가시키다

increase	expand
lengthen	enlarge
stretch	elongate
extend	prolong

없애다, 지우다, 제거하다

erase	exterminate
remove	uproot
eliminate	root out
eradicate	wipe out
extinguish	get rid of

해석 교통 당국은 그 지역의 늘어나는 인구를 수용하기 위해 지하철 노선을 교외로 연장하기로 결정했다.
① 연장하다 ② 만연하다 ③ 끝내다, 없애다 ④ ~인 척 하다

어휘 authority 당국 suburb 교외 accommodate 수용하다

02 밑줄 친 부분에 들어갈 말로 가장 적절한 것은?

Despite nationwide efforts to enhance the economy, the financial situation still seems ____↑____ for the country.

① at stake 위태로운, 위기에 처한 (= at risk)
② within range 사정거리 안의, 범위 안의
③ off its guard 방심하여
④ in accordance 준거하는 (cf) in accordance with ~에 따라

at과 관련된 숙어 표현 추가 정리

at a loss 당황한, 어쩔 줄 모르는
at odds with ~와 사이가 나쁜, 상충하는
at the mercy of ~의 처분대로, ~에 좌우되는
at the discretion of ~의 재량으로
at the drop of a hat 즉시, 지체없이
at the expense[cost/sacrifice] of ~을 희생하여

해석 경제를 신장시키려는 국가 전반에 걸친 노력에도 불구하고, 그 나라의 재정 상황은 여전히 위태로워 보인다.
① 위태로운 ② 사정거리 안의 ③ 방심하여 ④ 준거하는

어휘 nationwide 국가 전반에 걸친, 전국적인 enhance 강화하다, 높이다 financial 재정상의

회차 06 하프 모의고사

03 어법상 옳은 것은?

① They [forced] to take a reduction in their pay.
(동) (복수/수동) (→ were forced) (※ 시제가 달라지는 하지만, are forced도 가능)

② Old computers were not as [faster] as modern ones.
     A   비교되는 두 대상의 급 확인   B
           fast
        070-2

③ At no point did our parents tell us[what the problem was]
부정어 문두   V   S   4V IO DO   S' V'   주격 보어 X
→ 도치   068-2

④ There [are] books(which covers and backs are by far the best parts.)
(동) (복수)   whose ~의   S   V   SC
                  최상급 수식   불완전
                  가능

① 목적격 보어에 to 부정사를 사용하는 동사 : 코리아 파이팅 동사 (COREAF/P) 〈p. 173〉

C   cause 100, compel

O   order 101-1

R   require 098-2

E   enable, expect, encourage

A   ask 024-2, allow 025, advise

F/P   force, permit, persuade

② more[-er] ~ than 089 / as 088-1 / -est

(1) 혼용 · 중복 금지
   ┌ as ~ than
   │ as -er as ┐
   │ more -er │ X
   └ the most -est ┘

(2) 비교되는 두 대상의 급 확인

해석 ① 그들은 급여 삭감을 강요받았다.
② 오래된 컴퓨터들은 현대 컴퓨터만큼 빠르지 않았다.
③ 우리 부모님은 문제가 무엇이었는지 말씀해 주신 적이 없다.
④ 책의 앞표지와 뒤표지가 단연코 최고의 부분인 책들이 있다.

어휘 reduction 삭감 pay 급여 cover 표지 by far 단연코

---

⑤ 부조건 도치 〈p.208〉

(1) 부정어
     Only + 부사(구)(절) 170   + V + S

(2) 형용사 + be + S

(3) so 형/부 + V + S that ~

(4) and so
     and neither + V + S
     nor

※ 장소 · 방향의 부사구 ┌ S (대명사) + V → 도치 X
    (조건 도치)   └ V (1형식 자동사) + S (일반 명사)

tell 115

(1) '말하다' 동사 중 유일하게 4형식과 5형식 가능

(2) 4형식 동사로 쓰인 경우, 간접목적어 앞에 전치사 to가 없는지 확인 (to X)

④ there be 002

뒤에 나온 명사에 수일치 했는지 확인

whose 067

(1) '그런데 그 명사의로 해석되는지 확인

(2) 'whose + 명사' 뒤에 불완전한 문장이 있는지 확인 (완전한 문장 X)

   ex) They saw a house [whose windows] were all broken.
                     whose + N   불완전한 문장

비교급 강조 〈p. 206〉

much, still, even, (by) far, a lot + 비교급 (O)

very + 비교급 (X)

※ (by) far는 최상급 포함 수식 가능

회차 06 하프 모의고사

04 우리말을 잘못 옮긴 것은?

① 내가 외출한 사이에 그가 나를 방문했음이 <u>틀림없다.</u>

→ He **should** have visited me while I was out.
    must   S   V

② 우리는 그들에게 정보를 제공하지 않기로 결심했다.

→ We decided **not to provide them with the information.**
     + to RV   A   B

③ 그들은 그 일을 빠르고 효율적으로 끝내느라 바빴다.

→ They were busy getting the job done quickly and efficiently.
     030-1 5V   O   OC (순)(수동)
     + RVing

④ 그녀는 디저트를 먹고 싶은 충동을 참을 수밖에 없었다.

→ She had no choice but to endure the urge(to eat dessert)
     + RV

① 조동사 + have p.p. : 과거 시간에 대한 추측이나 후회 〈p.182〉

must have p.p.	must not have p.p.
반드시 ~했음이 틀림없다	반드시 ~하지 않았음이 틀림없다

should have p.p. 056	should not have p.p.
당연히 ~해야 했는데 하지 않았다	당연히 ~하지 말았어야 했는데 했다

may[might] have p.p.	may[might] not have p.p.
아마 ~했을 것이다	아마 ~안 했을 것이다

cannot have p.p.	ought to have p.p.	need not have p.p.
~했을 리가 없다	당연히 ~해야 했는데 하지 않았다	~했을 필요도 없었는데 했다

[had better / would rather / may as well] have p.p. ~했던 편이 나았는데

어휘 efficiently 효율적으로 endure 참다 urge 충동

---

while 085-1

(1) 접속사이므로 뒤에 절이 있는지 확인 : 접속사 뒤 명사(구)만 오는 것은 X

(2) 분사구문으로 쓴 경우, 준동사의 능·수동 확인

② to RV만 목적어로 취하는 동사 : 소기계약동결 〈p.185〉

(1) <u>소</u>망/<u>기</u>대 : want, expect

(2) <u>계</u>획 : plan

(3) <u>약</u>속 : promise

(4) <u>동</u>의 : agree

(5) <u>결</u>정 : choose, decide, refuse

(6) 기타 : afford, manage, fail

기타 주의해야 할 동사 〈p.174〉

분리·박탈 동사 + A + of + B

rob
deprive   + A + of + B
relieve

인지동사 + A + of + B
코인노래방 완전 아주칠해

코   convince 094
인   inform 095   + A + of + B
노   notify   + A + of + B
래   remind 096   + A + that절
완   warn
아주   assure

제공 동사 + A + with + B

provide
supply   + A + with + B
present
equip

금지·억제 동사 + A + from RVing

prevent 022
prohibit
discourage   + A + from RVing
stop 040-2
keep 021
deter

회차 06 하프 모의고사

③ 준동사 관용 표현 <p.186>

(1) It is no use[good] [132] RVing : ~해도 소용없다

= It is of no use to RV

(2) There is no RVing : ~하는 것은 불가능하다

(3) be worth [135-1] RVing : ~할 가치가 있다

(4) be busy [063] (in) RVing : ~하느라 바쁘다

(5) make a point of RVing : ~하는 것을 원칙으로 삼다

= make it a rule to RV

(6) have difficulty[trouble, a hard time] (in) RVing : ~하는 데 어려움을 겪다

(7) On[Upon] RVing : ~하자마자

(8) spend [134] + 시간/돈 + (in) RVing : ~하는 데 시간/돈을 쓰다

(9) come near to RVing : 거의 ~할 뻔하다

④ cannot help RVing [133] ~하지 않을 수 없다
피하다(avoid)

= cannot but RV
제외하고(부사)

= have no choice but to RV

= cannot choose[help] but RV

---

05 밑줄 친 부분에 들어갈 말로 가장 적절한 것은?

> A: Hey, do you have a moment to discuss something?
> B: Sure, what is it about?
> A: I was wondering if you could cover some of my tasks tomorrow. Unfortunately, my uncle passed away, and I need to attend the funeral.
> B: I'm really sorry to hear that. Of course, I can take over some of your work.
> A: Thank you so much for your support.
> B: No problem at all. _____

애도를 나타내는 표현

① Enjoy your time off. 쉬는 시간을 즐기세요.
② I hope he gets better soon. 저는 그가 빨리 낫기를 바랍니다.
③ Please accept my condolences. 진심으로 애도의 말씀을 드립니다. / 애도를 표합니다.
④ I'm sorry for the inconvenience. 불편을 끼쳐드려 죄송합니다.

take over 넘겨 받다, 떠맡다, 대신하다; 점령하다; 매수하다, 인수하다

해석
A: 저기, 잠깐 의논할 시간 있나요?
B: 네, 무엇에 관한 일인가요?
A: 내일 제 업무 일부를 좀 맡아주실 수 있을까 해서요. 유감스럽게도 삼촌께서 돌아가셔서 장례식에 참석해야 해요.
B: 정말 유감이네요. 일부 업무를 당연히 대신 해드릴 수 있죠.
A: 도와주셔서 감사해요.
B: 천만에요. 애도를 표합니다.
① 쉬는 시간을 즐기세요.
② 그가 빨리 낫기를 바랍니다.
③ 애도를 표합니다.
④ 불편을 끼쳐 죄송합니다.

어휘 cover 입다 떠맡다 pass away 사망하다, 돌아가시다 funeral 장례식 take over 떠맡다 get better (병·상황 따라가기)
좋아지다, 호전되다 condolence 애도, 조의 inconvenience 불편

회차 07 하프 모의고사

01 밑줄 친 부분에 들어갈 말로 가장 적절한 것은?

The ___ + ___ and detailed footnotes(found in most academic books)are designed to give credit to the authors for their sources.

① ample 충분한, 풍부한

② rebellious 반항적인, 반란하는 (= defiant, disobedient)

③ vague 모호한, 애매한, 희미한

④ unnamed 익명의 (= anonymous, unknown, unidentified)

풍부한, 풍족한, 충분한

enough	plentiful
adequate	luxuriant (+ 화려한, 번창한; 기름진, 다산의)
abundant	sufficient
affluent	opulent (+ 호화로운)
ample	

모호한, 흐릿한

unclear
vague
obscure
ambiguous
equivocal

해석 대부분의 학술서적에서 볼 수 있는 풍부한 그리고 상세한 각주들은 저자들의 출처에 공을 돌리기 위해 고안되었다.
① 풍부한 ② 반항적인 ③ 모호한 ④ 익명의

어휘 detailed 상세한 footnote 각주 give credit 공로를 인정하다 source 출처

02 밑줄 친 부분과 의미가 가장 가까운 것은?

(As part of the New Year routine) Mark is eager to <u>dispose of</u> unnecessary items (that have accumulated over the years)

① refine 정제하다; 개선하다, 세련되게 하다, 다듬다

② conform 따르다, 순응하다 (to) (= comply with): 일치하다

③ dump 내버리다, 털썩 내려놓다: 팔아 치우다; 쓰레기 더미, 폐기장

④ preserve 지키다, 보호하다, 보존하다 (= protect, maintain, conserve)

dispose of ~을 처리하다, 처분하다

해석 새해 일과의 일환으로 Mark는 수년간 쌓인 불필요한 물건들을 처분하고 싶어 한다.
① 정제하다, 개선하다 ② 따르다, 순응하다 ③ 버리다 ④ 보존하다
어휘 routine 일과 be eager to ~을 하고 싶어 하다 accumulate 모으다, 축적하다

회차 07 하프 모의고사

03 밑줄 친 부분 중 어법상 옳지 않은 것은?

Storms affect birds in a variety of ways. When a storm is approaching, birds
  RV1
may stop flying and ① rest in nearby trees. If the coming storm is a severe one,
              RV2
              S   V   SC → 완전
the birds may fly off to an area ② (where the weather is clear) Birds may appear
  SC1 ⓐ   SC2 ⓐ   074-2
③ uneasy and nervous when a storm is on its way. They might become noisier.
  152
When a snowstorm is coming, birds may eat more, too. They seem to realize
                      목적어 중복 X
                        A
that food might be difficult ④ to get it (for a while)
                      목적어 중복 X

② 관계사/의문사 ⟨p.191⟩

N + (1) 관계대명사 ① 그런데 그 명사 ② 불완전 ③ 격 ④ 콤마·전치사 + that X
    (2) 관계부사 ① 그런데 그 명사에서(는) ② 완전

M + (3) 의문사 ① 해석 ② 완전/불완전 ③ 격 ④ 간접의문문 어순 (의+S+V)
    (4) 복합관계대명사 ① 해석 ② 불완전 ③ 격
    (5) 복합관계부사 ① 해석 ② 완전

③ 2형식 관련 주요 문제 ⟨p.171⟩

(1) 오감V   look 008-1, smell, taste, sound, feel + ⓐ / like + 명사(구)(절)
(2) 판단·입증V   seem, appear, prove, turn out + (to be) ⓐ / to RV
(3) 상태변화V (~되다) become 009, get 030-2, turn, grow, go, come, run, fall + ⓐ
(4) 상태유지V (~이다) be, remain 010, stay, keep, hold + ⓐ

④ 난이형용사 구문 077

: difficult, hard, tough / easy / possible, impossible

(1) 문장의 주어 확인 (to RV의 의미상 주어는 주어 자리에 X)
(2) to RV의 목적어가 문장의 주어로 오는 경우,
    to RV의 목적어가 없는지 확인 (목적어 중복 X)
(3) 진주어 자리에 to RV가 있는지 확인 (that절 X)
    (cf) possible, impossible의 경우 진주어로 that절 가능

it/them 목적어 중복 X ⟨p.202⟩

(1) A + 목적격 관계대명사 + S + V + it/them (X)
(2) A + to RV + it/them (X)
(3) A + be + 난이형용사 + to RV + it/them (X)
(4) A + be + too + 형용사 + to RV + it/them (X)
(5) A + be + worth + 동명사 + it/them (X)

해석 폭풍은 다양한 방식으로 새들에게 영향을 미친다. 폭풍이 다가오면 새들은 나는 것을 멈추고 가까운 나무에서 쉴지도 모른다. 만약 다가오는 폭풍이 맹렬한 것이면, 새들은 날씨가 맑은 지역으로 날아가 버릴 수도 있다. 새들은 폭풍이 오는 중일 때 불안하고 예민해 보일지도 모른다. 그들은 더 시끄러워질 수도 있다. 눈보라가 다가오고 있으면 새들은 더 많이 먹을지도 모른다. 그들은 얼마 동안 먹이를 찾는 것이 어려워질지도 모른다는 것을 깨닫는 것 같이 보인다.

어휘 approach 다가가다[오다] fly off 날아가 버리다 uneasy 불안한 on its way 가는[오는] 중인

회차 **07** 하프 모의고사

04 우리말을 영어로 잘못 옮긴 것은?

② 사람의 성격[성질]을 나타내는 형용사 ⟨p.195⟩

It is 사람의 성격 ⓐ of + 목적격 (의미상 S) to RV
　　　　　　　　　　(for X)

→ kind　considerate　thoughtful [127]
　　　(사려 깊은)　　　(사려 깊은)
　wise　clever　generous
　foolish　rude
　　　　　　　stupid

③ S도 또한 그렇다(긍정 동의)/안 그렇다(부정 동의) ⟨p. 208⟩

~, and so/neither V + S
　　　　　(5)　　(4)　(3)
　　　　(1)　　(2)

(1) and가 있는지

(2) 긍정(so)인지 부정(neither)인지

(3) V + S의 어순이 맞는지

(4) 대동사[do동사/be동사/조동사]가 제대로 있는지

(5) and neither = nor

④ enough의 어순 [083]

· 부사인 경우 형용사·부사 뒤에 쓰였는지 확인 (형용사·부사 앞 X)

ex) [small] enough (to RV) (~하기에) 충분히 작다/길다
　　[long]

① 그는 항상 자신이 진짜 의사인 것처럼 말한다.
→ He always speaks as if he were a real doctor.
　　　　　　　　　　현재　　　　가정법 과거
　　　　　　　　　　　　　(현재 사실의 반대)

② 그녀가 나서서 먼저 행동하다니 정말 멋졌다.
→ It was very nice of her to step up and act first.
　　　　　　　　　of + 의미상 S　　(to)　　(등동)

③ 감독은 그 전술을 좋아하지 않았고, 나머지 선수들도 마찬가지였다.
→ The manager didn't like the tactics, and nor did the rest of the players.
　　　　　　　　　　　　　　　　　　(→ and neither / nor)

④ 그 학교 운동장은 22명이 무리 없이 축구를 할 수 있을 정도로 충분히 넓다.
→ The school playground is large enough for 22 people to play soccer without difficulty.
　　　　　　　　　　형용사　부사　　　　부사적 용법 (등동)

① as if[though] 가정법 : 마치 ~처럼 [120] ⟨p. 181⟩
(1) as if[though] + 가정법 과거 : 마치 ~인 것처럼
(2) as if[though] + 가정법 과거완료 : 마치 ~이었던 것처럼
※ 단순 추측의 의미로 쓰일 때에도, 가정법이 아닌 직설법이 올 수 있음.

어휘 tactic 전술

27

05 밑줄 친 부분에 들어갈 말로 가장 적절한 것은?

A: How about the job applicants this time?

B: Well, I guess they're not as qualified as expected.

A: Too bad. You'd rather turn down all of them.

B: But _____.
    일손이 부족하다는 표현

A: Can't we just work overtime for a while?

B: That could be one alternative. However, in the long term, we'll still need to

hire new staff anyway.

① we still have a lot of time left 우리는 아직 시간이 많이 남았어요

② we're **shorthanded** at the moment 우리는 지금 일손이 부족해요

③ I can't let them all **down** this time 저는 이번에 그들 모두 실망시킬 수 없어요

④ we should give them a second chance 우리는 그들에게 두 번째 기회를 줘야 해요

② shorthanded 일손이 모자라는, 인력 부족의
   at the moment 바로 지금 (= now)

③ let down 실망시키다

해석
A: 이번 입사 지원자들은 어때요?
B: 음, 그들은 예상보다 자격이 있지 않은 것 같아요.
A: 유감이네요. 모두를 거절하는 게 좋겠어요.
B: 하지만 우리는 지금 일손이 부족해요.
A: 저희가 그냥 당분간 초과 근무를 하면 안 되나요?
B: 그게 하나의 대안이 될 수도 있어요. 하지만 장기적으로 어쨌든 우리는 여전히 새로운 직원을 채용해야 할 거예요.
① 우리는 시간이 아직 많이 남았어요
② 우리는 지금 일손이 부족해요
③ 저는 이번에 그들 모두의 기대를 저버릴 수 없어요
④ 우리는 그들에게 한 번 더 기회를 줘야 해요

어휘 qualified 자격이 있는 turn down 거절하다 concern 걱정, 우려 work overtime 초과 근무를 하다 alternative 대안 in the long term 장기적으로 hire 채용하다 let down ~의 기대를 저버리다 give sb a chance 기회를 주다

회차 08 하프 모의고사

01 밑줄 친 부분에 들어갈 말로 가장 적절한 것은?

> Ongoing _____ raises concerns for privacy advocates, alarmed by the
> 적극, 우려; 관심   옹호자: 변호사
> expanding camera network capturing daily activities.

① superstition 미신

② dominance 우세, 우월, 지배

③ discrimination 차별, 구별, 차이

④ surveillance 감시, 망보기, 감독

해석 지속적인 감시는 영상 활동을 포착하는 확대되는 카메라 네트워크들에 붙어해하는 프라이버시 옹호자들이 우려를 불러일으킨다.

① 미신 ② 우월 지배 ③ 차별 ④ 감시

어휘 ongoing 계속 진행 중인 advocate 옹호자 expanding 확대되는

---

02 밑줄 친 부분에 들어갈 말로 가장 적절한 것은?

> In the family, traditions and family treasures are often _____ from
> generation to generation.

① got through 통과하다, 끝마치다 (= pass, finish, complete); 극복하다 (= overcome)

② tried out 시험삼아 해 보다, 시도하다

③ handed down 물려주다, 넘겨주다 (= pass down); 공표하다 (= announce)

④ lined up 줄 서다 (= stand in line)

해석 집안에서는 전통과 가보가 대대로 물려지는 경우가 많다.

① 통과하다 ② 시험 삼아 해보다 ③ 물려주다 ④ 줄서다

어휘 family treasure 가보 from generation to generation 대대로

회차 08 하프 모의고사

03 어법상 틀린 것은?

be supposed to RV: ~하기로 되어 있다, ~할 예정이다

① Jane was supposed to phone me last night, but she didn't. (phone me) 생략
   동(단수/과거) [103-1] + RV [047]

② The car, (destroyed in the accident) carried away by the tow truck.
   S   동(수동)   동(단수/수동)(→ was carried away)

③ Never did she imagine[that she would suffer such a great loss]
   V   S → (도치)   동(동) [076] such (+ a/an) + (형) + 명
                                      전치사의 목적어 X

④ He was sad when he left the house(he had lived in(for so many years))
   [073-2] 접+S+V   (that)
                                     목적격 관·대 생략

⑤ 무조건 도치 〈p.208〉

(1) 부정어
   Only + 부사(구)(절) [170]   + V + S

(2) 형용사 + be + S

(3) so 형/부 + V + S that ~

(4) and so
    and neither + V + S
    nor

※ 장소·방향의 부사구 〈 S (대명사) + V → 도치 X
   (조건 도치)   〈 V (1향식 자동사) + S (일반 명사)

that [069]

(1) 앞에 명사가 있는지 확인 (관계대명사 → 뒤에 불완전한 문장)

(2) 앞에 동사가 있는지 확인 (명사절을 이끄는 접속사 → 뒤에 완전한 문장)

(3) 앞에 콤마 또는 전치사가 없는지 확인 (콤마 X, 전치사 X)

해석 ① Jane은 어젯밤에 나에게 전화해야 했지만 하지 않았다.
② 사고로 파손된 차량이 견인차에 의해 운반되었다.
③ 그녀는 자신이 그렇게 큰 손실을 겪을 것이라고는 상상도 하지 못했다.
④ 그는 자신이 여러 해 동안 살아던 집을 떠날 때 슬퍼했다.

어휘 phone 전화를 걸다 accident 사고 carry away ~을 운반해 가다 tow 견인 suffer 시달리다, 겪다 loss 손실

---

04 우리말을 영어로 잘못 옮긴 것은?

① 그녀는 수업 시간에 계속 졸았다.
   + RVing
   → She kept on dozing off in class.
                  동(동)

② 단순히 배를 채우는 것과 맛있게 먹는 것은 별개이다.
   → Simply filling your stomach is one thing and eating deliciously is another. [146-2]

③ 낮은 세금 때문에 그 회사는 다른 나라로 이전할 수 없었다.
                                    + RVing
   → Low taxes prevented the company from relocating to a different country.
                    O   동(동)

④ 삶이 아무리 어려워 보일지라도, 항상 당신이 할 수 있는 일이 있다.
                                                    목적어 X
   → However life may seem difficult, there is always something(you can do).
     [072-1]   2V   SC@   (that)
                                                                목적격 관·대 생략

① Keep [021]

· Keep O from RVing
  : O가 ~하는 것을 막다

(cf) Keep (on) RVing : 계속해서 ~하다
     keep O RVing : O가 계속 ~하게 하다

② A와 B는 별개다 [146-2-F]

   A is one thing, (and) B is another

어휘 doze off 잠이 들다 relocate 이전하다

05 밑줄 친 부분에 들어갈 말로 가장 적절한 것은?

A: Look how much I saved last year!

B: Wow, that's quite a lot of money.

A: Isn't it? I'm so proud of myself.

B: Is there any particular(reason)you saved up so much money?

A: Actually, _____. 돈을 저축한 이유에 대해 말하는 표현

---

① that's way more expensive than I thought 제가 생각한 것보다 훨씬 더 비싸네요
   @ 훨씬

② you should have saved up for a rainy day 당신은 만일의 경우를 대비해서 저축을 했어야 했어요

③ I've made up my mind to buy my first car 저는 첫 자동차를 사기로 결심했어요

④ after a slow start, it's finally turning a profit 더딘 시작 이후 마침내 이익을 내고 있어요

---

② for a rainy day 만일의 경우에 대비해서

③ make up one's mind 결심하다

[해석] A: 제가 작년에 얼마나 저축했는지 보세요!

B: 와, 꽤 많은 돈이네요.

A: 그렇지 않나요? 저 자신이 너무 자랑스러워요.

B: 그렇게 많은 돈을 저축한 특별한 이유가 있나요?

A: 사실, _____. 저는 제 첫 차를 사기로 결심했어요.

① 제가 생각했던 것보다 훨씬 더 비싸네요

② 당신은 만일의 경우를 대비해 저축을 했어야 했어요

③ 저는 제 첫 차를 사기로 결심했어요

④ 더딘 시작 후에 마침내 이익을 내고 있어요

[어휘] save up (돈을) 모으다 for a rainy day 만일의 경우에 대비하여 make up one's mind 결심하다 turn a profit 이익을 내다

---

③ 기타 주의해야 할 동사 ⟨p.174⟩

제공 동사 + A + with + B

본리·박탈 동사 + A + of + B

rob	provide
deprive + A + of + B	supply + A + with + B
relieve	present
	equip

인지동사 + A + of + B

금지·억제 동사 + A + from RVing

코인노래방 완전 아주잘해

코 convince 094	prevent 022
인 inform 095	prohibit
노 notify + A + of + B	discourage + A + from RVing
래 remind 096 + A + that절	stop 040-2
완 warn	keep 021
아주 assure	deter

④ 2형식 관련 주요 문제 ⟨p.171⟩

(1) 오감V   look 008-1, smell, taste, sound, feel + @ / like + 명사(구)(절)

(2) 판단·입증V   seem, appear, prove, turn out + (to be) @ / to RV

(3) 상태변화V (~되다) become 009, get 030-2, turn, grow, go, come, run, fall + @

(4) 상태유지V (~이다) be, remain 010, stay 011, keep, hold + @

there be 002

뒤에 나온 명사에 수일치 했는지 확인

회차 09 하프 모의고사

01 밑줄 친 부분에 들어갈 말로 가장 적절한 것은?

The software company plans to _____ the release of new features to elevate customer satisfaction and meet the market demand.

① shield 보호하다 (= protect, guard, defend): 방패, 보호물

② infringe 위반하다, 제한하다, 침해하다 (= violate, breach)

③ suspend 연기하다 (= delay, postpone, defer, put off); 중지하다; 매달다

④ accelerate 가속하다, 빨라지다

빠르게 하다, 촉진하다, 가속하다

quicken

hasten

accelerate

facilitate

expedite

precipitate

해석 그 소프트웨어 회사는 고객 만족도를 높이고 시장 수요를 충족시키기 위해 새로운 기능의 출시를 가속화할 예정이다.
① 보호하다, 가리다 ② 위반침해하다 ③ 연기하다, 일시 중지하다 ④ 가속화하다

어휘 release 출시 feature 기능 elevate 높이다 customer satisfaction 고객 만족 meet 충족시키다 demand 수요

---

02 밑줄 친 부분과 의미가 가장 가까운 것은?

The portable generator **came in handy** to provide electricity for essential appliances during the power outage.

① hit the ceiling 화를 내다 (= hit the roof)

② was of use 유용하다

③ got the point 요점을 파악하다

④ came to life 활기를 띠다   (cf) bring ~ to life ~을 소생시키다

come to light 드러나다, 밝혀지다

come to grief 실패하다

come in handy 유용해지다, 도움이 되다

해석 휴대용 발전기는 정전 동안 필수 기기에 전기를 공급하는 데 도움이 되었다.
① 화를 내다 ② 유용하다 ③ 요점을 파악하다 ④ 활기를 띠다

어휘 portable 휴대용의 generator 발전기 power outage 정전

03 어법상 옳은 것은?

① Autobiography is probably **one of** the most powerful *form* of lying.

+ 복수N
forms

② This book [teaches] us [*what* to stay healthy in our busy schedule] 의문사 + to RV : 명사구

4V   IO   DO   how   2V   SC ⓐ
동(단수/능동)

RVing 1

③ Workers ([doing] construction work ⓞr [repairing] roofs) [face] various potential hazards.

RVing 2   준(능동)   준(능동)   동(복수/능동)

④ In addition to **be** promoted to director; he will also have separate personnel rights.

전치사   being   (＊ in addition to N/RVing : ~에 더하여, ~뿐 아니라, ~외에)

② 2형식 관련 주요 문제 〈p.17〉

(1) 오감V   look 008-1, smell, taste, sound, feel + ⓐ / like + 명사(구/절)

(2) 판단·입증V   seem, appear, prove, turn out + (to be) ⓐ / to RV

(3) 상태변화V (~되다)   become 009, get 030-2, turn, grow, go, come, run, fall + ⓐ

(4) 상태유지V (~이다)   be, remain 010, stay 011, keep, hold + ⓐ

해석 ① 자서전은 아마도 거짓말하기의 가장 강력한 형태 중 하나일 것이다.
② 이 책은 바쁜 일정 속에서도 어떻게 건강하게 지내는지를 알려준다.
③ 건축 공사를 하거나 지붕을 수리하는 작업자는 다양한 잠재적 위험에 직면하게 된다.
④ 그는 이사로 승진되는 것 외에 별도의 인사권도 갖게 된다.

어휘 autobiography 자서전 lie 거짓말하다; 거짓말 construction 건축 face 직면하다 potential 잠재적인 hazard 위험
promote 승진하다 personnel 인사의

04 우리말을 영어로 잘못 옮긴 것은?

① 매출은 작년과 비교하면 10% 증가했다.
→ The sales have <u>risen</u> by 10% compared to those of last year.

자동사

비교 대상의 수 일치 확인

② 한국에서는 국회의원 선거가 4년마다 치러진다.
→ (In Korea) the parliamentary election [is held] every four years.

+ 기수 + 복수N (O) / + 서수 + 단수N (O)
fourth year
동(단수/수동)

③ 고혈압이 있는 사람들은 정기적으로 혈압을 확인해야 한다.
→ People (with high blood pressure) should <u>have</u> their blood pressure <u>check</u>
regularly.

사역V   O   OC
준(수동)
(→ checked)

④ 공부하느라 늦게까지 깨어 있는 것보다 차라리 잠을 좀 자는 편이 낫다.

RV2   RV1

→ You may as well get some sleep as stay up late studying.

+ RV1   + RV2

① rise / arise / raise 034

자동사(rise/arise)인지 타동사(raise)인지 확인

┌ rise - rose - risen   (자V) 오르다, 일어나다
├ arise - arose - arisen   (자V) 생기다, 발생하다
└ raise - raised - raised (타V) 들어 올리다, 일으키다

어휘 sales 매출, 판매 parliamentary election (국회)의원 선거 high blood pressure 고혈압 stay up late 늦게까지 깨어 있다

회차 09 하프모의고사

② every [143-2]

(1) 뒤에 단수명사 + 단수동사가 있는지 확인 (복수명사 X, 복수동사 X)

(2) every + 기간명사가 나오는 경우 (~마다, ~에 한 번)

　기수 + 복수명사 또는 서수 + 단수명사인지 확인

　ex) 이틀마다/격일로

　　every two days = every second day = every other day

(3) 앞에 not이 있으면 해석이 부분부정인지 확인 (전체부정 X) 〈영작〉

　ex) Not every man can be a poet.

　　→ 모든 사람이 시인이 될 수 없다. (X)

　　→ 모든 사람이 다 시인이 될 수 있는 것은 아니다. (O)

③ 지각동사·사역동사 〈p.172〉

(1) 지각동사

　watch, see [023-1], notice [09], + O + $\underline{RV·RVing}$ (능동) / to RV (X)

　hear [026], listen to, feel　　　　　　　　$\underline{p.p.}$ (수동)

(2) 사역동사

　make [027-1], have [028] + O + RV(능동) / p.p.(수동)

　let [029] + O + RV(능동) / $\underline{be\ p.p.}$(수동) / $\underline{p.p.}$ (X)

(3) 지각동사·사역동사의 수동태

　S + 지각/사역 V + O + RV → O + be p.p. + $\underline{to\ RV}$ / $\underline{RV}$ (X)

④ 구 조동사 + RV 〈p.182〉

had better RV1 (than RV2) [055]

would rather RV1 (than RV2) [054] ⎤ (RV2 하는 것보다) RV1 하는 것이 더 낫다

may as well RV1 (as RV2) [130] ⎦

may well RV [130-F]　RV하는 것은 당연하다

ought to RV [129]　RV해야 한다

used to RV [057]　RV하곤 했다

회차
09 하프 모의고사

05 밑줄 친 부분에 들어갈 말로 가장 적절한 것은?

A: Tom, is everything ready for the morning presentation?

B: Actually, the presentation got pushed to the afternoon.

A: Well, that gives you more time to go through the details. By the way, you look pale. Is everything okay?

B: I just feel nervous about the presentation. You know how hard I've worked for this.

A: I understand, and it's normal to feel nervous. _____ 긴장이 풀리도록 조언하는 표현

① You didn't need to do that. 당신은 그렇게 할 필요는 없었어요.

② **Why don't we call it a day?** 오늘은 여기까지 합시다.

③ Leave it to me. I'll lead the meeting. 저에게 맡기세요. 제가 회의를 진행할게요.

④ Just take a deep breath. You've got this. 심호흡을 해보세요. 당신은 할 수 있어요.

go through 자세히 살펴보다 (= look into, go over); 통과하다 (= pass through); 겪다, 경험하다

② Why don't we call it a day? 오늘은 여기까지 합시다.

= Let's call it a day.

= So much for today.

= Let's finish up.

= Let's wrap it up.

해석 A: Tom, 아침 발표 준비는 다 되었나요?
B: 사실 발표가 오후로 밀렸어요.
A: 그럼 당신이 좀 더 자세히 샘플들 시간이 생기네요. 그런데 안색이 창백해 보여요. 모든 게 괜찮나요?
B: 그냥 발표가 떨리네요. 제가 이것을 위해 얼마나 열심히 임했는지 아시죠.
A: 이해해요. 긴장되는 게 정상이에요. 심호흡을 좀 해봐요. 당신은 할 수 있어요.
① 당신이 그럴 필요는 없었어요.
② 오늘은 여기까지 하는 게 어때요?
③ 저한테 맡겨요. 제가 회의를 진행할게요.
④ 심호흡을 좀 해봐요. 당신은 할 수 있어요.

어휘 go through ~을 살펴보다, 당신은 창백한 pale 창백한 call it a day 그만 끝내다 you've got this 할 수 있다

MEMO

Shimson_lab

35

회차 10 하프 모의고사

01 밑줄 친 부분에 들어갈 말로 가장 적절한 것은?

> Seeking to ___①___ the enraged crowd, the mayor issued a heartfelt apology and pledged to attend to their grievances.

① elicit 끌어내다

② embed 파묻다, (물건을) 깊숙이 박다

③ terrify 겁나게 하다, 두렵게 하다 (= frighten)

④ appease 진정시키다, 완화시키다, 달래다

완화시키다, 달래다, 진정하다 ⟷ 악화시키다, 악화시키다, 저하시키다

ease	worsen
relieve	aggravate
alleviate	deteriorate
appease	degenerate
mitigate	
pacify	
soothe	

해석 격앙된 군중을 진정시키기 위해 시장은 진심 어린 사과를 하고 그들의 불만을 처리할 것을 약속했다.
① 끌어내다 ② 파묻다 ③ 두렵게 하다 ④ 진정시키다

어휘 enraged 격앙된 heartfelt 진심 어린 pledge 약속하다 attend to ~을 돌보다, 처리하다 grievance 불만

02 밑줄 친 부분과 의미가 가장 가까운 것은?

> After years of use, the sofa started to wear out, showing visible signs of fraying and losing its original comfort.

① irrigate (땅에) 물을 대다, 관개하다

② erode 악화시키다; 침식 시키다, 풍화 시키다

③ outlive ~보다 더 오래 살다

④ scatter 흩뿌리다, 흩어지게 하다 (= sprinkle)

wear out 닳다, 마모 되다, 지치게 하다

(cf) be worn out 지치다

악화되다, 악화시키다, 저하시키다

weaken

impair

undermine

erode (+ 침식 시키다)

dilute (+ 희석 시키다)

해석 소파는 몇 년 동안 사용된 후 닳기 시작했고, 눈에 보이는 마모의 흔적이 있었으며 원래의 편안함을 잃었다.
① 관개하다 ② 악화되다 ③ ~부다 더 오래 살다 ④ 흩뿌리다
fraying 닳아 해어진 comfort 편안함

어휘

회차 10 하프 모의고사

03 밑줄 친 부분 중 어법상 옳지 않은 것은?

First-born children, from their earliest years, experience a great deal of stimulation(by adults) ① (which their later-born brothers and sisters may miss.) They may want to learn/in order ② to win the approval and acceptance of adults; they learn a new skill for the reward of ③ hearing his mother praise him. They are closer to their parents; on the other hand, they miss the stimulus of having older children ④ (to play) with

- stimulation — 선행사
- ① which ... miss — 목적격 관·대 + 불완전 / 목적어 관·대 (목적어 중복 X)
- They may want to learn — S V
- in order ② to win — 부사적 용법: ~하기 위해 (준) / to win — 동명사
- the approval and acceptance of — 목적어 / 동명사
- ③ hearing ... — 동명사(능동)
- seeing his father smile — 지각V O OC (능동) or
- hearing his mother praise him — 지각V O OC
- the stimulus of having older children ④ (to play) with — 3V O 동명사 → to play · to play with

(※ have는 사역동사 외에 3형식 타동사로도 쓰일 수 있음)

④ 명사 + to RV (형용사적 용법)
(1) to부정사의 목적어가 없는지 확인 (목적어 중복 X)
ex) the book to read it
(2) to부정사가 자동사인 경우, 의미상 목적어와 연결해 줄 수 있는 전치사가 있는지 확인 (전치사 생략 X)
ex) the person to depend on / the pen to write with

---

⑤ 지각동사·사역동사 <p.172>

(1) 지각동사

watch, see, notice 099, + O + RV·RVing (능동) / to RV (X)
hear 026, listen to, feel + O + p.p. (수동)

(2) 사역동사

make 027-1, have 028 + O + RV(능동) / p.p.(수동)

let 029 + O + RV(능동) / be p.p.(수동) / p.p. (X)

(3) 지각동사·사역동사의 수동태

S + 지각/사역 V + O + RV → O + be p.p. + to RV / RV (X)

해석 맏이로 태어난 아이들은, 아주 어린 시절부터, 나중에 태어난 형제자매들에게는 부족한 많은 자극을 어른들에 의해 경험하게 된다. 그들은 어른들의 승인과 수용을 얻기 위해서 배우고 싶어 하는데, 그들은 아버지가 미소 짓는 것을 보거나 어머니의 칭찬을 듣는 보상을 위해서 새로운 기술을 배운다. 그들은 부모와 보다 친밀한 반면, 함께 놀 나이가 더 넘은 아이들을 경험할 자극은 봇차게 된다.

어휘 first-born 맏이인 stimulation 자극 approval 승인, 허가 acceptance 수용 praise 칭찬

04 우리말을 영어로 가장 잘 옮긴 것은?

① 일을 그만둔 후, 그는 실업 수당을 신청했다.

→ After stopped working, he applied for unemployment benefits.
　　　　　(준)(능동)
　　　(→ stopping) (혹은, stopped를 he stopped로 고쳐도 가능)
　　　　　　　　　　　(준)

② 크리스티아누 호날두는 그의 목을 움켜쥔 팬에게 격분했다.
　　　　　　　　　　　　　　　　주어 X   V 　　O 　→ 불완전
→ Cristiano Ronaldo was furious with a fan(who grabbed him by his neck).
　　　　　　　　　　　　　　　　　　　　　　066　　　　　　the

③ 그 최신 소프트웨어가 사업주들이 광고를 게재하는 것을 훨씬 더 쉽게 만들었다.
→ The latest software has made it much easier for business owners[to run ads].
　　　　　　　　　　　5V　가O　OC　　　　　　　의미상 S　　　　　　의미상 V
　　　　　　　　　　　(동)(단수/능동)　080-1
　　　　　　　　　　　　　　　　　가목적어 it이 있는지 확인 (it 생략 X)

④ 당신이 그들이 좋아하지 않는 것들에 대해 언급한다면, 그들은 아마 상당히 불쾌해
할 것이다.
　　　　　　　　　　　　　　　목적어 X
→ If you mention about things(that they don't like,)they will most likely be
　　　　　3V　　　　　　　　　　　S　　　V　　→ 불완전
　　　　　　　　　　069-1
offended.

---

② 사람과 신체 부위를 분리 표현하는 경우 〈p.200〉: the 자리에 소유격 사용 금지

· 때리다, 치다 hit, strike, touch　　　+ 사람 + on the 신체 부위
· 잡다　　　catch, take, hold, grab + 사람 + by the 신체 부위
· 보다　　　look 008-3, stare, gaze　 + 사람 + in the 신체 부위

③ make 027

(1) 사역동사로 쓰인 경우

┌ 목적어 뒤에 원형부정사가 있는지 확인 (to RV X)
└ 수동태로 쓰인 경우, 뒤에 to RV가 있는지 확인 (원형부정사 X)

(2) [가목적어 - 진목적어] 구문인 경우

┌ 가목적어 it이 있는지 확인 (it 생략 X)
└ 목적격 보어가 형용사인지 확인 (부사 X)

(3) 목적격 보어에 형용사가 있는지 확인 (부사 X)

④ REMALIODASC : 자동사 같은 타동사 〈p.171〉

R resemble 015, reach 016
E enter
M marry 104-1, mention
A accompany 017, affect 105, approach
L leave
I influence 106-2
O obey, oppose
D discuss 013
A answer, attend, address
S survive 018
C consider, contact 014

---

① to 부정사와 동명사가 둘 다 목적어로 취하지만 의미가 다른 동사 〈p.185〉

┌ to 부정사 : 미래적 (동작이 아직 X)
└ 동명사 : 과거적 (동작이 일어남)

· remember to RV　~하기로 한 것을 기억하다
　　　037　　RVing　~한 것을 기억하다

· forget to RV　~하기로 한 것을 잊다
　　　038　　RVing　~한 것을 잊다

· stop to RV　~하기 위해 멈추다
　　040-1　RVing　~하는 것을 그만두다

· regret to RV　~하게 돼서 유감이다
　　　039　　RVing　~한 것을 후회하다

· try to RV　~하기 위해 노력하다
　　　　RVing　시험 삼아 ~해보다

어휘　unemployment benefit 실업 수당 run ads 광고를 게재하다

하프 모의고사

05 두 사람의 대화 중 가장 어색한 것은?

① A: Would you like more coffee, sir?

　B: Is that for here or to go?

② A: Can I get a window seat on my flight?

　B: Unfortunately, they're all taken.

③ A: I'll take these dress shirts to the cleaners.

　B: I can drop them off if you want me to.

④ A: You look so excited. What's the occasion?

　B: Believe it or not, I won the lottery.

① For here or to go? 여기서 드시겠습니까, 아니면 포장해 드릴까요?

③ drop off (짐 따위를) 내려놓다, 보내다; (차로) 내려다 주다, 데려다 주다; 깜박 잠들다

④ Believe it or not 믿기 힘들겠지만, 믿거나 말거나

해석 ① A: 커피 좀 더 드릴까요, 손님?

　B: 여기서 드실 건가요 아니면 가져가실 건가요?

② A: 제 항공편에서 창가 자리를 받을 수 있나요?

　B: 유감스럽게도 그 좌석들은 다 찼습니다.

③ A: 이 와이셔츠들을 세탁소에 맡길 거야.

　B: 네가 원하면 내가 그것들을 맡겨줄 수 있어.

④ A: 너 아주 신이 나 보여. 무슨 일이야?

　B: 믿기 힘들겠지만, 내가 복권에 당첨됐어.

어휘 dress shirt (양복 안에 입는) 와이셔츠 drop off (옷을 세탁소에) 맡기다 win the lottery 복권에 당첨되다

MEMO

01 밑줄 친 부분에 들어갈 말로 가장 적절한 것은?

The company was looking for lighter materials that were at least as strong as _____ high temperatures.
metal and were able to

① impel 강요하다 (= impose, compel, coerce); 밀고 나아가다, 몰고 시키다 (= propel)

② withstand 저항하다 (= resist, hold out), 견디다 (= endure, persevere)

③ intrigue 흥미를 불러 일으키다; 음모를 꾸미다 (= plot, conspire, collude)

④ withdraw 물러나다, 철수하다; (돈을) 인출하다; 철회하다, 취소하다

취소[철회]하다, 폐지하다, 무효화하다

withdraw

abolish

revoke

nullify

call off

do away with

해석 그 회사는 적어도 금속만큼 강하고 높은 온도를 견딜 수 있는 더 가벼운 소재를 찾고 있었다.
① 강요하다, 재촉하다 ② 견디다 ③ 견디다 ③ 흥미를 불러일으키다 ④ 취소하다

02 밑줄 친 부분에 들어갈 말로 가장 적절한 것은?

Getting enough sleep is essential to _____ fatigue and improve overall well-being.

① pay off 다 갚다, 청산하다 (= repay, pay back); 성과를 내다

② show off 뽐내다, 자랑하다 (= boast)

③ turn off 끄다

④ stave off 예방하다, 방지하다 (= prevent); 피하다, 면하다 (= avoid)

해석 충분한 수면을 취하는 것은 피로를 예방하고 전반적인 건강을 향상시키는 데 필수적이다.
① 다 갚다; 성공하다 ② 자랑하다, 과시하다 ③ 끄다 ④ 예방하다, 피하다
어휘 fatigue 피로 overall 전반적인

03 어법상 옳은 것은?

① You are not allowed to keeping pets in the flat.
keep

② My uncle was in hospital during eight weeks(after the accident).
for + 숫자 (불특정 기간)

③ The sudden and unexpected agreement(between the leaders) surprise me.
형용사 1 [152] 형용사 2 S (불가산 명사 → 단수 취급) 통 (단수/능동) O
(→ surprises)

④ Some sea slugs can regrow whole new bodies(after having their heads cut off.)
통 (능동) 사역V O 통 (능동) OC 존 (수동)

① 목적격 보어에 to 부정사를 사용하는 동사 : 코리아 파이팅 동사 (COREAF/P) ⟨p. 173⟩

C   cause [100], compel

O   order [101-1]

R   require [098-2]

E   enable, expect, encourage

A   ask [024-2], allow [025], advise

F/P   force, permit, persuade

② for vs during ⟨p.204⟩

for + 불특정 기간 (주로 숫자를 포함 / for five years)

during [084] + 특정 기간 (주로 한정사 포함 / during the[his] vacation)

④ 지각동사·사역동사 ⟨p.172⟩

(1) 지각동사

watch, see [023-1], notice [099], + O + $\dfrac{RV \cdot RVing (능동)}{to RV(X)}$ p.p. (수동)
hear [026], listen to, feel

(2) 사역동사

make [027-1], have [028] + O + RV(능동) / p.p.(수동)

let [029] + O + RV(능동) / $\dfrac{be\ p.p.(수동)}{p.p.(X)}$

(3) 지각동사·사역동사의 수동태

S + 지각/사역 V + O + RV → O + be p.p. + $\dfrac{to RV}{RV(X)}$

해석 ① 당신이 아파트에서 반려동물을 기르는 것은 허용되지 않는다.
② 나의 삼촌은 사고 후 8주 동안 병원에 계셨다.
③ 지도자들 간의 갑작스럽고 예상치 못한 합의가 나를 놀라게 한다.
④ 어떤 바다 민달팽이들은 머리를 잘라낸 후에 전신을 새롭게 재생시킬 수 있다.

어휘 flat 아파트 slug 민달팽이 regrow 재생시키다

회차
11 하프 모의고사

04 우리말을 영어로 잘못 옮긴 것은?

① 그녀는 2년 후에 대학을 졸업할 것이다.
　　　　　　　　　　　　　　　자동사
　→ She will <u>graduate</u> from university(in two years)
　　　　　　　　동(능동)

② 그는 사소한 실수도 저지르지 않는 사람이다.
　→ He is above ma<u>king</u> even the smallest mistake.
　　　　above RVing : 결코 ~하지 않음

③ 이 바이러스는 지난해 말 해산물 시장에서 시작된 것으로 생각된다.
　　　　　　　　　　　　　현재　　　　　　　　　과거
　→ The virus <u>believes</u> to have originated late last year(in a seafood market.)
　　　　　　　동(단수/수동)　(순)(능동/완료)
　　　　　　　(→ is believed)
　복수N

④ 이 해변은 겨울엔 말할 것도 없고 여름에도 방문객이 거의 없다.
　　　　　　　　　　　　　　　　　　　　　　　부정문
　→ There are very few visitors to this seaside even in summer, much less in winter.

④ there be [002]
뒤에 나온 명사에 수일치 했는지 확인

(a) few [078]
(1) 뒤에 복수 명사가 있는지 확인 (단수 명사 X)　　(2) few와 a few의 의미 구별 〈영작〉
[(a) few + 복수 명사(가산명사)　　　　　　　[few : 거의 없는
[(a) little + 단수 명사(불가산명사)　　　　　[a few : 약간의

~은 말할 것도 없이 [080-F]
· 긍정문 + much[still] more
· 부정문 + much[still] less

어휘 originate 시작되다, 생기다 seaside 해변

---

05 밑줄 친 부분에 들어갈 말로 가장 적절한 것은?

A: Tyler, I heard you are familiar with laptop computers.
B: That's my specialty. What's up?
A: It's time to upgrade my laptop. How much would it take to buy a new one?
B: You may get a decent one within around $1,000 unless you're planning on running high-performance games.
A: ＿＿＿＿＿＿＿　　1000달러를 지불할 여력이 없다는 표현
B: Think about getting a second-hand laptop then. You can find some good deals on it.

① It fits perfectly within my budget.　그것은 내 예산 범위 안에 완벽하게 맞아.
② I can't afford to spend that much.　나는 그렇게 많이 지불할 능력이 없어.
③ You don't seem to have a grasp of my laptop.　너는 내 노트북을 이해하지 못하는 것 같아.
④ Can you assist me in browsing a new one online?　온라인으로 새 것을 검색하는 것을 도와줄 수 있어?

해석
A: Tyler, 나는 네가 노트북 컴퓨터에 대해서 잘 안다고 들었어.
B: 그건 내 전문 분야지. 무슨 일이야?
A: 내 노트북을 업그레이드할 때가 되었어. 새것을 구매하려면 얼마나 들까?
B: 고성능 게임을 할 계획이 아니라면 1,000달러 정도 내로 괜찮은 걸 얻을 수 있을 거야.
A: 난 그만큼 지불할 여력이 없어.
B: 그럼 중고 노트북을 사는 것도 생각해 봐. 좋은 가격으로 찾을 수 있을 거야.
① 내 예산에 딱 맞아.
② 난 그만큼 지불할 여력이 없어.
③ 너는 내 노트북을 이해하지 못하는 것 같아.
④ 온라인에서 새것을 찾아보는 것을 도와줄 수 있어?

어휘 specialty 전문 분야 decent 괜찮은 high-performance 고성능의 second-hand 중고의 deal 거래 budget 예산 grasp 이해 browse (~을 찾아) 훑어보다

SEASON 3 국가직 대비
Shimson_lab

회차 12 하프 모의고사

01 밑줄 친 부분과 의미가 가장 가까운 것은?

Located in the center of the town is the large old house with several spacious living rooms.

① roomy 넓은
② cramped 답답한, 비좁은
③ decorative 장식이 된, 장식용의
④ splendid 화려한, 멋진, 훌륭한

spacious 넓은, 널찍한 (= roomy, capacious, commodious)

훌륭한, 장엄한, 아주 멋진
gorgeous
magnificent
splendid

훌륭한, 장엄한, 아주 멋진

해석 몇 개의 널찍한 거실이 있는 크고 오래된 집이 마을의 중심에 위치해 있다.
① 넓은 ② 좁은 ③ 장식이 된 ④ 화려한
어휘 locate 위치시키다

02 밑줄 친 부분에 들어갈 말로 가장 적절한 것은?

The continuation of this contract will be _____ the quality of the sample product you sent.

① accessible to 접근 가능한, 이용 가능한 (= available)
② incapable of ~할 수 없는 ↔ capable 유능한, ~할 수 있는
③ susceptible to 영향 받기 쉬운, 민감한 (= sensitive, liable); (병에) 걸리기 쉬운
④ contingent upon ~에 의존하는 (= dependent, counting, relying, reliant), ~에 부수적으로 일어나는; 우연한, 우발적인

취약한, 연약한, 부서지기 쉬운
weak
fragile
delicate
vulnerable
susceptible
infirm (+ 병약한, 노쇠한)

의존하다
resort to
depend on
rely on
count on
bank on
be contingent on

해석 이 계약의 지속은 당신이 보내준 샘플 제품의 품질에 좌우될 것이다.
① ~에 접근 가능한 ② ~을 할 수 없는 ③ ~에 취약한 ④ ~에 좌우되는
어휘 continuation 지속

43

회차 12 하프 모의고사

03 밑줄 친 부분 중 어법상 옳지 않은 것은?

(Several thousand years ago)chickens were wild birds ① living in the jungles
of southeast Asia. Early records tell us ② that the Chinese started to tame them
around 1,400 B.C.)Centuries later, in the 1600s) English colonists ③ brought
farm chickens to America. Today thousands of American farmers ④ rise more
than three billion chickens every year.

② tell [115]

(1) '말하다' 동사 중 유일하게 4형식과 5형식 가능
(2) 4형식 동사로 쓰인 경우, 간접목적어 앞에 전치사 to가 없는지 확인 (to X)

④ rise / arise / raise [034]

자동사(rise/arise)인지 VS 타동사(raise)인지 확인

- rise - rose - risen   (자V) 오르다, 일어나다
- arise - arose - arisen   (자V) 생기다, 발생하다
- raise - raised - raised   (타V) 들어 올리다, 일으키다

04 우리말을 영어로 잘못 옮긴 것은?

① 이 문제를 해결하는 사람이면 누구나 보상이 주어질 것이다.
→ A reward will be given to whoever solves this problem.

② 도시에서 발생하는 사망자의 수가 매년 감소하고 있다.
→ The number of fatalities(that occur in cities) are decreasing every year.

③ 한국인들은 전쟁 후 변영하는 사회를 건설하는 데 헌신했다.
→ South Koreans devoted themselves to building a prosperous society after
the wars.
(* devote oneself to 명사/RVing = be devoted to 명사/RVing ~에 전념하다, 헌신하다)

④ 우리는 현지인들과 일본어로 대화할 기회가 있는 시장을 방문했다.
→ We visited the market where we had the opportunity to talk to the locals in
Japanese.

② a / the number of [001]
- a number of + 복수명사 + 복수동사 (많은)
- the number of + 복수명사 + 단수동사 (~의 수)

that [069]
(1) 앞에 명사가 있는지 확인 (관계대명사 → 뒤에 불완전한 문장)
(2) 앞에 동사가 있는지 확인 (명사절을 이끄는 접속사 → 뒤에 완전한 문장)
(3) 앞에 콤마 또는 전치사가 있는지 확인 (콤마 X, 전치사 X)

어휘 reward 보상 fatality 사망자 prosperous 변영하는 local 현지인

④ 명사 + to RV (형용사적 용법)

(1) to부정사의 목적어가 없는지 확인 (목적어 중복 X)

ex) the book to read it

(2) to부정사가 자동사인 경우, 의미상 목적어와 연결해 줄 수 있는 전치사가 있는지 확인 (전치사 생략 X)

ex) the person to depend on / the pen to write with

회차 12 하프 모의고사

수동태로 쓸 수 없는 자동사 〈p. 177〉

occur 006, happen 007, take place, emerge, (dis)appear, come, arrive 005-1,
result in[from], belong to, consist of 109-1

① 복합관계사 〈p.190〉

(1) 해석

복합관계
대명사
┌ whoever / whomever / whosever ┬ 명사절 : ~하는 사람이면 누구나
│   └ 부사절 : ~하는 사람이면 누구든지 간에
├ whichever ┬ 명사절 : ~하는 것이면 어느 것이든 (제한된 선택)
│   └ 부사절 : ~하는 것이면 어느 것이든지 간에
└ whatever ┬ 명사절 : ~하는 것이면 무엇이든 (막연한 선택)
           └ 부사절 : ~하는 것이면 무엇이든지 간에

복합관계
부사
┌ whenever 부사절 : ~할 때면 언제든지
├ wherever 부사절 : ~하는 곳이면 어디든
└ however 부사절 : 아무리 ~해도

(2) 완전 vs 불완전

┌ 복합관계대명사 + 불완전한 문장
└ 복합관계부사   + 완전한 문장

(3) 격

· 복합관계사의 격은 주절에서의 격이 아니라
  복합관계절 내의 격에 의해 결정됨

45

회차 12 하프 모의고사

05 밑줄 친 부분에 들어갈 말로 가장 적절한 것은?

A: Did you read the book I recommended?

B: Yes. I read it all last night.

A: How was it? I found it interesting and read it at at one sitting. ─(≠)

B: I didn't quite understand. I couldn't sympathize with the main character, and the plot was gloomy.

A: I see. ___생각이 다르다는 많이 포함된 표현___

B: Well, I guess this one just didn't resonate with me.

① It's good to know it suits your taste. 네 취향에 맞다는 걸 알아서 좋다.

② The author is well-known for his wit. 그 작가는 재치로 유명해.

③ I didn't like the twist of the story, either. 나도 이야기 반전이 좋지 않았어.

④ I'm surprised we're not on the same page. 우리가 같은 생각이 아니어서 놀랍다.

해석 A: 내가 추천해 준 책 읽었어?

B: 응. 어젯밤에 다 읽었어.

A: 어땠어? 난 흥미로워서 단번에 읽었는데.

B: 난 잘 이해되지 않았어. 주인공과 공감할 수 없었고, 줄거리가 우울했어.

A: 그렇구나. 우리가 같은 생각이 아니어서 놀랍네.

B: 음, 이번 것이 그냥 나한테 울림이 없었나 봐.

① 네 취향에 맞다니 다행이야.

② 그 작가는 재치로 유명해.

③ 나도 그 이야기의 반전이 좋지 않았어.

④ 우리가 같은 생각이 아니라니 놀랍네.

어휘 at one sitting 단번에 sympathize 공감하다 gloomy 우울한 resonate 울려 퍼지다, 공명하다 taste 취향 wit 재치 twist 반전 on the same page 합심한, 같은 생각인

MEMO

회차 13 하프 모의고사

01 밑줄 친 부분에 들어갈 말로 가장 적절한 것은?

In the face of the academic challenge, the most intricate dilemma _____, even scholars with vast experience.

① certified 확인하다, 증명하다
② denoted 나타내다, 의미하다 (= suggest, indicate, imply, infer, signify)
③ amplified 확대하다, 증폭시키다; 더 자세히 진술하다
④ perplexed 당황하게 하다, 난처하게 하다

확인하다, 입증하다, 증명하다	당황시키다, 혼란시키다
prove	confuse
confirm	embarrass
demonstrate	perplex
identify	bewilder
verify	baffle
testify	
attest	
certify	
ascertain	

해석 학문적 도전에 직면했을 때, 그 가장 복잡한 딜레마는 심지어 방대한 경험을 가진 학자들조차도 당황하게 했다.
① 증명하다 ② 나타내다, 의미하다 ③ 확대하다 ④ 당황하게 하다
어휘 in the face of ~에 직면하여 intricate 복잡한 vast 방대한

02 밑줄 친 부분과 의미가 가장 가까운 것은?

The hard-working students would often pore over their textbooks late into the night to prepare for exams.

① brush up 복습하다 (= review)
② look into ~을 조사하다
③ watch out 조심하다
④ skim through 훑어보다 (= skim, scan, check, browse, look over)

pore over ① 자세히 살펴보다, ~을 자세히 보다 (= inspect, investigate, probe, scrutinize, look into, go over, go through)
② 숙고하다 (= ponder, consider, deliberate, mull over)

해석 근면한 학생들은 시험을 준비하기 위해 종종 밤늦게까지 교과서를 자세히 살펴보곤 했다.
① 복습하다 ② 들여다보다 ③ 조심하다 ④ 대강 훑어보다
어휘 hard-working 근면한

회차
13 하프 모의고사

03 어법상 옳은 것은?

① Caucasian shepherd dogs are stubborn, independent, and intelligence.
   ⓐ 1   S   V   SC   ⓐ 2   ⓐ 3
   152 intelligent

② Food deliverers protested/to demand[(they) be able to stay self-employed]
   (should)
   (that)

③ His popular reputation remained highly(throughout the nineteenth century)
   high

④ All of the staff members(who operates machinery)should wear safety helmets.
   선행사   066 (동) (복수/능동)
   (→ operate)

② 주요명제동결 V + that + S + (should) RV ⟨p.183⟩

(1) 주장 insist 060-1, argue, urge
(2) 요구 ask 024-1, demand 058, require 098-1, request 097
(3) 명령 order 101-2, command
(4) 제안 suggest 061-1, propose
(5) 충고 advise, recommend 059
(6) 결정 decide

②, ③, ⑤ 2형식 관련 주요 문제 ⟨p.171⟩

(1) 오감V   look 008-1, smell, taste, sound, feel + ⓐ / like + 명사(구절)
(2) 판단·입증V   seem, appear, prove, turn out + (to be) ⓐ / to RV
(3) 상태변화V (~되다)   become 009, get 030-2, turn, grow, go, come, run, fall + ⓐ
(4) 상태유지V (~이다)   be, remain 010, stay 011, keep, hold + ⓐ

해석 ① 코카서스 세퍼드 독은 고집이 세고 독립적이며 지능이 뛰어나다.
② 음식 배달부들은 그들이 자영업을 계속 유지할 수 있도록 요구하기 위해 시위를 벌였다.
③ 그의 대중적 명성은 19세기 내내 높게 유지되었다.
④ 기계를 조작하는 모든 직원은 안전모를 착용해야 한다.

어휘 stubborn 고집이 센 protest 시위를 벌이다 self-employed 자영업을 하는 reputation 명성

---

③ -ly를 붙이면 뜻이 바뀌는 형용사/부사 ⟨p.196⟩

late	늦은 / 늦게	lately	최근에
hard	힘든, 열심인 / 열심히	hardly	거의 ~하지 않는
near	가까운 / 가까이	nearly	거의
high	높은 / 높이, 높게	highly	매우, 대단히, 고귀하게
short	부족한, 짧은 / 부족하게, 짧게	shortly	곧, 즉시

latest 최신의

④ '부분명사 of 전체명사'의 수일치 ⟨p.176⟩

부분을 나타내는 부정대명사 : some / any / most 004 / all 145-1

부분명사 ⎡ 일부 : part / portion / half / the rest   ⎤ + of + 복수N + 복수V
      ⎜ 분수 : one third / two thirds …   ⎜   + 단수N + 단수V
      ⎣ 백분율 : 30 percent …   ⎦

회차
13 하프 모의고사

04 우리말을 영어로 잘못 옮긴 것은?

① 해가 뜨기 전에 우리는 목적지에 도착할 것이다.

→ We will reach our destination before the sun rises.
　　동(능동/미래)　　　　　　　　　시간 부사절　　　　동 (능동/현재)
　　　　　　　　　　　　　　　　　접속사

② 당신이 천재일지라도, 노력이 뒤따라야 한다.

→ Genius as you are, hard work should follow.
　　무관사　　　S + V
　　명사

③ 통계학은 우리가 거대한 정보를 이해하는 데 도움이 된다.
　　　　　　　　　　　　　　　　　　　　(to)
→ The statistics helps us make sense of big sets of information.
　　　　　　동(단수/능동)

④ 디지털 치매는 디지털 기술의 남용 때문이다.
　　　　　　　　　　　　　　　　결과　　확인
→ Digital Dementia is resulted from the overuse of digital technology.
　　　　　　　　　　동(능동/능동) (→ results from)

① REMALIODASC : 자동사 같은 타동사 <p.171>

R resemble [015], reach [016]

E enter

M marry [104-1], mention

A accompany [017], affect [105], approach

L leave

I influence [106-2]

O obey, oppose

D discuss [013]

A answer, attend, address

S survive [018]

C consider, contact [014]

어휘　statistics 통계학 dementia 치매 overuse 남용

시제 일치의 예외 <p.179>

(1) 항상 현재인 경우 : 불변의 진리/습담/습관

· 지구는 둥글다, 빛은 빠르다, 해는 동쪽에서 뜬다, 정직이 최선의 방책이다

· always, usually, every day

(2) 항상 과거인 경우 : 역사적 사실

· 한국 전쟁, 제1차 세계대전, 콜럼버스의 미국 발견

(3) 시간·조건의 부사절 : 내용상 미래(완료)시제를 현재(완료)시제로 대신 사용

· 시간 접속사 : when, while, until, after, before, as soon as, by the time

· 조건 접속사 : if, unless, once, in case, as long as

rise / arise / raise [034]

자동사(rise/arise)인지 VS 타동사(raise)인지 확인

┌ rise - rose - risen　　　　　(자V) 오르다, 일어나다

├ arise - arose - arisen　　　　(자V) 생기다, 발생하다

└ raise - raised - raised　　　　(타V) 들어 올리다, 일으키다

② 형/부/명 + as[though] + S + V 양보 도치 구문 [088-2]

(1) (As) 형 (a + 명) as + S + V

(2) 명사가 문두에 오는 경우에는 반드시 무관사명사 사용

(3) as나 though 대신에 ┌ although ┐ X
　　　　　　　　　　　　　└ as if 　┘

(4) 양보로 해석되는지 확인 (영작) : 비록 ~지만

회차 13 하프 모의고사

③ statistics 158

해석을 통해 **통계학** (단수 취급) VS **통계 수치[자료]** (복수 취급) 확인

④ 수동태로 쓸 수 없는 자동사 ⟨p.177⟩

occur 006, happen 007, take place, emerge, (dis)appear, come, arrive 005-1,
result in[from], belong to, consist of 109-1

영작 문제에서 A와 B를 바꾸는 것에 주의 ⟨p.207⟩

(1) 원급·비교급 표현

(2) 원인·결과 표현 : result in, result from / influence 106-1, be influenced by

(3) would rather A than B 054-2 / not so much A as B 172
　　(B하기보다는 차라리 A하겠다)　　　(A라기보다는 오히려 B인)

(4) not until A, B / cannot A without B

Hardly[Scarcely] A when[before] B
041-1　　042

---

05 밑줄 친 부분에 들어갈 말로 가장 적절한 것은?

A: Good afternoon, sir. Where can I take you today?

B: Football stadium, please. How long does it take from here?

A: It usually takes about 10 minutes. But with heavy traffic today, I think it
takes triple that time.

B: Thirty minutes? Is there any way to get there sooner?

A: ＿＿＿＿ 다른 경로가 있는지 알아보겠다는 표현

B: Thank you. I hope I'm not late for the game.

① No way! That's out of the question.　안 돼요! 그건 불가능해요.

② The game has been delayed by an hour.　경기가 1시간 지연 됐어요.

③ Let me see if I can take an alternative route.　제가 다른 경로로 갈 수 있는지 알아볼게요.

④ Consider taking the subway for your next commute.　다음 통근 시에는 지하철 탑승을 고려해보세요.

① out of the question 불가능한, 이로해 봐어 소용 없는

(cf) out of question 의심의 여지가 없는 (= beyond question)

해석
A: 안녕하세요, 손님 오늘 어디로 모실까요?
B: 축구 경기장이요. 여기서부터 얼마나 걸리나요?
A: 보통 10분 정도 걸려요. 그런데 오늘 교통 체증 때문에 시간이 세 배가 걸릴 것 같아요.
B: 30분이요? 더 빨리 도착하는 방법이 있을까요?
A: 제가 다른 경로로 갈 수 있는지 알아볼게요.
B: 감사합니다. 제가 경기에 늦지 않기를 바라요.
① 안 돼요! 그건 불가능해요.
② 경기가 1시간 지연됐어요.
③ 제가 다른 경로로 갈 수 있는지 알아볼게요.
④ 다음 통근에는 지하철을 타는 것을 고려해 보세요.

어휘 heavy traffic 교통 체증 체증 triple 3배의 out of the question 불가능한 alternative 대안의 commute 통근

회차 14 하프 모의고사

01 밑줄 친 부분에 들어갈 말로 가장 적절한 것은?

Mankind is struggling to survive and has to do everything possible to evade further _____ .

① salvation 구원, 구제, 구조, 구출

② prosperity 번영, 번창

③ quarantine 격리: 격리하다 (= isolate, seclude, segregate)

④ catastrophe 큰 재해, 재난, 재앙

파괴, 재앙

disaster

devastation

calamity

catastrophe

해석 인류는 살아남기 위해 고군분투하고 있고 더 이상의 재앙을 피하기 위해 가능한 모든 것을 해야 한다.
① 구제 ② 번영 ③ 격리 ④ 재앙

어휘 evade 피하다

02 밑줄 친 부분에 들어갈 말로 가장 적절한 것은?

The initial investment of $500 has the potential to _____ $10,000 with the right market conditions.

① pay for 지불하다   (cf) pay off 성과를 내다, 이익이 되다, 효과가 있다: 지불하다

② cut back 줄이다 (= reduce, lessen, decrease, curtail)

③ enter into 시작하다

④ amount to 총계가 ~에 이르다

해석 초기 투자금 500달러는 적절한 시장 조건이 있으면 10,000달러에 이를 가능성이 있다.
① 지불하다 ② 줄이다 ③ 시작하다 ④ ~에 이르다, 합계가 ~가 되다

어휘 initial 초기의 potential 잠재력, 가능성

51

회차

14 하프 모의고사

03 어법상 옳은 것은?

① How successfully is the test(in containing the spread of the disease)?
  SC ⓐ   V   S
  071-1 successful

② The police officer is recovering from hitting(on the head with a bat)
  (동)(단수/능동)   (준)(수동)(→ being hit)

③ Follow someone(who never fails) to do[what he promises to do]
  (동)(능동) 선행사 066   (동)(단수/능동) S   V   to 부정사의 목적어 X
  071-2

④ Her outfit was reminiscent of the way how my mother dressed when she was young.
  (→ the way 또는 how)   (동)(능동)

⑤ to RV만 목적어로 취하는 동사 : 소기계약약결 〈p.185〉
(1) 소망/기대 : want, expect
(2) 계획 : plan
(3) 약속 : promise
(4) 동의 : agree
(5) 결정 : choose, decide, refuse
(6) 기타 : afford, manage, fail

해석 ① 이 검사는 질병의 확산을 억제하는 데 얼마나 성공적인가요?
② 그 경찰관은 방망이로 머리를 맞고 회복 중이다.
③ 약속한 일을 반드시 하는 사람을 따르라.
④ 그녀의 옷차림은 우리 엄마가 젊었을 때 입던 방식을 연상시켰다.

어휘 contain 억제하다 spread 확산 reminiscent 연상시키는 연상시키는, 생각나게 하는

04 우리말을 영어로 잘못 옮긴 것은?

① 모든 그렇게 힘든 일은 정말로 성과를 거두 있다.
  → All that hard work really paid off.
     (동)(능동)

② 종이 봉지는 자원의 큰 낭비이고, 비닐봉지 또한 그렇다.
  → Paper bags are a huge waste of resources, and so are plastic ones.
     (동)(능동)   V S

③ 감각 중 하나가가 아주 나빠질 때까지 우리의 감각을 당연시하기가 쉽다.
  → It's easy to take our senses for granted until one of them breaks down
     (동)(능동) 시간 부사절 접속사   (동)(단수/능동)
     (※ take A for granted : A를 당연시하다, 당연하게 여기다)

④ 그들은 심장을 건강하게 유지하기 위한 최적의 취침 시간을 찾으려고 노력했다.
  → They tried to find an optimal bedtime(to keep the heart healthy)
     + to RV   SV   O   OC
                    healthy

② S도 또한 그렇다(긍정 동의)/안 그렇다(부정 동의) 〈p. 208〉
  ~, and so/neither V + S
     (5) (1)   (4) (2) (3)

(1) and가 있는지
(2) 긍정(so)인지 부정(neither)인지
(3) V + S의 어순이 맞는지
(4) 대동사[do동사/be동사/조동사]가 제대로 있는지
(5) and neither = nor

어휘 pay off 성과를 거두다 take sth for granted ~을 당연시하다 break down 아주 나빠지다 optimal 최적의

14 하프 모의고사

③ 난이형용사 구문 077

: difficult, hard, tough / easy / possible, impossible

(1) 문장의 주어 확인 (to RV의 의미상 주어는 주어 자리에 X)

(2) to RV의 목적어가 문장의 주어로 오는 경우,
to RV의 목적어가 없는지 확인 (목적어 중복 X)

(3) 진주어 자리에 to RV가 있는지 확인 (that절 X)

(cf) possible, impossible의 경우 진주어로 that절 가능

one 003
each 144   of + 복수명사 + 단수동사 ⟨p. 176⟩
either 161-2
neither 162-2

④ to 부정사와 동명사 둘 다 목적어로 취하지만 의미가 다른 동사 ⟨p.185⟩

[to 부정사 : 미래적 (동작이 아직 X)
  동명사 : 과거적 (동작이 일어남)

· remember to RV ~하기로 한 것을 기억하다
  037   RVing ~한 것을 기억하다

· forget to RV ~하기로 한 것을 잊다
  038   RVing ~한 것을 잊다

· stop to RV ~하기 위해 멈추다
  040-1   RVing ~하는 것을 그만두다

· regret to RV ~하게 돼서 유감이다
  RVing ~한 것을 후회하다

· try to RV ~하기 위해 노력하다
  039   RVing 시험 삼아 ~해보다

---

05 밑줄 친 부분에 들어갈 말로 가장 적절한 것은?

A: Hi, Violet. What brings you here?

B: Good morning, professor. I was wondering if you could write me a recommendation letter for an internship program with a publicly owned company.

A: That would be a good experience for you.

B: The application should be turned in by this Friday. ← 언제까지 해야 하는지 묻는 표현

A: Okay. I'll have it ready by Thursday morning.

B: I really appreciate it.

① When can they let us know? 그들이 언제 우리에게 알려줄 수 있나요?
② How soon should I get it done? 제가 언제까지(얼마나 빨리) 해야 하나요?
③ Is a written submission required? 서면 제출이 필요한가요?
④ You owe me a favor for fixing the mess. 혼란을 수습하는 것에 대해 내게 신세 졌네요.

해석
A: 안녕, Violet. 여기는 무슨 일로 왔어요?
B: 좋은 아침입니다, 교수님. 혹시 저에게 공기업 인턴십 프로그램의 추천서를 써주실 수 있는지 궁금해서요.
A: 그것은 좋은 경험이 될 거예요. 제가 언제까지 해야 하나요?
B: 이번 주 금요일까지 신청서를 제출해야 해요.
A: 알았어요. 목요일 아침까지 준비해 놓을게요.
B: 진심으로 감사드립니다.
① 그들은 언제 저희에게 알려줄 수 있나요?
② 제가 언제까지 해야 하나요?
③ 서면 제출이 필요한가요?
④ 혼란을 수습하는 것으로 내게 신세 졌네요.

어휘 recommendation letter 추천서, publicly owned company 공기업, turn in ~을 제출하다, submission 제출, owe sb a favor ~에게 신세 지다, mess 엉망인 상태, 혼란

53

회차 15 하프 모의고사

01 밑줄 친 부분과 의미가 가장 가까운 것은?

It takes a keen eye to discern the subtle nuances in abstract artwork.

① disperse 흩어지다, 해산시키다 (= dissolve, dismiss, disband); 퍼뜨리다, 보급하다

② discredit 의심하다: 불신; 불명예

③ disprove 반증을 들다, 논박하다, 틀렸음을 입증하다 (= falsify)

④ distinguish 구별하다, 식별하다

discern 구별[분별]하다, 구분하다; 인식하다

구별하다, 식별하다

distinguish

discern

discriminate (+ 차별하다)

differentiate

해석 추상 미술 작품의 미묘한 뉘앙스를 분별하려면 예리한 안목이 필요하다.
① 흩뜨리다 ② 신용을 떨어뜨리다, 의심하다 ③ 틀렸음을 입증하다 ④ 식별하다, 구별하다
어휘 keen 예리한 subtle 미묘한 nuance 뉘앙스, 미묘한 차이 abstract 추상적인

02 밑줄 친 부분과 의미가 가장 가까운 것은?

In negotiations, it's often beneficial to find a compromise and meet halfway to reach a mutually satisfying agreement.

① dictate 명령하다, 지시하다 (= order, command, mandate); 받아쓰게 하다, 구술하다

② concede 양보하다; 인정하다

③ maneuver 조종하다 (= control, handle, manipulate); 작전 행동을 하다, 기동 훈련시키다

④ circulate 순환하다, 돌다; (소문이) 퍼지다, 유포되다

meet halfway 양보하다, 타협하다, 절충하다

양보하다

submit to

yield to

give in to

give way to

meet halfway

해석 협상에서, 상호 간에 만족스러운 합의에 도달하기 위해 절충안을 찾고 양보하는 것이 이로운 경우가 많다.
① 명령하다 ② 양보하다 ③ 계략을 부리다 ④ 순환하다
어휘 beneficial 이로운 compromise 타협, 절충안 mutually 상호 간에

회차 15 하프 모의고사

03 밑줄 친 부분 중 어법상 옳지 않은 것은?

Famous violinists and pianists regularly earn between $30,000 and $50,000 for a single performance. Rare ① are the musical organizations that can afford to hire those musicians for every concert. So, many orchestras turn to lesser-known musicians, (some of ② them can play better than the famous musicians) ③ If an orchestra hires a soloist you haven't heard of, the chances are good ④ [that she's fantastic].

SC — S
Rare ① are the musical organizations
(동)(복수) → 형용사 보어 도치
+ 단수N

부사절 접속사
053-1
④ [that

선행사
② (콤마) + some[all] of whom[which] 139

목적격 관계대명사 whom[which]이 왔는지 확인

해석 유명한 바이올린 연주자와 피아노 연주자들은 통례적으로 한 번의 연주당 3만 달러에서 5만 달러 사이를 번다. 모든 공연에 다 그런 연주자들을 고용할 형편이 되는 악단은 드물다. 그래서 많은 교향악단들은 덜 유명한 연주자들에게 의지하는데, 이 연주자들 중 일부는 유명한 연주자들보다 연주를 더 잘할 수 있다. 교향악단에서 한 번도 들어 본 적이 없는 독주자를 고용한다면, 그 사람은 굉장할 가능성이 높다.

어휘 afford ~할 여유가 되다 turn to ~에 의지하다 soloist 독주자

04 우리말을 영어로 가장 잘 옮긴 것은?

① 모든 선수들이 정시에 도착하는 것이 필수적이다.
→ It is essential[that every player arrives on time]
+ 단수N
(should) arrive

② 그는 뉴욕에 가서 책 몇 권을 사고 그의 딸을 만났다.
과거V1
→ He went to New York, bought some books, and meet his daughter.
과거V2   과거V3   152 met

③ 당황스러운 사정을 고려하면, 그녀는 그 상황에 훌륭하게 대처했다.
→ Given embarrassing circumstances, she handled the situation admirably.
동사 수식
부사 수식 admirably. ad
(전)(~동: 당황스러운 감정을 느끼게 하므로)   (동)(동)
(* 비인칭 독립 분사구문/분사형 전치사 given : ~을 고려하면)

④ 관리자는 대규모 시위가 벌어지고 있는 현장에 방문했다.
068-2
→ The manager visited the site(which a large-scale protest was taking place)
장소   where
선행사   → 온전
V   S   V
장소
선행사

① 이성적 판단의 형용사 구문 (p.195)

It is + 이성적 판단의 형용사 + that + S + (should) + RV
중요한/필수적인 : important, necessary, 128 vital, essential, required, imperative, urgent
당연한/마땅한 : advisable, desirable, natural, right, proper

어휘 admirably 훌륭하게, 감탄할 만큼 large-scale 대규모의 take place 발생하다

55

회차 15 하프 모의고사

every [143]

(1) 뒤에 단수명사 + 단수동사가 있는지 확인 (복수명사 X, 복수동사 X)

(2) every + 기간명사가 나오는 경우 (~마다, ~에 한 번)

기수 + 복수명사 또는 서수 + 단수명사인지 확인

ex) 이틀마다/격일로

every two days = every second day = every other day

(3) 앞에 not이 있으면 해석이 부분부정인지 확인 (전체부정 X) 〈영작〉

ex) Not every man can be a poet.

→ 모든 사람이 시인이 될 수 없다. (X)

→ 모든 사람이 다 시인이 될 수 있는 것은 아니다. (O)

③ 감정타동사로 만들어진 분사의 능·수동

excite	흥분시키다	bore	지루하게 하다	embarrass	당황스럽게 하다
exciting	흥분시키는	boring	지루하게 하는	embarrassing	당황스럽게 하는
excited	흥분한	bored	지루한	embarrassed	당황한

④ 수동태로 쓸 수 없는 자동사 (p. 177)

occur [006], happen [007], take place, emerge, (dis)appear, come, arrive [005-1],

result in[from], belong to, consist of [109-1],

---

05 두 사람의 대화 중 가장 어색한 것은?

① A: It's supposed to rain tonight, isn't it?

　 B: That's what I heard.

② A: Would you like to join us for dinner?

　 B: I'll have to pass on the dinner invitation.

③ A: What's the policy for unauthorized absence?

　 B: Ask the HR team for your paycheck details.

④ A: Where is the parking space for visitors?

　 B: They can park on the left side of the building.

③ unauthorized absence 무단 결석, 무단 결근

해석 ① A: 오늘 밤에 비가 온다고 했는데, 그렇지?

　　　 B: 나도 그렇게 들었어.

② A: 저희랑 같이 저녁 식사하실래요?

　　 B: 저는 그 저녁 식사 초대를 사양해야 할 것 같네요.

③ A: 무단결근에 대한 방침은 무엇인가요?

　　 B: 급여 세부 항목은 인사팀에 물어보세요.

④ A: 방문객들을 위한 주차 공간은 어디에 있나요?

　　 B: 그들은 건물 왼편에 주차할 수 있어요.

어휘 pass on 거절하다 unauthorized absence 무단결근 HR (= Human Resources) 인사팀 paycheck 급여

회차 16 하프 모의고사

01 밑줄 친 부분에 들어갈 말로 가장 적절한 것은?

> The jury members considered the deponent's testimony as _____ + _____ due to
>   A   B
> her compelling evidence.
> 설득력 있는, 강제적인

① peripheral 주변적인, 지엽적인

② wandering 돌아다니는, 헤매는, 배회하는, 종잡을 수 없는

③ conclusive 결정적인, 확실한 (= decisive, unquestionable, undeniable), 최종적인

④ counterfeit 가짜의 (= fake, false); 위조하다

속이다, 위조하다

cheat

fool

trick

deceive

manipulate

counterfeit

take in

해석 배심원들은 그 선서 증인의 증언이 설득력 있는 증거 때문에 결정적이라고 생각했다.
① 주변적인, 지엽적인 ② 배회하는, 종잡을 수 없는 ③ 결정적인 ④ 가짜의

어휘 jury 배심원단 deponent 선서 증인 testimony 증거, 증언 compelling 설득력 있는, 강력한

02 밑줄 친 부분에 들어갈 말로 가장 적절한 것은?

> After years of managing the family business, he _____ the ownership to
> his eldest son.

① hit on 생각해내다; 우연히 발견한다

② hung out (함께 어울리며) 시간을 보내다 (with)

③ heard out 끝까지 듣다

④ handed over 물려주다, 양도하다; 건네주다, 전달하다

해석 그는 수년간 가업을 경영한 끝에 장남에게 소유권을 물려졌다.
① 생각해 내다 ② 시간을 보내다 ③(줄여) 겉다 ③ 끝까지 듣다 ④ 물려주다, 양도하다

어휘 family business 가업 ownership 소유권

하프 모의고사

03 어법상 옳지 않은 것은?

① Your hair is getting very long. It will need cutting soon.
  S   2V   SC   + RVing
                     (= to be cut)

② Truly happy people are those(who) make up their minds to be) (happy)
                        066 +불완전
              ~하는 사람들 주어 X 동 (복수/능동)

③ The captain became increasingly disturbing (for fear of shipwreck)
         003-2   ad 준(수동)(→ disturbed)

④ The sun, one of millions of stars(in the universe) provides us with heat and light.
   S   = 복수N   A   동(단수/능동) B

① 2형식 관련 주요 문제 (p.171)

(1) 오감V   look 008-1, smell, taste, sound, feel + @ / like + 명사(구)(절)
(2) 판단·입증V seem, appear, prove, turn out + (to be) @ / to RV
(3) 상태변화V become 009, get 030-2, turn, grow, go, come, run, fall + @
(4) 상태유지V be, remain 010, stay 011, keep, hold + @

능동의 형태로 수동의 의미를 나타내는 준동사

need 131-2, want, deserve + RVing

ex) The house needs painting. 그 집은 페인트칠해질 필요가 있다.

= The house needs to be painted.

---

④ 기타 주의해야 할 동사 (p.174)

분리·박탈 동사 + A + of + B

rob
deprive   + A + of + B
relieve

인지동사 + A + of + B
코인노래방 완전 아주잘해

코   convince 094
인   inform 095
노   notify   + A + of + B
래   remind 096 + A + that절
완   warn
아주 assure

제공 동사 + A + with + B

provide
supply   + A + with + B
present
equip

금지·억제 동사 + A + from RVing

prevent 022
prohibit
discourage + A + from RVing
stop 042-2
keep 021
deter

해석 ① 너의 머리카락이 매우 길어지고 있어. 곧 자를 필요가 있겠어.
② 진정으로 행복한 사람들은 그러기로 결심한 사람들이다.
③ 선장은 난파에 대한 두려움으로 점점 불안해했다.
④ 우주의 수백만 별 중 하나인 태양은 우리에게 열과 빛을 제공한다.

어휘 make up one's mind 결심하다 disturb 불안하게 하다 shipwreck 난파

회차
16 하프 모의고사

04 우리말을 영어로 잘못 옮긴 것은?

① 플라톤은 예술을 단지 자연의 모방일 뿐이라고 본다.
→ Plato sees art as(nothing but)the imitation of nature.
　　　　　A　　　　　　= only　　　B

② 디지털 티켓은 구매 직후에 도착할 것이다.
→ The digital tickets will arrive shortly(after your purchase)
　　　　　　　　　　　　　　005-1

③ 전기 울타리로 둘러싸인 그 공장은 아무도 접근할 수 없다.
→ Surrounded by electric fences, the factory is not accessible to anyone.
　└──┘
　분(수동)　　분사구문의 의미상 주어

④ 그는 이미 있는 일을 일을 하지 않았고, 말할 필요도 없이 성과가 없었다.
→ He did nothing(meaningful, and(needless to say) achieved results.
　　　　　　　　　　　　　　　　　　　　　　　（→ achieved no results 또는
　　　　　　　　　　　　　　부사구　　　　　　　　did not achieve results)
※ -thing으로 끝나는 명사는
형용사가 뒤에서 수식

② -ly를 붙이면 뜻이 바뀌는 형용사/부사 〈p.196〉

late	늦은 / 늦게	lately	최근에	latest 최신의
hard	힘든, 열심인 / 열심히	hardly	거의 ~하지 않는	
near	가까운 / 가까이	nearly	거의	
high	높은 / 높이, 높게	highly	매우, 대단히, 고귀하게	
short	부족한, 짧은 / 부족하게, 짧게	shortly	곧, 즉시	

어휘 imitation 모방 surround 둘러싸다 accessible 접근 가능한

---

① 간주동사 〈p. 173〉

```
┌ regard 102              ┐
│   └ see 023-2           │ O    as      O.C [형/명]
│ think of 033-2          │
└ look upon               ┘

┌ think 033-2 ┐    O    as    O.C [형/명]
└ believe     ┘         (to be)

  consider 019-1   O  ( as     ) O.C [형/명]
                     ( (to be)  )
```

59

회차 16 하프 모의고사

05 밑줄 친 부분에 들어갈 말로 가장 적절한 것은?

A: Look at the hallway! Kids are littering trash anywhere.
B: You can say that again.
A: What can we do to stop this? I can't stand it anymore!
B: Well, you can either make announcements or put up posters.
A: I did both before, but ＿＿＿ 아무 소득이 없었다는 표현 ＿＿＿ .
B: Hmm... No ideas come to mind. Let's take some time to think about it.

① they were close calls 그것들은 위기의 순간들이었어

② my arm was constantly sore 내 팔이 지속적으로 아팠어

③ the time was too short to check 확인하기엔 시간이 너무 부족했어

④ both of them turned out empty-handed 그것들 둘 다 아무 소득이 없다고 밝혀졌어

You can say that again. 당신 말에 전적으로 동의합니다.
= I can't agree with you more. = I couldn't agree more.
= You are telling me. = I'm in line with you. = I'm with you.

I can't stand it anymore. 더 이상 참을 수가 없어.
= I can't take it anymore.

① close call 위기일발, 구사일생

해석
A: 복도 좀 봐! 아이들이 쓰레기를 아무 데나 버리고 있어.
B: 그러게 말이야.
A: 이걸 멈추려면 뭘 할 수 있을까? 나는 더이상 참을 수 없어!
B: 글쎄, 공지를 하거나 포스터를 붙일 수 있어.
A: 내가 전에 둘 다 해봤는데, 둘 다 아무 소득이 없는 걸로 밝혀졌어.
B: 음... 생각나는 게 없어. 시간을 갖고 그것에 대해 생각하자.
① 위기의 순간들이었어
② 내 팔이 계속 아팠어
③ 확인할 시간이 너무 부족했어
④ 둘 다 아무 소득이 없는 걸로 밝혀졌어

어휘 hallway 복도 litter 버리다 stand 참다 put up 게시하다 come to mind 생각나다 close call 위기일발 constantly 계속, 끊임없이 sore 아픈 check 확인하다 turn out 밝혀지다 empty-handed 아무 소득이 없는

MEMO

회차 17 하프 모의고사

01 밑줄 친 부분에 들어갈 말로 가장 적절한 것은?

Plants(that take two years to sprout, bloom, bear fruit, and die)are called _____ plants.

① annual 해마다의, 연간의

② bizarre 기이한, 특이한 (= odd, strange, weird, abnormal, peculiar, eccentric)

③ biennial 격년의, 2년 마다의 (cf) biannual 연 2회의

④ perennial 연중 끊이지 않는, 영원한, 다년생의

평생의, 영구적인, 영원한
끊임없는, 영구적인, 영원한   → 일시적인, 짧은, 일시의

constant

continuous   brief

lasting   momentary

endless   temporary

eternal   tentative

everlasting   transient

persistent   provisional

permanent

perpetual

perennial

incessant

해석 씩이 나고 꽃을 피우고 열매를 맺고 죽는 데 2년이 걸리는 식물을 2년생 식물이라고 한다.
① 1년생의, 매년의 ② 기이한 ③ 2년생의, 격년의 ④ 다년생의, 지속되는

어휘 sprout 씩이 나다 bloom 꽃 피우다 bear 맺다; 낳다

---

02 밑줄 친 부분에 들어갈 말로 가장 적절한 것은?

The boy was caught in a rain shower on the way back from a farm and had to wait for the rain to _____.

① let in 들이다, 들여보내다

② let up 약해지다, 서서히 그치다; 느슨해지다 (= loosen)

③ turn in 돌려주다, 반납하다; 제출하다 (= submit, hand in, give in)

④ turn up 나타나다

해석 그 소년은 농장에서 돌아오는 길에 소나기를 맞았고 빗줄기가 약해지기를 기다려야 했다.
① 들여보내다 ② 약해지다, 서서히 그치다 ③ 돌려주다, 제출하다 ④ 나타나다

어휘 be caught in a rain shower 소나기를 만나다

61

회차 17 하프 모의고사

03 어법상 옳은 것은?

+ 복수N   is

① Neither of his parents <u>are</u> good at <u>handling</u> difficult situations.
　　　　　　　⑧(단수)　　⑧(동명)
　　　　　　　복수/단수

② Many accidents <u>are caused</u> by people(who <u>drive</u> while <u>intoxicated</u>).
　　　　⑧(복수/수동)　　　⑧(복수/능동)　　⑧(수동)
　　S　　　　　　　주어 X　　066

③ The building(which <u>was damaged</u> <u>bad</u> in the fire) <u>has now been rebuilt</u>.
　　S　　068 ⑧(단수/수동)　 badly 심하게　　⑧(단수/수동)
　　　　　　　주어 X　　　　　동사 수식

④ I <u>have</u> taught English for 10 years/when my first book <u>was published</u> in 2013. 048
　　had　　　　　　　　　　　시간 부사절　　⑧(단수/수동/과거)
　　　　　　　　　　　　　　접속사

① ┌ one   003 ┐
　 │ each   144 │ of + 복수명사 + 단수동사 〈p.176〉
　 │ either 161-2 │
　 └ neither 162-2 ┘

해석 ① 그의 부모님은 둘 다 어려운 상황을 잘 처리하지 못한다.
② 술에 취한 상태에서 운전하는 사람들에 의해 많은 사고들이 초래된다.
③ 화재로 크게 피손된 건물은 현재 재건축되었다.
④ 내 첫 책이 2013년에 출간되었을 때 나는 10년 동안 영어를 가르치고 있었다.

어휘 intoxicated (술·마약에) 취한 publish 출간하다

04 우리말을 영어로 잘못 옮긴 것은?

① 나는 집을 나설 때마다 항상 마스크를 착용한다.
　　　　　　　　　　　　　　　빈도부사
　→ Whenever I leave the house, I always put on a mask.
　　　　　　 S　3V　　O

② 그런 실수에 대해 경찰을 비난해도 소용없다.
　　　　　　　　　　　　+ RVing
　→ It is no use to <del>criticize</del> the police(for those mistakes)
　　　　　　　　　 criticizing

③ 그들이 그런 어리석은 결정을 내린 것은 바로 어제였다.
　　　　　　　　　　　　076 (+ a/an) + (형) + 명
　　　　　　　　 it ~ that 강조 구문
　→ It was yesterday that they made <u>such</u> a silly decision.
　　　　　　　　　 ②　　 S　3V　　O

④ 그의 3점 슛 성공률은 팀 내 어떤 선수들보다도 더 높다.
　　　　　　　　　　　　　　　　　　　　　+ 단수N
　→ His three-point shot success rate <u>is</u> <u>higher than any other player</u>(on the team)
　　　　　　　　　　　　　　S　　V　 SC

① REMALIODASC : 자동사 같은 타동사 〈p.171〉

R resemble 015, reach 016

E enter

M marry 104-1, mention

A accompany 017, affect 105, approach

L leave

I influence 106-2

O obey, oppose

D discuss 013

A answer, attend, address

S survive 018

C consider, contact 014

어휘 put on ~을 입다, 쓰다 silly 어리석은

④ 비교급 + than any other + 단수N [081-1]
· 뒤에 단수명사가 있는지 확인 (복수명사 X)
· 최상급으로 해석되는지 확인 (영작) : 그 어떤 ···보다 가장 ~하다

빈도부사의 위치 ⟨p. 197⟩
often, sometimes, usually, always 등의 빈도부사는 일반동사 앞, be동사와 조동사 뒤에 위치한다. '조동사 + be동사'가 올 경우 조동사와 be동사의 사이에 위치한다.

② it is no use [132]
· 뒤에 동명사가 있는지 확인 (to RV X)

※ ~해도 소용없다
　It is no use RVing
　= It is of no use to RV

조동사 관용 표현 ⟨p.186⟩
(1) It is no use[good] [132] RVing : ~해도 소용없다
　= It is of no use to RV
(2) There is no RVing : ~하는 것은 불가능하다
(3) be worth [135-1] RVing : ~할 가치가 있다
(4) be busy [063] (in) RVing : ~하느라 바쁘다
(5) make a point of RVing : ~하는 것을 원칙으로 삼다
　= make it a rule to RV
(6) have difficulty[trouble, a hard time] (in) RVing : ~하는 데 어려움을 겪다
(7) On[Upon] RVing : ~하자마자
(8) spend [134] + 시간/돈 + (in) RVing : ~하는 데 시간/돈을 쓰다
(9) come near to RVing : 거의 ~할 뻔하다

회차
17 하프 모의고사

05 밑줄 친 부분에 들어갈 말로 가장 적절한 것은?

A: I don't feel like going to work today.

B: What's wrong? Are you alright?

A: My stomach hurts and I feel sick. I think the spicy fajitas I had last night didn't agree with me.

B: That's too bad. _____ 하루 쉬는 것을 권유하는 표현

A: I wish I could, but I have an important meeting this morning.

B: That's too bad. Then, take some medicine. It will work for a while.

① I didn't mean to hurt you.   너를 다치게 할 의도는 없었어.

② How about calling in sick right now?   지금 바로 전화로 병가를 내는 게 어때?

③ Why didn't you file a complaint on the spot?   왜 너는 즉시 항의하지 않았어?

④ For the record, my boss is on a business trip.   분명히 말해서, 사장님은 출장 중이셔서.

② call in sick 전화로 병가를 알리다

③ on the spot 즉시, 현장에서; (입장이) 난처한

④ for the record 분명히 말해서

be on a business trip 출장 중이다

= be out of town

해석 A: 오늘 출근하고 싶지 않아.

B: 무슨 일이야? 괜찮아?

A: 배가 아프고 메스꺼워. 어젯밤에 먹은 매운 파히타가 나와 안 맞았던 거 같아.

B: 그것 참 안됐다. 지금 바로 전화로 병가를 내는 게 어때?

A: 그러고 싶은데, 오늘 오전에 중요한 회의가 있어.

B: 안됐다. 그럼 약을 좀 먹어. 잠깐은 효과가 있을 거야.

① 너를 다치게 할 의도는 없었어.

② 지금 바로 전화로 병가를 내는 게 어때?

③ 왜 즉시 항의를 하지 않았어?

④ 분명히 말해서, 사장님은 출장 중이셔.

어휘 agree with sb (음식이나 일이) ~의 성미에 맞다 mean 의도하다 call in sick 전화로 병가를 내다 file a complaint 항의를 하다, 불만을 제기하다 for the record 분명히 말해서 on a business trip 출장 중인

회차
18 하프 모의고사

01 밑줄 친 부분과 의미가 가장 가까운 것은?

The professor openly disdained the outdated research methods, saying they were almost like from the 80's.

① despised 경멸하다, 혐오하다 (= hate, dislike, abhor, detest, loathe, abominate)
② exclaimed 소리치다, 외치다 (= roar)
③ applauded 박수를 보내다; 칭찬하다
④ speculated 사색하다, 추측하다 (= guess, conjecture)

disdain 경멸하다, 무시하다; 업신 여김, 무시

무시하다, 폄하하다	칭찬하다
ignore	praise
neglect	commend
disregard	compliment
despise	acclaim
disdain	applaud
belittle	
contemn	
scorn	
look down on	
make light of	
pass over (+ 배제하다, 제외시키다)	
put[lay] aside (+ 제쳐놓다; 저축하다, 비축하다)	

해석 그 교수는 구식의 연구 방법이 거의 80년대에서 온 것 같다고 말하면서 그것들을 공개적으로 경멸했다.
① 경멸하다 ② 외치다 ③ 칭찬하다 ④ 추측하다
어휘 outdated 구식의

02 밑줄 친 부분에 들어갈 말로 가장 적절한 것은?

After their car broke down miles from town, they had to _____ with the limited supplies(they had in the trunk to survive the night)

① go south 폭락하다 (= take a nosedive)
② make shift 그럭저럭 꾸려 나가다; 임시로 사용하다 (= make do with)
③ carry the day 승리하다, 성공하다 (= succeed, triumph)
④ break the ice 서먹한 분위기를 깨다

해석 그들의 차가 마을에서 몇 마일 떨어진 곳에서 고장이 난 후, 그 밤을 살아남기 위해 그들은 그 트렁크에 있는 한정된 물품으로 그럭저럭 꾸려 나가야 했다.
① 폭락하다 ② 그럭저럭 꾸려 나가다 ③ 승리하다 ④ 서먹한 분위기를 깨다
어휘 break down 고장 나다 supply 물품

65

회차 18 하프 모의고사

03 밑줄 친 부분 중 어법상 옳지 않은 것은?

After ① spending 25 years together, Stella and Joe were still very happy and
(동)
loved each other very much. A friend asked them how they managed to stay
2V   SC   OC
happy(RV)
② happy married through the years. Joe said, "That's easy. I let Stella ③ take
SC.   사역V O   OC   능동(RV)
happily
care of all the important family matters like ④ where we should live and invest
의 S V   + 완전한 문장
전치사 074-3
our money, and so forth."

② 2형식 관련 주요 문제 〈p.171〉

(1) 오감V   look 008-1, smell, taste, sound, feel + ⓐ / like + 명사(구)(절)

(2) 판단·입증V   seem, appear, prove, turn out + (to be) ⓐ / to RV

(3) 상태변화V (~되다) become 009, get 050-2, turn, grow, go, come, run, fall + ⓐ

(4) 상태유지V (~이다) be, remain 010, stay 011, keep, hold + ⓐ

③ 지각동사·사역동사 〈p.172〉

(1) 지각동사

watch, see, notice 099,   RV·RVing (능동)
                    + O +   to RV (X)
hear 026, listen to, feel   p.p. (수동)

(2) 사역동사

make 027-1, have 028 + O + RV(능동) / p.p.(수동)

let 029   + O + RV(능동) / be p.p.(수동)
                              p.p. (X)

(3) 지각동사·사역동사의 수동태

S + 지각/사역 V + O + RV → O + be p.p. + to RV
                                          RV (X)
                           O + be p.p. + to RV
                                          RV(X)

해석 25년을 함께 보낸 후에도, Stella와 Joe는 여전히 매우 행복하고 서로를 아주 많이 사랑했다. 한 친구가 그들에게 어떻게 우
여전히 행복한 결혼 생활을 유지했는지 물었다. Joe는 "그것은 쉬워. 우리가 어디에 살고 돈을 어디에 투자해야 하는지 등등
같은 모든 중요한 가족 문제들은 Stella가 맡아서 하게 해."라고 말했다.

어휘 take care of ~을 돌보다 invest 투자하다

04 우리말을 영어로 잘못 옮긴 것은?

① 그는 자신의 잘못을 드러낼 만큼 어리석지는 않다.
→ He knows better than to reveal his own faults.

② 내가 집에 도착하자마자 비가 오기 시작했다.
→ Hardly have I arrived home when it began to rain.
       had S p.p.   과거V
                                            005-1
                                               ⓐⓓ

③ 그녀가 만들어낸 모든 문제가 좋은 것은 아니었다.
→ Not all of the problems(she created) were good.
      복수N   (that)   (동) (복수)
                     목적격 관·대 생략

④ 선거의 중요성은 아무리 강조해도 지나치지 않다.
→ We cannot emphasize the importance of elections too much.

① 중요 원급·비교급 관용 구문 〈p.207〉

  ┌ not so much A as B 172 : A라기보다는 오히려 B인
  │ → 영작일 경우 A와 B가 바뀌었는지 체크
  │
  ├ would rather A than B 054 : B하기보다는 차라리 A하겠다
  │ → 영작일 경우 A와 B가 바뀌었는지 / A와 B 자리에 원형부정사(RV)가 있는지 체크
  │
  ├ know better than to RV : ~할 정도로 어리석지 않다
  │
  └ A is no more B than C is (D) : A가 B가 아닌 것은 C가 (D가) 아닌 것과 같다

어휘 reveal 드러내다 fault 잘못 emphasize 강조하다

18 하프 모의고사

회차

② ~하자마자 ··· 했다 〈p.178〉

(1) Hardly [041] had + S + p.p. (when) S + 과거V
(2) Scarcely [042] // (before) //
(3) No sooner [043] // than //

③ '부분명사 of 전체명사'의 수일치 〈p.176〉

부분을 나타내는 부정대명사 : some / any / most [004] / all [145-1]

부분명사 ┌ 일부 : part / portion / half / the rest ┐ + of + 복수N + 복수V
        ├ 분수 : one third / two thirds ···   │   + 단수N + 단수V
        └ 백분율 : 30 percent ···   ┘

④ 아무리 ~해도 지나치지 않다 〈p.183〉 : cannot ~ too (much), cannot ~ enough,
cannot over-RV. It is impossible to over-RV.

┌─────────────────────────────────┐
│ · 포인트 1 : too 대신에 so를 쓸 수 없다.   │
│ · 포인트 2 : over-와 too much를 함께 쓸 수 없다. │
└─────────────────────────────────┘

ex 1) 너는 네 건강에 대해 아무리 주의해도 지나치지 않다.
→ You cannot be só careful of your health.
                    too

ex 2) We cannot overemphasize the importance of your health
too much. 건강의 중요성은 아무리 강조해도 지나치지 않다.

---

05 밑줄 친 부분에 들어갈 말로 가장 적절한 것은?

┌──┐
│ A: I'm sorry things got a little heated at the meeting yesterday. │
│ B: That's okay. You were trying to put your opinion across.   │
│ A: Thanks. But I was afraid I made people a little uncomfortable. │
│ B: No worries. _____.   │
│   의견을 옹호하는 표현   │
│ A: That's very nice of you to say that.   │
└──┘

① You could have let down others with your opinion.
   당신의 의견으로 당신은 다른 사람들을 실망시킬 수도 있었어요.
② Other people probably passed over your arguments.
   다른 사람들은 아마도 당신의 주장을 무시했을 거예요.
③ You should have put your thoughts across more strongly.
   당신은 더 강하게 당신의 생각을 이해시켰어야 했어요.
④ There is nothing wrong with standing up for your opinion.
   당신의 의견을 옹호하는 것은 잘못된 것이 아닙니다.

put across ~을 이해시키다, 받아들이게 하다

① let down 실망시키다 (= disappoint)
② pass over ~을 무시하다 (= ignore, neglect, overlook), 배제하다 (= exclude)
③ stand up for ~을 옹호하다, 지지하다 (= stand by, stick up for, support)

해석 A: 어제 회의에서 상황이 좀 격해져서 죄송합니다.
B: 괜찮습니다. 당신은 당신의 의견을 이해시키려고 한 것이잖아요.
A: 감사합니다. 하지만 내가 사람들을 좀 불편하게 만든 것 같아 걱정되었습니다.
B: 걱정 마세요. 당신의 의견을 옹호하는 것은 잘못된 것이 아닙니다.
A: 그렇게 말씀해 주시다니 정말 친절하십니다.
① 당신의 의견으로 다른 사람들을 실망시킬 수도 있었습니다.
② 다른 사람들은 아마 당신의 주장을 무시했을 거예요.
③ 당신은 당신의 생각을 좀 더 강하게 이해시켰어야 했어요.
④ 당신의 의견을 옹호하는 것은 잘못된 것이 아닙니다.

어휘 heated 격한, 흥분한 put across 이해시키다, 받아들이게 하다 let down 실망시키다 pass over 무시하다 stand up for 옹호하다

67

01 밑줄 친 부분에 들어갈 말로 가장 적절한 것은?

Gymnasts boast incredibly ＿＿＿＿ physical skills to perform a diverse range of movements like balancing precariously on a narrow beam.

① rigid 엄격한 (= strict, severe, stern); (사물이) 단단한, 뻣뻣한
② clumsy 서투른, 어설픈 (= awkward); 다루기 힘든
③ pliable 유연한; 순응적인
④ considerate 사려 깊은; 신중한 (cf) considerable 상당한; 중요한

탄력적인, 유연한, 융통성 있는 | 신중한, 조심성 있는, 주의 깊은

flexible
adaptable
elastic
resilient (+ 회복력 있는)
pliable (+ 순응적인)
plastic
malleable (+ 영향을 잘 받는)
supple

careful
cautious
thoughtful
attentive
discreet
deliberate
considerate (사려 깊은)
prudent

해석 체조 선수들은 좁은 평균대 위에서 위태롭게 균형을 잡는 등 다양한 동작을 수행할 수 있을 정도로 우연한 신체 능력을 지랑한다.
① 굳은 ② 서투른 ③ 유연한 ④ 사려 깊은
어휘 gymnast 체조 선수 physical 신체적인 precariously 위태롭게 beam 평균대

02 밑줄 친 부분과 의미가 가장 가까운 것은?

The volcano burst into eruption, spewing ash and lava into the sky.

① hung on 꽉 붙잡다; 기다리다 (= hold on)
② broke into 갑자기 ~하기 시작하다 (= burst into); 침입하다 (= invade, break in)
③ leaned on ~에 기대다, 의지하다
④ bumped into 우연히 마주치다 (= encounter, come across, run across, run into)

burst into 갑자기 ~하기 시작하다 (= break into)

의지하다, 의존하다

depend (up)on
rely on
lean on
count on
turn to
look to
resort to
draw on
bank on
fall back on
be contingent on

해석 화산이 화산재와 용암을 하늘로 뿜어내며 갑자기 폭발하기 시작했다.
① 꽉 붙잡다, 기다리다 ② 갑자기 ~하기 시작하다 ③ ~에 기대다 ④ 우연히 마주치다
어휘 eruption 폭발 spew 내뿜다 lava 용암

회차 19 하프 모의고사

03 어법상 옳은 것은?

① When are you going to get the vehicle [to repair]?
준사역V   O   OC
            [030-1]   (준)(수동) (→ repaired)
            주어 X

② A man(carrying [that appeared to be a gun])was fatally shot(by the police)
S   (준)(능동) what + 불완전   (동)(단수/수동)
    보어로 가능   [066]
    (* 간주 명사도
    보어로 가능)

③ [Which team member will be chosen]to represent the company)is still unclear.   SC ⓐ
S   [068-1]   (동)(수동)   2V
        (that)   are

④ The job posting[specifies]all of the applicants[is required]to apply(before the deadline)]
S   (동)(단수/능동)   복수N   (동)(복수/수동)
        [145-1]   복수N

② 2형식 관련 주요 문제 ⟨p.171⟩

(1) 오감V   look [008-1], smell, taste, sound, feel + ⓐ / like + 명사(구)(절)

(2) 판단·입증V   seem, appear, prove, turn out + (to be) ⓐ / to RV

(3) 상태변화V (~되다)   become [009], get [030-2], turn, grow, go, come, run, fall + ⓐ

(4) 상태유지V (~이다)   be, remain [010], stay [011], keep, hold + ⓐ

④ '부분명사 of 전체명사'의 수일치 ⟨p.176⟩

부분을 나타내는 부정대명사 : some / any / most / all [004]

부분명사 ┌ 일부 : part / portion / half / the rest   ┐ + of + 복수N + 복수V
        ├ 분수 : one third / two thirds …   ┘   + 단수N + 단수V
        └ 백분율 : 30 percent …   [145-1]

해석 ① 차량 수리는 언제 해주실 건가요?
② 총으로 보이는 것을 들고 있던 한 남자가 경찰의 총에 치명상을 입었다.
③ 어떤 팀원이 회사 대표로 선택될 것인지는 여전히 불확실하다.
④ 지원 공고는 모든 지원자들이 마감 전에 지원할 것을 요구한다는 것을 명시한다.

어휘 shoot 총을 쏘다 represent 대표하다 specify 명시하다 applicant 지원자 apply 지원하다

04 우리말을 영어로 잘못 옮긴 것은?

① 당신은 이사 전에 동네가 안전한지 확인해 봐야 한다.
→ You need to see[if the neighborhood is safe](before[moving in])
S   V   O   (준)(능동·내가 이사하는 것이므로)
S   V   O

② 혜성에 매료된 Kane은 그것들을 연구하는 데 많은 시간을 보냈다.
[Fascinated]by comets, Kane spent a lot of time[studying them.
(준)(수동)   (in) RVing   시간
분사구문의   (준)(능동)
의미상 주어

→ 나는 그 사진을 볼 때마다 나의 학창 시절이 떠오른다.
A   B
③ I never see the photo without[remind]myself of the school days.
reminding

④ 그 연예인이 사생활에서 하는 일은 언론의 큰 관심사다.
S   V   SC
→ [What the celebrity does(in his private life)]is of great interest(to the media)
[070] + 불완전   목적어 X   of + 추상명사 = 형용사

① whether vs if ⟨p.192⟩

	whether	if [053-2]
타동사의 목적어	O	O
주어, 보어, 전치사의 목적어, or not, to 부정사	O	X

어휘 fascinated 매료된 remind 생각나게 하다, 상기시키다

69

회차
19 하프 모의고사

② 준동사 관용 표현 〈p.186〉

(1) It is no use[good] [132] RVing : ~해도 소용없다

= It is of no use to RV

(2) There is no RVing : ~하는 것은 불가능하다

(3) be worth [135-1] RVing : ~할 가치가 있다

(4) be busy [063] (in) RVing : ~하느라 바쁘다

(5) make a point of RVing : ~하는 것을 원칙으로 삼다

= make it a rule to RV

(6) have difficulty[trouble, a hard time] (in) RVing : ~하는 데 어려움을 겪다

(7) On[Upon] RVing : ~하자마자

(8) spend [134] + 시간/돈 + (in) RVing : ~하는 데 시간/돈을 쓰다

(9) come near to RVing : 거의 ~할 뻔하다

③ ~할 때마다 ~하다 〈p. 183〉

cannot ~ without RVing

cannot ~ but S + V

never ~ without RVing

never ~ but S + V

기타 주의해야 할 동사 〈p.174〉

분리·박탈 동사 + A + of + B

rob

deprive   + A + of + B

relieve

인지동사 + A + of + B

코인노래방 완전 아주잘해 [094]

코   convince

인   inform [095]

노   notify   + A + of + B

래   remind [096] + A + that절

완   warn

아주 assure

④ of + 추상명사 [138]

(1) 형용사로 쓰였는지 확인

(2) of 뒤에 명사가 있는지 확인

of ability   유능한(able)

of importance   중요한(important)

of use   유용한(useful)

of help   도움이 되는(helpful)

of benefit   이익이 되는(beneficial)

제공 동사 + A + with + B

provide

supply   + A + with + B

present

equip

금지·억제 동사 + A + from RVing

prevent

prohibit

discourage   + A + from RVing

stop [040-2]

keep [021]

deter

① This/That is none of your business. 이건/그건 당신이 상관할 것이 아닙니다.; 당신 일에나 신경 쓰세요.

= Mind your own business.

= Keep your nose out of this/that.

= Please get off my back.

= Go about your business.

---

05 밑줄 친 부분에 들어갈 말로 가장 적절한 것은?

A: I heard you got assigned to London.

B: That's right. I'll be there for the next two years. I'm just getting started on house-hunting.

A: I heard the rent can be pretty pricy over there.

B: The company is covering it, (so) ___집세가 큰 걱정거리는 아니라는 표현___ . Getting used to everything new is what I worry about most, though.

A: Don't be a chicken. I know you'll handle it like you always do.

B: Thanks for the encouragement.

① that is none of your business 그건 네가 상관할 게 아니야; 네 일에나 신경 써

② living there would be so hard 그곳에서 사는 것은 매우 힘들거야

③ that is not my biggest concern 그것은 내 큰 걱정거리는 아니야

④ I'm staying in my cousin's place 나는 친척 집에 있을 예정이야

Don't be a chicken. 겁먹지 마. / 쫄지 마.

해석 A: 네가 런던으로 발령 났다고 들었어.

B: 맞아. 그곳에서 앞으로 2년 정도 있을 거야. 그곳에서 살 집을 구하련던 참이야.

A: 그곳의 집세가 매우 비싸다고는 들었어.

B: 회사가 그(집세)를 부담해 줘서 그게 내 큰 걱정거리는 아니야. 새로운 모든 것에 적응하는 것이 가장 걱정되기는 해.

A: 겁먹지 마. 언제나 자럼 네가 해낼 걸 알아.

B: 격려해 줘서 고마워.

① 그건 네가 상관할 게 아니야

② 그곳에서 사는 것은 매우 힘들 거야

③ 그게 내 큰 걱정거리는 아니야

④ 나는 내 친척 집에서 지낼 거야

어휘 get assigned 배정받다 house-hunting 집 구하기 rent 집세 pricy 비싼 cover 부담하다 get used to RVing ~에 익숙해지다 encouragement 격려

회차 20 하프 모의고사

01 밑줄 친 부분과 의미가 가장 가까운 것은?

Landlords with certain government-supported mortgages can **defer** payments as long as they maintain support for struggling renters.

① collect 수집하다, 모으다
② fasten 고정시키다, 매다
③ subtract 빼다, 공제하다
④ postpone 연기하다, 미루다

defer 미루다, 연기하다; 경의를 표하다

미루다, 연기하다	모으다, 모이다
delay	collect
postpone	gather
suspend (중단하다)	flock
defer	assemble
put off	accumulate
hold over	aggregate
hold off	congregate
	convene

02 밑줄 친 부분과 의미가 가장 가까운 것은?

Ultimately, the success of the new method boils down to one question: will it **enhance** productivity?

① fills out (서류에) 기입하다, 작성하다 (= fill in, complete) (cf) fill up 채워 넣다
② results in 그 결과 ~가 되다, 결국 ~이 되다; ~을 야기하다, 초래하다 (= bring about)
③ backs up 뒷받침하다, 지지하다, 후원하다
④ stems from ~로부터 유래하다 (= derive from, originate from)

boil down to 결국 ~이 되다 (= add up to, come down to, result in, end in, lead to)

지지하다, 옹호하다
support
advocate
back up
stand by
stand (up) for
stick up for
bolster (+ 강화하다, 북돋우다)
uphold (+ 떠받치다)

03 밑줄 친 부분 중 어법상 옳지 않은 것은?

You've often seen small animals ① lying dead by the side of the road.
Automobiles have created a real danger for animals that want to cross from
one side of a road to ② the other. Well, there's at least one highway in the
world where small animals don't have to risk ③ dying. The highway runs
between the cities of London and Exeter, in England. To keep small animals
from ④ running over by automobiles, the English built an underpass beneath
the highway.

① 지각V / seen / O / OC lying dead — (준) (능동) 유사 보어
② the other [146-3]
③ risk — + RVing / (준) (능동) dying
④ (준) (수동) (→ being run) running

① 지각동사·사역동사 <p.172>
(1) 지각동사
watch, see, notice [099],   + O + RV·RVing (능동) / to RV (X)
hear [026], listen to, feel   p.p. (수동)

(2) 사역동사
make [027-1], have [028] + O + RV(능동) / p.p.(수동)
let [029]   + O + RV(능동) / be p.p.(수동)

(3) 지각동사·사역동사의 수동태
S + 지각/사역 V + O + RV → O + be p.p. + to RV
     지각/사역 V + O + RV (X)   RV (X)
         p.p.(X)

lie / lay [036]
지동사(lie)인지 VS 타동사(lay)인지 확인
lie - lied - lied [자V] 거짓말하다
lie - lay - lain [자V] 눕다, 놓여 있다
lay - laid - laid [타V] ~을 놓다; 알을 낳다

③ 동명사 목적어를 취하는 그 밖의 동사를
완료·중단 quit
연기 delay, put off
인정·부인 admit, deny
반대 dislike
기타 risk, involve

④ 기타 주의해야 할 동사 <p.174>
분리·박탈 동사 + A + of + B
rob
deprive   + A + of + B
relieve

인지동사 + A + of + B
코인노래방 완전 아주장해
코 convince [094]
인 inform [095]
노 notify   + A + of + B
래 remind   + A + that절
완 warn
아주 assure

제공 동사 + A + with + B
provide
supply   + A + with + B
present
equip

금지·억제 동사 + A + from RVing
prevent [022]
prohibit
discourage   + A + from RVing
stop [040-2]
keep [021]
deter

해석 당신은 도로 옆에 죽은 채로 누워 있는 작은 동물들을 자주 볼 것이다. 자동차들은 도로 한쪽에서 또 다른 한쪽으로 건너려고 하는 동물들에게 진짜 위험을 만들어 냈다. 그런데, 작은 동물들이 죽을 위험을 무릅쓰지 않아도 되는 고속도로가 이 세상에 적어도 하나는 있다. 영국 London과 Exeter 시(市) 사이에 그 고속도로가 있다. 작은 동물들이 자동차에 치이지 않게 하기 위하여, 영국인들은 고속도로 아래에 지하도를 건설했다.

어휘 highway 고속도로 risk 위험을 무릅쓰다 run over ~을 치다[다른 도로의] 지하도, 아래쪽 도로

회차 20 하프 모의고사

04 우리말을 영어로 가장 잘 옮긴 것은?

① 그 멋진 시계는 내가 사기에는 너무 비쌌다.
　too
→ The fancy watch was so expensive for me to buy.　　※ to buy it (X)

② 그 작가는 유럽 각지로부터 꽤 많은 편지를 받았다.
→ The writer was given quite a few letters(from different parts of Europe)
　　　　　　　 동(단수/수동)　　　　　 + 복수N

③ 그와 논쟁을 벌이려다가 헛수고가 되는 지점이 항상 있다.
068-2 S　 + to RV　　　　　　　 2V　　　 SC ⓐ　→ 완전
→ There's always a point(which trying to argue with him becomes futile)
　　　　　　　　　 harboring　　　　　 동(단수)
　　　　　　　　(→ where 또는 at which)

④ 그들은 공개된 정치자금의 해수에 대해 의심을 품지 않을 수 없다.
→ They cannot help to harbor doubts about the amount of political funds disclosed
　　　　　　　 harboring　　　　　　　　　　　　　　　　　 준(수동)
　　　　　　　　　　　　　　　　　(참고 : 일반적으로 불가산 명사가 → 수동)
　　　　　　　　　　　　　　　　　　오지만 건축 funds의 경우 가능)

⑤ A be + so 아주
　　　　　that 그 결과
　　　　　too 너무
　　　　　　　　 to RV　～할 수가 없다
→ 두 표현 섞어 쓰기 X
→ so, too 자리에 very X

very 151
(1) [너무 ~해서] 구문에서
　· 뒤에 to부정사가 오면, too가 아닌지 의심 (very X)
　· 뒤에 that절이 오면, so ~ that 구문이 아닌지 의심 (very X)
(2) 뒤에 비교급이 오면, much가 아닌지 의심 (very X)
　ex) This smart phone is very cheaper than yours
　　　　　　　　　　　　　 much

it/them 목적어 중복 X (p.202)
(1) A + 목적격 관계대명사 + S + V + it/them (X)
(2) A + to RV + it/them (X)
(3) A + be + 난이형용사 + to RV + it/them (X)
(4) A + be + too + 형용사 + to RV + it/them (X)
(5) A + be + worth + 동명사 + it/them (X)

어휘 futile 헛수고인 harbor (계획·생각·동기를) 품다 disclose 공개하다

---

② 4형식 동사 give의 수동태
give + IO + DO : IO 에게 DO를 주다
→ IO be given DO : IO는 DO를 받다
→ DO be given to IO : DO는 IO에게 주어지다
= DO be given IO

수 형용사 + 복수 가산 명사　　　　VS　　　양 형용사 + 불가산 명사 (p. 195)

many 많은　　　　　　　　　　　　　　　　much 많은
few 거의 없는　　　　　　　　　　　　　　little 거의 없는
a few 약간의　　　　　　　　　　　　　　a little 약간의
quite[not] a few 꽤 많은 수의　　　　　　quite[not] a little 꽤 많은 양의
a number of 많은 수의　　　　　　　　　an amount of 많은 양의
a couple of 두어 개의　　　　　　　　　a good[great] deal of 많은
several 몇몇의　　　　　　　　　　　　　less 더 적은

③ to 부정사와 동명사 둘 다 목적어로 취하지만 의미가 다른 동사 (p.185)
　　to 부정사 : 미래적 (동작이 아직 X)
　　동명사 : 과거적 (동작이 일어남)

· remember to RV　～하기로 한 것을 기억하다
　　　　　　RVing　　～한 것을 기억하다
　037

· forget to RV　～하기로 한 것을 잊다
　　　　　RVing　　～한 것을 잊다
　038

· stop to RV　～하기 위해 멈추다
　　　　RVing　　～하는 것을 그만두다
　040-1

· regret to RV　～하게 돼서 유감이다
　　　　　RVing　　～한 것을 후회하다
　039

· try to RV　～하기 위해 노력하다
　　　RVing　　시험 삼아 ～해보다

회차 20 하프모의고사

2형식 관련 주요 문제 <p.171>

(1) 요각V .... look 008-1, smell, taste, sound, feel + ⓐ / like + 명사(구)(절)

(2) 판단·입증V ...... seem, appear, prove, turn out + (to be) ⓐ / to RV

(3) 상태변화V (~되다) become 009, get 030-2, turn, grow, go, come, run, fall + ⓐ

(4) 상태유지V (~이다) be, remain 010, stay 011, keep, hold + ⓐ

④ cannot help RVing 133 ~하지 않을 수 없다
　　　　피하다(avoid)
= cannot but RV
　　　제외하고(부사)
= have no choice but to RV
= cannot choose[help] but RV

---

05 두 사람의 대화 중 가장 어색한 것은?

① A: I sprained my ankle playing tennis yesterday.

　B: It must have hurt. I hope it is better now.

② A: I wish I had studied harder for the midterm exam.

　B: It's okay. You still have finals left.

③ A: Excuse me. Can I have this sweater in a medium size?

　B: I'm sorry. They are out of order.

④ A: You ordered fish and chips. Is there anything else?

　B: Not for now. I'll let you know if I need anything.

③ out of order 고장 난; 부적절한

해석 ① A: 어제 테니스를 치다가 발목을 삐었어요.

　　B: 아팠겠네. 지금은 좀 나아졌길 바라.

② A: 내가 중간고사 공부를 더 열심히 했더라면 좋았을 텐데.

　B: 괜찮아. 아직 기말고사가 남았어.

③ A: 실례합니다. 이 스웨터의 중간 사이즈가 있나요?

　B: 죄송합니다. 그것들은 고장 났습니다.

④ A: 피시앤칩스를 주문하셨네요. 더 필요하신 게 있나요?

　B: 지금은 없어요. 필요한 것이 있으면 알려 드릴게요.

어휘 sprain one's ankle 발목을 삐다 out of order 고장 난

75

2024

심우철
하프
모의고사

심우철 지음

This
is
TRENDY
HALF!

2024 심우철 영어 하프 모의고사 시리즈

Season 3. 국가직 대비

| 01 | ④ | 02 | ③ | 03 | ④ | 04 | ② | 05 | ④ |
| 06 | ② | 07 | ② | 08 | ② | 09 | ④ | 10 | ② |

01

정답 ④

해설 hinder는 '방해하다'라는 뜻으로, 이와 의미가 가장 가까운 것은 ④ 'interrupt (방해하다)'이다.

① 고용하다, 쓰다 ② 신장시키다, 북돋우다 ③ 옮기다

해석 몇몇 연구는 멀티태스킹이 실제로 당신의 생산성을 방해할 수 있다고 시사한다.

어휘 multitasking 멀티태스킹, 다중 작업 productivity 생산성

02

정답 ③

해설 set about은 '시작하다'라는 뜻으로, 이와 의미가 가장 가까운 것은 ③ 'initiated(시작하다)'이다.

① 제목을 붙이다, 자격을 주다 ② 완성하다 ④ 할당하다

해석 우리가 원고 검토를 시작했을 때, 우리의 목표는 그것을 완전히 다시 쓰는 것이 아니었다.

어휘 manuscript 원고

03

정답 ④

해설 '~이 없었다면'을 나타내는 가정법 과거완료인 If it had not been for에서 If가 생략되고 Had it not been for로 알맞게 도치된 형태이며, 뒤의 주절에서도 가정법 과거완료 표현에 맞게 wouldn't have gotten으로 적절하게 쓰였다.

① (shouted → shout 또는 shouting) 지각동사 hear는 목적어와 목적격 보어의 관계가 능동이면 RV나 RVing를, 수동이면 p.p.를 목적격 보어로 취하는데, 여기서는 someone이 '소리친' 것이므로 shouted를 shout 또는 shouting으로 고쳐야 한다. shout은 전치사 없이 목적어를 취할 수 없는 자동사이므로 at의 사용은 적절하다.

② (which → where 또는 in which) 관계대명사 which 뒤에는 불완전한 문장이 와야 하는데 여기서는 완전한 문장이 오고 있다. 따라서 which를 장소 명사 a sand-covered plain을 선행사로 받으면서 완전한 문장을 이끌 수 있는 관계부사 where로 고치거나, which 앞에 전치사 in을 더해 '전치사 + 관계대명사'로 만들어야 한다.

③ (were → was) 문장의 주어는 단수 명사인 The park이므로 동사의 수도 그에 일치시켜 were를 was로 고쳐야 한다. 문장의 보어로 쓰인 형용사 beautiful과 형용사를 꾸며주는 부사 amazingly는 적절하게 쓰였다.

해석 ① 우리는 누군가가 TV에 소리치는 것을 들을 수 있었다.

② 사막은 아무것도 자라지 않는 모래가 덮인 평원이다.

③ 숲 한가운데에 있는 공원은 놀라울 정도로 아름다웠다.

④ 그의 실수가 없었으면, 그가 그렇게 큰 곤경에 빠지지는 않았을 것이다.

어휘 plain 평원 get into trouble 곤경에 처하다

04

정답 ②

해설 (made → made it) 5형식 동사로 쓰인 make는 to 부정사를 목적어로 취할 때 'make + 가목적어 it + 목적격 보어 + to RV'의 구조를 취하므로, made possible을 made it possible로 고쳐야 한다. 참고로 to 부정사의 의미상 주어 the patient와 to 부정사의 목적어가 동일하므로 재귀대명사 himself가 쓰였으며, 5형식 동사 find의 목적격 보어로 온 형용사 fit도 적절하다.

① 문장의 본동사 said의 목적어로 명사절 접속사 that이 오고 있으며, 그 뒤에 완전한 문장이 온 것은 적절하다. 또한 that절의 내용이 격언을 나타내고 있으므로 시제 일치를 벗어나 현재시제 is로 적절하게 쓰였다.

③ '~에 전념하다'라는 의미의 'be committed to RVing'가 적절하게 쓰였다. 이때 to는 전치사이므로 뒤에 동명사가 와야 함에 유의해야 한다.

④ '~에 간 적 있다'라는 경험을 나타내는 have been to는 적절하게 쓰였으며, Guam을 선행사로 받아 불완전한 절을 이끄는 주격 관계대명사 which의 쓰임도 적절하다. 참고로 one of 뒤에 복수 명사 destinations도 알맞게 쓰였다.

어휘 diagnosis 진단 fit 건강한 ingredient 재료 travel destination 관광지

05

정답 ④

해설 동료 Mike의 송별회에 관해 대화하는 상황이다. B가 송별회에 참석하겠다고 하자, A는 Mike가 좋아할 것이라고 동조하고, 뒤이은 B의 응답에 대해 A가 빈칸 뒤에서 부정하며 모두 처리되었으니 B의 참석으로 충분하다고 응답하고 있다. 따라서 빈칸에 들어갈 말로 가장 적절한 것은 ④ '준비에 도움이 필요하니?'이다.

① Mike는 영국으로 언제 떠나?

② 그를 위한 연설을 준비했니?

③ 나한테 정확한 위치를 알려줄래?

해석 A: Mike가 직장에서 갑자기 영국으로 전근되었어. 그래서 우리는 내일 그에게 송별회를 열어주기로 했어.

B: 정말? 전혀 몰랐어. 꼭 갈게!

A: 좋아. Mike가 널 보면 정말 기뻐할 거야.

B: 그나저나, 준비에 도움이 필요하니?

A: 아니, 괜찮아. 이미 모두 다 된 상태야. 너의 참석이면 충분할 거야.

B: 그럼 알았어. 내 일정을 꼭 비워두도록 할게. 그때 봐.

어휘 relocate 전근시키다 throw sb a party ~에게 파티를 열어주다 farewell 작별 take care of ~을 처리하다 presence 참석 leave for ~로 떠나다 fill sb in on ~에게 알려주다

06

정답 ②

해설 지구의 지리가 계속 변동하고 있음을 서술하는 글이다. 소빙하기나 중국의 남중국해 영토 확장을 예로 들며, 환경 및 인간의 영향으로 지리적 역학이 꾸준히 재구성되고 있음을 설명하고 있으므로, 글의 주제로 가장 적절한 것은 ② '지리의 변형적 특성'이다.
① '지리'라는 단어의 유래 → 지리의 어원 뜻이 '지구 글쓰기'인 것은 언급하고 있지만, 그것의 유래 설명에 중점을 둔 내용이 아니다.
③ 국가적 영향력을 높이는 것의 중요성 → 영토 확장을 통해 국가적 영향력을 높이는 것에 관한 언급이 있으나, 이는 지리의 변형적 성격을 설명하기 위한 예시에 불과하며, 글의 중심 소재인 '지리'가 포함되지 않은 선지는 정답이 될 수 없다.
④ 세계 강대국 간의 지리적 분쟁 → 열강 간의 지리적 분쟁에 관한 내용은 언급되지 않았다.

해석 지리는 그것의 어원이 암시하듯이 '지구 글쓰기'로 생각될 수 있다. 이런 의미에서, 지리는 행위자 및 조직이 특정 비전을 가지고 공간을 묘사하고, 점유하고, 조직하고, 창조하는 능력을 보여준다. 이는 국가 건설 및 현대 영토 국가의 형성에 중요한 역할을 해왔다. 그러나 현대에도 지구의 지리는 완전히 안정되지 않았는데, 1500년에서 1850년 사이에는 '소빙하기'가 있었다. 지리는 인간과 환경의 관계가 변화함에 따라 진화한다. 남중국해의 인공 섬에 대한 중국의 투자는 영토 확장이나 해양 건설을 이용해 국가적 영향력을 차지하고 강화하면서 다른 국가를 배제하는 좋은 예이다. 지리적 역학이 재구성되고 있다.

어휘 geography 지리 etymology 어원 agent 행위자 occupy 차지[점유]하다 territorial 영토의 Little Ice Age 소빙하기(기온이 낮아지면서 해수면이 낮아져 영토가 새로 생기던 시기) artificial 인공적인 expansion 확장 maritime 해양의 consolidate 강화하다 presence 존재, 영향력 exclude 배제하다 dynamics 역학 transformational 변형의 dispute 분쟁 power 강대국

07

정답 ②

해설 우리의 문제 해결 능력이 한 가지 해결책만 고수하는 것을 강조하는 전통적인 학습 과정을 통해 부정적인 영향을 받고 있다는 내용의 글이다. 유연하지 않은 사고가 우리의 창의적인 사고를 방해하고, 더 효과적인 해결책의 탐구를 방해한다는 내용으로 미루어 보아, 빈칸에는 해결책이 단지 한 가지 접근법에 국한되지 않는다는 맥락을 완성시키는 내용이 와야 하므로, 빈칸에 들어갈 말로 가장 적절한 것은 ② '한 가지 방법에 제한된'이다.
① 알아내기 어려운 → 문제의 해결책을 찾기 어려움을 논하는 것이 아니라, 이미 알아낸 하나의 해결책에 매몰되는 것의 부정적인 영향에 대한 내용이므로 적절하지 않다.
③ 모두에게 알려진 → 문제의 해결책을 모두가 아는지 모르는지에 초점을 맞추고 있지는 않으며, 경직된 사고방식의 한계에 대한 내용이다.
④ 당신의 위치와 먼 → 거리나 근접성은 글의 중심 개념이 아니기 때문에 적절하지 않다. 해결책은 가까이에 있다는 내용이 아니라, 제한된 사고방식에서 벗어나야 한다는 것을 강조하는 글이다.

해석 학교에서 우리는 문제에 대한 해결책이나 질문에 대한 답을 배우는 데 대부분의 시간을 보낸다. 모든 다른 대답들은 틀린 것이며 정답을 가장 자주 맞히는 사람이 최고의 학생이다. 이런 식으로 몇 년 동안 학습을 한 후에, 우리는 이런 유형의 사고를 우리의 일과 우리 삶의 다른 영역으로 가져간다. 우리가 어떤 일을 하는 방법을 배울 때, 그것은 그 일을 하는 방법이 된다. 어떠한 다른 접근법도 고려될 필요가 없다. 다른 누군가가 그 일을 다르게 하면, 우리는 그 사람이 그것을 잘못하고 있는 것이 틀림없다고 생각하는 경향이 있다. 일에 관한 한 이런 유형의 사고는 정말로 우리에게 해가 될 수 있다. 유연하지 않은 사고는 우리가 그 일을 하는 데 있어 창의적이고, 더 단순하고, 더 나은 방법을 찾지 못하게 한다. 문제에 대한 해결책이 반드시 한 가지 방법에 제한된 것은 아니다.

어휘 incorrect 틀린 approach 접근법 when it comes to ~에 관한 한 inflexible 융통성이 없는, 유연하지 않은 not necessarily 반드시 ~인 것은 아니다

08

정답 ②

해설 주어진 글은 딥페이크라는, 영상에서 얼굴을 바꾸는 기술을 설명하는 내용으로, 뒤에는 이러한 딥페이크 기술을 만들어 내는 여러 방식(Various methods) 중 가장 일반적으로 사용되는 오토인코더를 포함한 심층 신경망의 방식을 소개하는 (B)가 이어지는 것이 자연스럽다. 그다음으로 그 특정 방식에서(In this method) 어떤 영상이 필요한지를 설명하는 (A)가 온 뒤, 이 (A)에서 언급된 a target video와 a collection of videos를 These clips로 받아 딥페이크 기술에서 사용될 영상들은 관련성이 낮아도 괜찮은 점을 설명하는 (C)가 와야 한다. 따라서 글의 순서로 가장 적절한 것은 ② '(B) - (A) - (C)'이다.

해석 "딥페이크"라는 용어는 AI의 한 형태인 "딥 러닝"의 기반 기술에서 유래되었다. 딥페이크는 사실이라고 속이는 가짜 미디어를 만들기 위해 비디오와 디지털 콘텐츠에 있는 얼굴을 바꾸는 데 사용된다. (B) 딥페이크를 만드는 여러 가지 방법들이 있는데, 가장 흔하게는 페이스 스와프 기술을 사용하는 오토인코더를 포함하는 심층 신경망의 사용에 의존한다. (A) 이 방법에서는 먼저 딥페이크의 기반으로 사용할 대상 비디오와 그 대상(비디오)에 당신이 삽입하길 원하는 사람의 영상 모음이 함께 필요하다. (C) 이 클립들은 전혀 관련이 없어도 된다. 예를 들어, 대상 클립은 할리우드 영화에서 따올 수도 있지만, 딥페이크에 삽입될 사람의 클립은 유튜브의 무작위적인 클립일 수도 있다.

어휘 come from ~에서 유래하다 underlying 기초적인 swap 바꾸다 deceptively 속여서 basis 기반 insert 삽입하다 rely on ~에 의존하다 deep neural network 심층 신경망 utilize 이용하다 clip 클립(영상 중 일부만 따로 떼어서 보여 주는 부분) unrelated 관계가 없는

09

정답 ④

해설 스포츠에서의 결정은 주어진 기간에 따라 크게 달라지는데, 경기 당일의 결정은 우승이라는 즉각적인 목표에 초점을 맞추는 반면, 몇 년 동안 경기를 뛸 선수단을 구성하는 총감독의 결정은 매 경기 결과에 크게 연연하지 않고 팀의 장기적인 성공을 목표로 한다는 것을 내포하는 내용이다. 따라서 글의 흐름상 가장 어색한 문장은 좋은 농구 코치와 훌륭한 농구 코치의 차이를 설명하는 ④이다.

해석 결정은 고려되고 있는 기간에 따라 크게 달라진다. 특정한 경기일에 코치는 일반적으로 그가 그날 경기장에 어떤 자원을 가지고 오든 그것으로 경기에 승리하고자 하는 목표를 가지고 있다. 일단 경기가 시작되면, 기간은 흔히 극적으로, 더 짧아질 수 있다. 코치가 누가 경기에 나갈지를 바꿀 수 있는 큰 능력을 가지고 있는 농구 같은 경기에서, 기간은 단순히 바로 다음 경기일 수 있다. 이와 대조적으로, 최고의 챔피언 수준에서 몇 년 동안 경쟁할 수 있는 선수단 구성을 책임지고 있는 농구단의 총감독을 생각해 보라. (좋은 농구 코치와 훌륭한 농구 코치 사이의 차이는 농구 지식이 아니라, 농구 경기에 대한 열정과 코칭에 대한 열정이다.) 여기에는 기간이 훨씬 더 길어지고 총감독의 결정은 개별 경기의 기복에 덜 영향을 받을 것이다.

어휘 timeframe (어떤 일에 쓰이는) 기간[시간] shorten 짧아지다 dramatically 극적으로 general manager 총감독 in charge of ~을 책임지고 있는 squad 선수단 ups and downs 기복, 오르내림

10

정답 ②

해설 4번째 문장에서 톱 노트가 휘발성이 강하다는 내용이 언급되며, 6번째 문장에서 베이스 노트가 가장 휘발성이 약한 성분이라고 언급되어 있으므로, 글의 내용과 일치하지 않는 것은 ② '톱 노트는 베이스 노트보다 휘발성이 덜하다.'이다.
① 극소수의 새로운 향수만이 시장에 출시된다. → 3번째 문장에서 언급된 내용이다.
③ 성공적인 향의 비결은 조화로운 노트 혼합이다. → 7번째 문장에서 언급된 내용이다.
④ 합리적인 가격 또한 훌륭한 향수의 필수 요소다. → 마지막 2번째 문장에서 언급된 내용이다.

해석 향수는 매우 복잡한 혼합물이다. 성공적인 향수를 만드는 것은 예술이며, 그러한 것을 만드는 조향사들은 심도 있는 학교 교육을 거친다. 아주 적은 비율의 새로운 향수 창작물만이 시장에 출시된다. 향수는 피부에 바를 때 가장 먼저 냄새가 나는 휘발성 강한 향 성분(톱 노트)이 필요하다. 휘발성이 덜한 화합물인 미들 노트는 톱 노트가 사라진 직후에 나타나야 하며 몇 시간 동안 지속되어야 한다. 가장 휘발성이 약한 성분인 베이스 노트는 지속되는 냄새(즉 오랜 시간 후에 옷에서 나는 냄새)이다. 성공적인 향수에서는 이 모든 노트가 조화롭게 혼합되어야 한다. 호감 가는 향기 외에도, 괜찮은 향수는 지속적이고 기분 좋은 색상을 가져야 한다. 그것의 가격은 소비자가 그 제품에 대해 타당하다고 생각하는 정도여야 한다. 게다가, 피부와 피부 분비물에 대해 상당히 안정적이어야 하며 알레르기를 유발하거나 다른 건강상의 문제가 있어서는 안 된다.

어휘 perfumer 향수 제조자, 조향사 in-depth 심도 있는, 상세한 make it 해내다, 성공하다 volatile 휘발성의 fragrant 향기로운 compound 화합물 fade 서서히 사라지다 persisting 지속되는 odor 냄새 blend 혼합되다 aside from ~외에도 desirable 바람직한, 호감 가는 acceptable 그런대로 괜찮은, 만족스러운 reasonably 상당히 secretion 분비물 allergenic 알레르기를 일으키는 scent 향기

01	②	02	④	03	②	04	④	05	①
06	③	07	①	08	①	09	④	10	③

01

정답 ②

해설 안전한 업무 환경 및 회사 정책 준수를 보장하기 위해서는 전 직원이 안전 워크숍에 참석해야 할 것임을 추측할 수 있으므로, 빈칸에 들어갈 말로 가장 적절한 것은 ② 'obligatory(의무적인)'이다.
① 선택적인 ③ 믿을 수 있는 ④ 지나친, 과도한

해석 안전 워크숍 참석은 안전한 업무 환경과 회사 정책 준수를 보장하기 위해 전 직원들에게 의무적이다.

어휘 ensure 보장하다 secure 안전한 compliance 준수

02

정답 ④

해설 관계자들이 시험 결과의 공정성을 보장하기 위해 조사에 들어간다는 내용으로 보아, 시험 중 소란이나 부정행위가 발생한 상황을 가정한 것임을 알 수 있다. 따라서 빈칸에 들어갈 말로 가장 적절한 것은 ④ 'breaks out(발생하다)'이다.
① 출시하다 ② 돌려주다 ③ 고장 나다

해석 시험 중 소란이나 부정행위가 발생하면, 관계자들은 시험 결과의 공정성을 보장하기 위해 조사에 들어갈 것이다.

어휘 disturbance 소란 cheating 부정행위 official 관계자 investigate 조사하다 guarantee 보장하다 fairness 공정성

03

정답 ②

해설 (filling → filled) 무덤은 '가득 채워지는' 것이므로 능동의 현재분사 filling을 수동의 과거분사 filled로 고쳐야 한다. 참고로, '~으로 가득 차다'는 'be filled with'로 쓰이므로 전치사 with의 쓰임은 적절하다.
① 등위접속사 and로 동사 became과 died가 병렬 연결된 것이며, 자동사 die의 과거형인 died는 when he was only 18 years old라는 명백한 과거 시점을 나타내는 부사절과 함께 적절히 쓰였다.
③ enough는 형용사나 부사를 수식할 경우 후치 수식하므로 cautiously enough로 쓰인 것은 적절하다.
④ be동사의 보어 자리에 쓰인 형용사의 최상급 the most complete는 적절하게 쓰였다. 참고로 and로 연결된 형용사의 최상급 the most complete와 (the most) untouched가 명사 royal tomb를 수식하는 형태이다.

해석 Tutankhamen은 기원전 1348년에 이집트의 왕이 되었고 고작 18세 때에 죽었다. 그는 이집트의 보물들로 가득 찬 무덤에 묻혔다. 1922년에, 영국의 고고학자인 Howard Carter는 Tutankhamen 왕의 무덤의 안쪽 문을 뚫고 들어갔다. 그가 어두운 무덤 안을 충분히 신중히 들여다봤을 때, 그는 금으로 만든 침대, 의자, 그리고 보석들을 보았다. 그것은 여태까지 발굴된 것 중에서 가장 완벽하고 손길이 닿지 않은 국왕의 무덤이었다.

어휘 archaeologist 고고학자 break through ~을 뚫고 들어가다 peer into ~을 유심히 들여다보다 excavate 발굴하다

04

정답 ④

해설 (considering → considered) 분사구문의 주어와 주절의 주어가 동일한 분사구문으로, 이때 방언은 중요하게 '여겨지는' 것이므로 능동의 현재분사 considering을 수동의 과거분사 considered로 고쳐야 한다. 참고로, 방언은 '사용되는' 것이므로 수동형으로 쓰인 to be used는 적절하다.

① 준사역동사 get은 목적어와 목적격 보어의 관계가 능동이면 to RV를, 수동이면 p.p.를 목적격 보어로 취하는데, 여기서는 목적어인 the roof가 '고쳐지는' 것이므로 repaired가 적절하게 쓰였다. before가 이끄는 시간 부사절에서는 현재시제가 미래시제를 대신하므로 rains의 쓰임도 적절하다.

② 'ought to have p.p.'는 '당연히 ~해야 했는데 (안 했다)'라는 뜻의 구조동사로 주어진 우리말에 맞게 적절히 쓰였으며, 전치사 by가 동작의 완료를 나타내는 동사 finish와 함께 쓰인 것 또한 적절하다.

③ 비교급 강조 부사로 much가 쓰인 것은 적절하다. 참고로 비교급 강조 부사에는 much, even, still, a lot, (by) far 등이 있으며, very는 원급을 수식하는 부사임을 유의해야 한다.

어휘 revenue 수입 dialect 방언

05

정답 ①

해설 A가 B를 보고는 낯이 익다며 같은 고등학교에 다니지 않았는지 묻고 나서, 학창 시절에 자신들이 같은 미식축구팀에서 연습하곤 했다는 사실을 말하자, 그제야 B는 놀라움을 나타내며 A가 많이 변했다고 말하고 있다. 따라서 B가 A를 바로 알아보지 못해 미안함을 나타낼 것을 추측할 수 있으므로, 빈칸에 들어갈 말로 가장 적절한 것은 ① '못 알아봐서'이다.

② 오랜만이라서

③ 내가 어제 밤을 꼬박 새워서

④ 그게 바로 내 관심을 끌어서

해석 A: 실례지만 낯이 익은데요. 우리 전에 만난 적 있나요?

B: 아닌 것 같은데요. 전 여기 처음이에요.

A: 잠깐만요. Eagle 고등학교 다니지 않았나요?

B: 네?

A: Tom 맞지? 나 기억 못하겠어? 우리 같은 미식축구팀에 있어서 방과 후에 함께 연습하곤 했잖아.

B: John? 너 많이 변했구나! 못 알아봐서 미안해.

어휘 familiar 익숙한, 낯이 익은 after school 방과 후에 recognize 알아보다 be up all night 밤을 새우다 catch one's attention ~의 관심을 사로잡다

06

정답 ③

해설 기업들이 환경을 의식하는 고객들을 위해 생분해성 플라스틱을 포함한 친환경 제품을 내놓고 있지만, 이 제품 중 상당수가 바로 연소되거나 적합하지 않은 매립 조건들로 인해 생분해되지 않을 수 있다는 이유로 친환경 제품의 효과에 대한 잠재적 문제점을 지적하는 글이다. 따라서 글의 제목으로 가장 적절한 것은 ③ '생분해성 플라스틱에 대한 우려'이다.

① 친환경 제품의 이점 → 친환경 제품들에 대한 이점보다는 그 효과에 의문을 제기하는 내용이므로 적절하지 않다.

② 전 세계의 플라스틱 재활용 동향 → 플라스틱 재활용 동향을 설명하는 글도 아닐뿐더러, 글의 중심 소재인 '친환경 제품' 또는 '생분해성 플라스틱'이 포함되지 않은 선지는 정답이 될 수 없다.

④ 생분해성 플라스틱의 생산 공정 → 생분해성 플라스틱 제품이 무엇으로 만들어져 있고 어떻게 자연적으로 분해되는지 그 원리를 설명하고 있기는 하나, 생산 공정을 자세하게 소개하거나 이에 초점을 맞춘 글이 아니다.

해석 일반적인 고객의 경우 친환경 생활 방식을 추구하는 가장 쉬운 방법 중 하나는 친환경 제품을 구매하는 것이다. 이들 고객을 겨냥하고 브랜드 이미지를 높이기 위해 전 세계 기업들은 생분해성 플라스틱으로 만들어진 몇몇 제품을 포함해 친환경 제품을 잇따라 출시하고 있다. 보통 옥수수 전분과 같은 천연 재료로 만들어진 생분해성 플라스틱은 매립지에 가면 자연적으로 분해되도록 설계되어 있다. 그러나, 이러한 노력과 추가 비용은 이러한 제품들이 대부분 폐기된 후 태워지기 때문에 헛될 수 있다. 비록 매립지로 들어가게 되더라도, 극소수의 매립지만이 그것들이 생분해되기 적합한 조건을 제공하므로, 그것들은 기대대로 분해되지 않을 가능성이 높다.

어휘 pursue 추구하다 eco-friendly 친환경의 target 겨냥하다 worldwide 전 세계에 걸쳐있는 one after another 잇따라 made of ~로 만들어진 (물리적 변화 수반) biodegradable 생분해성의 made from ~로 만들어진 (화학적 변화 수반) natural material 천연 재료 break apart 분해되다 landfill 매립지 in vain 허사가 되어 throw away 버리다 end up in 결국 ~로 끝나다 suitable 적절한

07

정답 ①

해설 쾌활한 과학자는 추가적인 헌신보다 그들의 과학적인 연구를 우선시해야 하며, 다양한 일에 대해 거절을 못 하는 사람으로 보이는 것은 스트레스와 짜증을 유발할 수 있다는 내용의 글이다. 빈칸 앞의 without과 뒤의 Likely not을 고려했을 때, 빈칸에는 쾌활한 과학자로 살아남기 위해 취해야 할 태도, 즉 자신의 일만 우선시하는 내용이 나와야 한다. 따라서 빈칸에 들어갈 말로 가장 적절한 것은 ① '이기적이지'이다.
② 헌신하지 → 어떤 일이든지 다 떠맡는 것이 아니라 거절할 줄도 알아야 한다는 글의 내용과 반대되므로 적절하지 않다.
③ 연결되지 → 연결성, 즉 사회적 인맥을 갖는 것의 중요성에 대한 내용이 아니다.
④ 화를 잘 내지 → 화를 잘 내게 되는 것은 자신에게 닥치는 어떤 일이든 떠맡게 되었을 때의 결과이지, 과학자로서 살아남기 위한 태도가 아니다.

해석 당신은 다소 이기적이지 않고 발랄한 과학자로서 살아남을 수 있을까? 아마도 아닐 것이다. 만약 당신이 위원회 업무에, 또는 저널의 부편집장이 되는 것에, 또는 연속되는 프로젝트에서 수석 연구원이 되는 것에 대해 '아니오'라고 말할 수 없는 사람으로 여겨진다면, 당신은 영구적으로 스트레스를 받고 흔히 짜증을 내거나 화를 내는 것처럼 보이는 많은 과학자들과 함께할 가능성이 있다. 대학 학과에서든 연구실에서든, 당신의 목표는 당신의 과학적 결과물에 대한 존경을 받는 것이지, 당신에게 닥치는 어떤 부가적인 일이든 떠맡아 사랑을 얻는 것이 아니다. 일단 당신이 존경받고 그에 상응하여 능숙하면, 당신은 다중 작업을 할 자유와 능력을 가질 것이다. 그러나 그때에도, 상당히 불필요한 일을 거절하는 것이 당신(과 당신의 가족)을 더 행복하게 만들 것이다.

어휘 incapable of ~을 할 수 없는 committee 위원회 associate editor 부편집장 investigator 조사관, 연구원 perpetually 영구적으로 under stress 스트레스를 받는 irritable 짜증을 내는 undertake 떠맡다 come one's way (일이) 닥치다 established 인정받는, 존경받는 correspondingly 상응하여 multitask 다중작업을 하다 decline 거절하다

08

정답 ①

해설 주어진 문장은 Nevertheless로 시작하여, 그럼에도 불구하고 손목시계가 1차 세계 대전에 참전한 군인들에게 매우 실용적이었다고 말하고 있다. 그러므로 주어진 문장 이전에는 반대로 손목시계가 잘 쓰이지 않았다는 내용이, 뒤에는 군인들에게 어떻게 실용적이었는지 부연하는 내용이 있는 것이 자연스럽다. ① 앞에서 손목시계는 여성용이라 남성은 회중시계를 주로 사용했다는 내용이 나오고, 뒤에서는 they가 야간 작전에 매우 유용했다는 내용이 나오고 있으므로, 주어진 문장이 ①에 위치하여 they가 주어진 문장의 wristwatches를 가리키게 되어야 한다. 따라서 주어진 문장이 들어갈 위치로 가장 적절한 곳은 ①이다.

해석 1900년대 초, 손목시계는 사실 남성들에게는 새로운 물건이었다. 그것은 원래 1800년대 후반 스위스 시계 제조사인 Patek Philippe & Company가 발명했으며 특별히 여성을 위해 설계되었다. 남성은 주로 더 크고 남성적인 회중시계를 사용했다. 그럴지만, 손목시계는 제1차 세계 대전 당시 참호에서 전쟁을 수행하는 군인들에게 매우 실용적인 것으로 입증되었다. 야광의 문자반과 결합하여 그것은 야간 작전에 매우 유용했다. 참호병에게는 여성적인 면이 없었기에 빛나는 문자반이 달린 손목시계는 갑자기 남자다움의 과시와 관련되었다. 1921년 무렵, 전쟁이 끝났고 모든 사람은 군인들 사이에서 매우 인기 있는 이 새로운 첨단 시간 장치를 소유하기를 원했다. 시계는 수요가 매우 많았고 시계 제조 공장의 노동자들은 계속해서 매우 바빴다.

어휘 wage war 전쟁을 수행하다 trench (전장의) 참호 novelty 새로운[신기한] 물건 specifically 특별히 masculine 남자다운 couple 결합시키다 glow-in-the-dark 야광의 dial 문자반, 눈금판 operation 작전 feminine 여성스러운

09

정답 ④

해설 회사가 직원의 이메일 및 인터넷 사용을 감시하는 현상과 그 이유를 설명하는 글이다. (A) 앞은 회사가 직원들에게 이메일 및 인터넷 접속을 제공하지만 잠재적인 남용을 우려한다는 내용이고, (A) 뒤는 주요 회사의 75% 이상이 직원의 이메일 및 인터넷 사용을 감시한다는 내용으로, 앞 내용을 구체적으로 부연하고 있다. 따라서 (A)에 들어갈 연결사로 가장 적절한 것은 In fact이다. 또한 (B) 앞은 이메일과 인터넷 사용을 감시하는 데 많은 이유가 있다는 내용이며, (B) 뒤는 그에 대한 예시로 회사의 정보 보호를 언급하고 있으므로, (B)에 들어갈 연결사로 가장 적절한 것은 For example이다.

해석 비록 대부분의 주요 회사는 직원에게 인터넷 접속뿐만 아니라 이메일 계정도 제공하지만, 이 회사들 중 많은 회사들은 잠재적인 오용을 걱정하고 직원들이 이 이 매체들을 사용하는 것을 감시한다. 실제로, 모든 주요 회사의 75% 이상이 임의 검사나 지속적 감시로 직원의 이메일 및 인터넷 접속 사용을 감시한다고 보고한다. 사업체는 이메일 및 인터넷 사용을 감시할 많은 이유가 있다. 예를 들어, 그들은 민감한 회사 정보 보호를 걱정할지도 모른다. 그들은 또한 일하기보다는 인터넷 검색을 하는 직원을 확인하는 것을 원할지도 모른다. 다시 말하면, 그들은 사이버슬래킹을 걱정한다.

어휘 account 계정 abuse 남용, 오용 monitor 감시하다 spot-check (불시로) 임의 추출 검사하다 constant 지속적인 observation 감시 sensitive 민감한 identify 확인하다, 찾다 cyberslacking 사이버슬래킹(근무 시간에 업무 이외의 용도로 인터넷을 이용하는 행위)

10

정답 ③

해설 6번째 문장에서 초콜릿과 커피가 마그네슘 식이 공급원에 포함되는 것을 알 수 있으므로, 글의 내용과 일치하지 않는 것은 ③ '초콜릿과 커피 섭취는 체내 마그네슘 흡수를 방해한다.'이다.
① 당뇨병, 뇌졸중은 마그네슘 부족으로 발생할 수 있다. → 3번째 문장에서 언급된 내용이다.
② 섬유질이 많은 식품은 보통 마그네슘 함량이 높다. → 5번째 문장에서 언급된 내용이다.
④ 미네랄 농도가 높은 경수는 마그네슘의 좋은 공급원이다. → 마지막 2번째 문장에서 언급된 내용이다.

해석 마그네슘은 정상적인 신체 골격에 중요한 무기물이다. 사람들은 식단을 통해 마그네슘을 섭취하지만, 가끔 마그네슘 수치가 너무 낮으면 마그네슘 보충제가 필요하다. 체내의 낮은 마그네슘 수치는 골다공증, 고혈압, 유전성 심장병, 당뇨병, 뇌졸중 같은 질병과 관련이 있다. 좋은 마그네슘 공급원인 음식을 기억하는 쉬운 방법은 섬유질을 생각하는 것이다. 섬유질이 많은 음식은 대체로 마그네슘 함량이 높은데, 통곡물, 채소, 씨앗, 견과류, 콩이 이에 포함된다. 마그네슘의 식이 공급원에는 유제품, 육류, 초콜릿, 커피도 포함된다. 나아가, 미네랄 함량이 높은 물, 즉 '경수'가 마그네슘의 좋은 공급원이다. 마그네슘은 변비, 속쓰림, 임신 합병증, 그리고 특정 유형의 부정맥에 가장 흔하게 사용된다.

어휘 mineral 무기물 supplement 보충(제) hereditary 유전적인 diabetes 당뇨병 stroke 뇌졸중 fiber 섬유질 dietary 식이의 dairy 유제품의 on top of ~에 더하여 content 함량 hard water 경수(硬水) constipation 변비 heartburn (소화불량으로 인한) 속쓰림 complication 합병증

| 01 | ④ | 02 | ③ | 03 | ② | 04 | ③ | 05 | ③ |
| 06 | ② | 07 | ③ | 08 | ② | 09 | ③ | 10 | ③ |

01

정답 ④

해설 '급속한 진화'라는 표현과 더불어 현대 기기의 엄청난 능력을 보여준다는 빈칸 뒤 내용으로 보아, 빈칸에 들어갈 말로 가장 적절한 것은 ④ 'unprecedented (전례 없는)'이다.
① 드문 ② 직관적인 ③ 사소한, 하찮은

해석 기술의 급속한 진화와 전례 없는 발전은 현대 기기의 놀라운 능력을 보여준다.

어휘 advancement 발전, 진보 capacity 능력

02

정답 ③

해설 turn a blind eye to는 '~을 못 본 체하다'라는 뜻으로, 이와 의미가 가장 가까운 것은 ③ 'disregard(무시하다)'이다.
① 포용하다 ② 삭제하다 ④ 조롱하다

해석 그 회사는 그들이 논란의 여지가 있는 주제를 담고 있는 게시물을 못 본 체한다는 혐의를 반박했다.

어휘 refute 반박하다 allegation 혐의 controversial 논란의 여지가 있는

03

정답 ②

해설 accompany는 전치사 없이 목적어를 바로 취하는 3형식 완전타동사이므로 목적어 자리에 her가 적절하게 쓰였다.
① (Switzerland in → in Switzerland) 'It ~ that' 강조 구문이 쓰이고 있는데, 강조되는 대상이 장소를 나타내는 부사구가 되어야 하므로 Switzerland in을 in Switzerland로 고쳐야 한다. 참고로 현재 문장에서 that을 관계대명사로 보는 것은 뒤에 완전한 절이 오고 있으며, 앞에는 전치사 in이 있으므로 옳지 않다.
③ (want them → want) things와 they 사이에 목적격 관계대명사가 생략된 문장으로, 관계절에서 목적어가 없는 불완전한 절이 와야 하므로 want them을 want로 고쳐야 한다. 참고로 force는 5형식 동사로 쓰이는 경우 목적격 보어에 to 부정사를 사용하므로 force people to do는 적절하게 쓰였다.
④ (could I → I could) 4형식 동사로 쓰인 asked의 직접목적어로 how가 이끄는 간접의문문이 오고 있다. 이때 간접의문문은 '의문사 + S + V'의 어순을 취하므로, how could I get은 how I could get으로 고쳐야 한다. 참고로 tell은 3형식 동사로 쓰였다.

해석 ① 그 영화가 만들어진 것은 바로 스위스에서였다.
② 우울증은 그녀의 남은 생 내내 그녀와 함께할 것이다.
③ 당신은 사람들에게 그들이 원하지 않는 것을 하라고 강요할 수 없다.
④ 나는 그에게 내가 공항으로 어떻게 갈 수 있는지를 물었고, 그는 내게 대답해 줬다.

어휘 depression 우울증 accompany 동행하다

04

정답 ③

해설 (whomever → whoever) 복합관계사의 격은 주절에서의 격이 아니라 복합관계절 내의 격에 의해 결정되는데, 여기서는 복합관계사절 내에 주어가 없으므로 목적격인 whomever를 주격 whoever로 고쳐야 한다. 참고로 동사 Send가 3형식으로 쓰여, 간접목적어 앞에 to가 온 것은 적절하다.
① 등위접속사 but으로 두 문장이 연결되어 있으며, 두 번째 문장에서 부정대명사 neither가 of와 함께 주어 자리에 쓰였으므로 'neither + of + 복수 명사 + 단수 동사'인 neither of them is는 적절하게 쓰였다.
② news는 단수 취급하는 명사이므로 단수 동사 was가 쓰였다. 'not so much A as B'는 'A라기보다는 B'라는 뜻의 구문으로, A와 B 위치에 surprising과 disappointing이 각각 주어진 우리말에 맞게 쓰였다. 또한 뉴스가 '놀라게 하고' '실망시키는' 것이므로 둘 다 현재분사로 쓰인 것도 적절하다.
④ 사역동사 let은 목적어와 목적격 보어의 관계가 능동일 때 RV를 목적격 보어로 취하므로 be의 쓰임은 적절하며, be동사의 보어 자리에 온 분사형 형용사 unattended도 적절하다.

어휘 be in charge of ~을 책임지다, 담당하다 unattended 지켜보는 사람이 없는, 방치된

05

정답 ③

해설 B가 겨울방학 동안의 운동 계획을 말하며 최근에 살이 많이 찐 것 같다고 말하자, A가 빈칸 뒤에서 자신도 뱃살이 찌는 것 같다고 말하고 있다. 따라서 A가 빈칸에서 동조하는 말을 한 것을 추측할 수 있으므로, 빈칸에 들어갈 말로 가장 적절한 것은 ③ '나도 같은 처지야'이다.
① 그건 효과가 없을 거야
② 네 마음대로 해
④ 조금만 더 힘내

해석 A: 드디어 겨울방학이야! 너는 뭐 할 거야?
B: 헬스장에 등록해서 살을 좀 뺄 거야. 나는 최근에 살이 너무 많이 찐 것 같아.
A: 나도 같은 처지야. 나도 배에 살이 좀 더 찐 것 같아.
B: 우리 헬스장에서 같이 운동하는 게 어때?
A: 그거 좋은 생각이야. 어느 헬스장에 등록할 생각이야?
B: 학교 근처에 있는 곳을 생각 중이야. 우리 이번 주말에 가서 살펴볼까?
A: 좋아.

어휘 sign up for ~을 신청[등록]하다 work 효과가 있다 push oneself 스스로 채찍질하다

06

정답 ②

해설 가족용 차량의 주요 기능 평가 테스트에서 컵 홀더가 포함된 점, 자동차 시승 시 컵 홀더에 대한 고객 반응이 매우 큰 점, 차량 광고에서 컵 홀더의 수에 주목하는 점을 토대로 자동차 내의 컵 홀더가 점점 더 주목받고 있음을 강조하는 글이다. 따라서 글의 요지로 가장 적절한 것은 ② '자동차의 컵 홀더가 최근에 매우 인기를 끌고 있다.'이다.

① 컵 홀더의 수요는 언론 보도로 늘어났다. → 언론 보도로 인해 컵 홀더의 수요가 늘어난 것이 아니라 컵 홀더의 인기가 늘어났음을 『New York Times』가 보도하고 있는 내용이 일부 언급되었으므로, 반대로 서술되었다.

③ 자동차 회사들은 다양한 차량 옵션에 더 집중해야 한다. → 차량의 컵 홀더 옵션이 주목받고 있다는 내용이지, 차량 옵션을 다양하게 해야 한다는 것이 아니다.

④ 자동차 광고가 컵 홀더의 개수를 홍보할 가장 좋은 방법이다. → 자동차 광고에서 컵 홀더 수를 강조한다고 언급되어 있긴 하나, 컵 홀더의 인기를 설명하기 위해 언급된 것일 뿐 적절하지 않다.

해석 컵 홀더가 전 세계를 장악하고 있다. 요즘 자동차 업계에서 컵 홀더의 중요성을 과장하는 것은 거의 불가능하다. 『New York Times』는 최근 십여 대의 가족용 차량을 테스트한 긴 기사를 게재했다. 그것은 각각을 10가지 중요한 기능들로 평가했는데, 그 중엔 엔진 크기, 트렁크 공간, 핸들링, 서스펜션 품질, 그리고, 바로 이 컵 홀더 수가 있었다. 한 자동차 판매원은 그것(컵 홀더)이 사람들이 자동차를 보러 올 때 가장 먼저 언급하고, 질문하고, 가지고 노는 것 중 하나라고 말한다. 사람들은 컵 홀더를 기준으로 자동차를 구매한다. 거의 모든 자동차 광고는 글에 컵 홀더의 수를 눈에 띄게 적어 둔다. 일부 자동차에는 무려 17개나 되는 컵 홀더가 있다.

어휘 take over 장악하다, 정복하다 exaggerate 과장하다 automotive 자동차의 run 싣다, 게재하다 rate 평가하다 feature 기능 suspension 서스펜션(자동차에서 차체의 무게를 받쳐 주는 장치) prominently 눈에 띄게 press release 언론 보도, 보도 자료 promote 홍보하다

07

정답 ③

해설 부정적인 감정을 없애기는 어려울 수 있으나, 이 감정의 원인이 자신의 부정적인 생각으로부터 발생한다는 것을 이해하는 것이 중요하다는 점을 강조하는 글이다. 부정적인 생각을 붙잡고 있음으로써 스스로 고통에 밀어 넣고 있다는 내용으로 미루어 보아, 빈칸에 들어갈 말로 가장 적절한 것은 ③ '스스로 부과한'이다.

① 집단적인 → 집단적인 고통이 아닌, 개인의 부정적인 생각과 그것이 정서에 미치는 영향에 초점을 맞추는 내용이다.

② 우발적인 → 오히려 본인이 의도적으로 그 생각을 붙잡고 있음으로써 더 고통을 받게 된다는 내용이므로 적절하지 않다.

④ 부끄러움을 유발하는 → 수치심에 관해서는 언급된 바가 없다.

해석 비록 부정적인 감정 상태에서 자신을 끌어내는 것은 어려울 수 있지만, 일단 그 근원이 자신의 생각임을 확인하기만 하면 가능하다. 당신이 이미 부정적인 마음 상태에 있을 때, 당신이 보는 것은 부정성뿐이다. 하지만 부정성 자체는 항상 부정적인 생각을 고수하는 데서 비롯된다. '나는 결코 그것을 잘하지 않을 것이다'와 같은 단순한 생각들은 무시되거나 숙고될 수 있다. 그런 생각들을 놓아주는 것은 정서적 행복에 미미한 영향을 미친다. 그러나, 부정적인 생각에 의미를 부여한다면, 불필요하고 거의 확실한 고통의 문을 열게 될 것이다. 우리는 모두 매일 다양한 정도로 자신에게 이러한 행동을 한다. 그럼에도 불구하고, 제대로 된 이해를 하고 있으면, 우리는 이 스스로 부과한 고통과 고생을 상당 부분 줄일 수 있다.

어휘 negativity 부정성 stem from ~에서 비롯되다 hold onto ~을 고수하다 dismiss 무시하다, 떨쳐 내다 contemplate 숙고하다 let go of ~을 놓아주다 insignificant 대수롭지 않은, 사소한

08

정답 ②

해설 주어진 글은 예방 접종을 하면 특정 질병에 걸리지 않을 가능성이 높지만 모두가 예방 접종을 받을 수 있는 것은 아니라는 내용으로, not everyone의 예로 기저 질환이 있거나 백신 알레르기가 있는 사람들을 언급하는 (B)가 이어져야 한다. 그다음으로 (B)에서 언급된 사람들을 These people로 지칭하며, 앞의 상황에도 불구하고 이들이 백신 접종을 받은 타인들에게 둘러싸여 생활한다면 여전히 보호받을 수 있다는 대안적인 내용과 그 이유를 설명하는 (C)가 와야 한다. 마지막으로, 접속사 So를 통해 (C)에서 언급된 사실로부터 더 많은 타인들이 예방 접종을 받을수록 접종을 못 하는 사람들의 위험이 더 줄어든다는 결론을 도출해 내는 (A)가 오는 것이 자연스럽다. 따라서 글의 순서로 가장 적절한 것은 ② '(B) - (C) - (A)'이다.

해석 누군가가 예방 접종을 받으면, 그는 대상 질병으로부터 보호받을 가능성이 매우 높다. 하지만 모든 사람이 예방 접종을 받을 수 있는 것은 아니다. (B) 면역 체계를 약화시키는 기저 건강 질환이 있거나 일부 백신 성분에 심한 알레르기가 있는 사람들은 특정 백신의 예방 접종을 받지 못할 수도 있다. (C) 이 사람들은 예방 접종을 받은 타인들에 둘러싸여 산다면 여전히 보호받을 수 있다. 공동체에서 많은 사람들이 예방 접종을 받으면 병원균은 퍼지는 데 어려움을 겪는데, 그것(병원균)이 마주하는 대부분의 사람들에게 면역성이 있기 때문이다. (A) 따라서 더 많은 타인이 예방 접종을 받을수록 백신에 의해 보호받을 수 없는 사람들이 해로운 병원균에 노출될 위험까지도 더 줄어든다. 이는 집단 면역이라 불린다.

어휘 vaccinate 예방 접종을 하다 targeted 대상이 된 herd immunity 집단 면역 underlying 기저의 condition 질환 severe 심각한 component 성분 circulate 순환하다, 퍼지다 encounter 마주치다

09

정답 ③

해설 사회학 연구에서의 윤리적 고려 사항을 설명하는 글로, 특히 연구 대상자의 피해 예방 차 그로부터 고지에 입각한 동의를 받아 내는 것에 초점을 맞추고 있다. 따라서 글의 흐름상 가장 어색한 문장은 일부 사회학 연구에서 의도적으로 연구 대상자를 속인다는 내용의 ③이다.

해석 사회학 연구에서 가장 중요한 윤리적 고려 사항은 이 연구의 참여자들이 어떤 식으로든 해를 입지 않는 것이다. 정확히 이것이 어떤 것을 의미하는지는 연구마다 다를 수 있지만, 보편적으로 인정되는 몇 가지 고려 사항들이 있다. 예를 들어, 어린이와 청소년 연구는 항상 부모의 동의가 필요하다. (일부 사회학 연구는 연구 속성에 대해 의도적으로 연구 대상자를 속이는 것을 수반한다.) 모든 사회학 연구는 사전 고지 후 동의가 필요하며, 참여자는 참여를 강요받지 않는다. 사전 고지 후 동의는 참여에 동의하기 전에 연구 대상자가 참여의 위험 및 이익을 포함한 연구 세부 사항과 수집된 데이터가 사용될 방식을 알고 있다는 것을 확실히 하는 것을 수반한다.

어휘 ethical 윤리적인 consideration 고려 사항 sociological 사회학의 vary 다르다 universally 보편적으로 parental 부모의 consent 동의 intentionally 의도적으로 deceive 속이다 subject 연구 대상 informed 정보에 근거한, 고지에 입각한 prior to ~전에

10

정답 ③

해설 6, 7번째 문장에서 에너지 드링크가 각성, 지구력, 힘, 능력을 강화한다는 데이터와 증거가 부족하다고 언급되므로, 글의 내용과 일치하는 것은 ③ '에너지 드링크가 몸과 마음을 증진시키는지 여부는 여전히 불분명하다.'이다.

① 카페인의 양은 에너지 드링크에 명확하게 표시되어 있다. → 2번째 문장에서 때로 에너지 드링크 라벨에 실제 카페인 함량 표시가 없을 수도 있다고 언급되므로 옳지 않다.

② 에너지 드링크는 단맛 때문에 젊은 층에서 인기가 많다. → 4, 5번째 문장에서 에너지 드링크가 미국의 십 대 및 젊은 성인들에게 인기 많은 이유는 그것이 각성도와 신체 및 정신 기능을 향상한다는 기업의 말 때문이라고 언급되므로 옳지 않다.

④ 너무 많은 에너지 드링크 카페인은 비만과 당뇨병을 초래할 수 있다. → 마지막 문장에서 체중 증가와 당뇨병 악화의 원인이 에너지 드링크의 과다한 당이라고 언급되므로 옳지 않다.

해석 에너지 드링크는 카페인이 첨가된 음료이다. 에너지 드링크에 들어 있는 카페인의 양은 매우 다양할 수 있으며, 때때로 음료의 라벨이 그 안에 든 실제 카페인 양을 알려주지 않기도 한다. 에너지 드링크는 또한 설탕, 비타민, 허브, 그리고 보충제가 포함될 수도 있다. 에너지 드링크를 만드는 회사들은 그 음료가 각성을 높이고 신체적, 정신적 수행을 향상시킬 수 있다고 주장한다. 이것이 미국의 십 대와 젊은 성인들 사이에서 이 음료를 인기 있게 만드는 데 도움을 주었다. 에너지 드링크가 일시적으로 각성과 지구력을 향상시킬 수 있다는 것을 보여주는 데이터는 많지 않다. 그것이 힘이나 능력을 강화한다는 것을 보여줄 충분한 증거가 없다. 하지만 우리가 아는 것은 에너지 드링크가 카페인 함량이 많기 때문에 위험할 수 있다는 것이다. 그리고 그것은 당이 많아서 체중 증가의 원인이 되고 당뇨병을 악화시킬 수 있다.

어휘 beverage 음료 supplement 보충(제) claim 주장하다 alertness 각성 (도) limited 제한된, 아주 많지는 않은 temporarily 일시적으로 physical endurance 지구력 diabetes 당뇨병 boost 증진시키다 obesity 비만

01	①	02	①	03	②	04	④	05	②
06	④	07	④	08	④	09	③	10	③

01

정답 ①

해설 유머 감각을 잃지 않았다는 것으로 보아, 기분도 그에 상응되게 좋았을 것으로 추측할 수 있다. 따라서 빈칸에 들어갈 말로 가장 적절한 것은 ① 'agreeable (기분 좋은, 유쾌한)'이다.

② 부주의한 ③ 무관심한 ④ 유독한, 불쾌한

해석 그의 고객은 유쾌한 기분이어서 유머 감각을 잃지 않았다.

어휘 sense of humor 유머 감각

02

정답 ①

해설 account for는 '설명하다'라는 뜻으로, 이와 의미가 가장 가까운 것은 ① 'clarify(분명히 설명하다)'이다.

② 능가하다 ③ ~의 탓으로 돌리다 ④ 평가하다

해석 최근 재무 보고서에서 경영진은 해당 분기 동안 발생한 예상치 못한 비용을 설명하도록 촉구받았다.

어휘 financial report 재무 보고서 executive 경영진, 임원 urge 촉구하다 arise 발생하다

03

정답 ②

해설 '~하면 할수록 더 ~하다'라는 의미의 'the 비교급, the 비교급' 구문이 쓰였다. 콤마 앞 절의 The farther는 동사 go의 부사로, 콤마 뒤 절의 the harder는 be동사 is의 형용사 보어로 적절하게 쓰였다. 참고로 콤마 뒤 절에서는 가주어(it)-진주어(to return) 구문이 쓰이고 있다.

① (are → is) 문장의 주어는 단수 명사인 The woman이므로 복수 동사 are를 단수 동사 is로 고쳐야 한다. 참고로 주격 관계대명사 who가 이끄는 관계절이 주어를 수식하고 있다.

③ (change → changing) '~하는 데 익숙하다'라는 뜻의 관용 표현은 'be accustomed to RVing'의 형태로 써야 하므로, change를 동명사 changing으로 고쳐야 한다.

④ (asking → asked) 문맥상 주어인 Anyone이 '요구받는' 것이므로 수동태 is asked로 고쳐야 한다. 이때 5형식 동사 ask가 수동태로 전환되면서 목적격 보어였던 to 부정사는 뒤에 남아 있어야 한다. 참고로 wishing to work on holidays는 Anyone을 수식하는 현재분사구이다.

해석 ① 내 옆집에 사는 여자는 댄서이다.

② 그러나 멀리 가면 갈수록 돌아오기는 더 어렵다.

③ 나는 내 생활 방식을 친환경적인 성향으로 바꾸는 것에 익숙하지 않다.

④ 휴일 근무를 희망하는 사람은 누구나 미리 허가를 받을 것을 요구받는다.

어휘 eco-friendly 친환경적인 tendency 성향 obtain 얻다 permission 허가, 승인 in advance 미리

04

정답 ④

해설 (include → includes) each of 뒤에는 '복수 명사 + 단수 동사'가 와야 하므로, 복수 동사 include를 includes로 고쳐야 한다.

① 'never ~ without RVing'는 '~할 때마다 ~하다'라는 뜻의 구문으로 주어진 우리말에 맞게 적절하게 쓰였다.

② 'regret RVing'는 '~한 것을 후회하다'라는 의미이고, 'regret to RV'는 '~하게 되어 유감이다'라는 의미이다. 주어진 우리말은 '말한 것을 후회한다'라고 했으므로, telling은 적절하게 쓰였다. 또한 tell이 4형식 동사로 쓰여, 간접목적어로 you를, 직접목적어로 the feelings를 취한 것과 목적어가 없는 불완전한 절이 목적격 관계대명사 that 뒤에 온 것도 적절하다.

③ I wish는 이루지 못한 소망을 표현하는 말로 뒤에 가정법이 와야 한다. three years ago라는 과거를 나타내는 표현이 있으므로 과거 상황을 반대로 가정하는 가정법 과거완료 had bought는 적절하게 쓰였다.

어휘 suppress 억누르다, 참다

05

정답 ②

해설 A가 새로운 논문 검토자를 구하는 일로 B에게 도움을 요청하고 있다. B가 당장은 추천인이 생각나지 않는다고 하며 빈칸 내용을 언급하자, A는 그에 대한 응답으로 B의 동료를 언급하며 고마움을 표시하고 있다. 이를 보았을 때, B가 빈칸에서 자신의 동료와 관련하여 어떤 도움을 주는 내용을 언급했으리라 추측할 수 있으므로, 빈칸에 들어갈 말로 가장 적절한 것은 ② '내가 내 동료들한테 말을 전해볼게.'이다.

① 그 검토자는 정말로 책임감이 없네.

③ 나는 네 논문은 읽을 가치가 있을 것이라고 생각해.

④ 너의 연구를 돕게 되어 기뻐.

해석 A: Jane, 나 좀 도와줄 수 있어?

B: 물론이지, 뭔데?

A: 내 논문 검토자가 더는 일을 못 한다고 하네.

B: 그럼, 다른 사람을 구하고 있는 거야?

A: 응, 네가 아는 (사람 중에) 관심 있을 만한 사람이 있을까?

B: 당장 생각나는 사람이 없어. <u>내가 내 동료들한테 말을 전해볼게.</u>

A: 너밖에 없다. 네가 친한 동료들이 많아서 기뻐.

어휘 thesis 논문 available 시간이 있는, 이용 가능한 associate 동료 irresponsible 무책임한 pass the word on to ~에게 말을 전해주다

06

정답 ④

해설 주요 데이터베이스에서의 친영어사용 편향으로 인해 연구와 학문의 언어로서 영어의 역할을 제대로 평가하는 것이 어렵다고 알려져 왔으나, 실제로 출판된 언어로 영어가 사용되는 비율은 50% 정도밖에 되지 않는다는 내용의 글이다. 따라서 글의 제목으로 가장 적절한 것은 ④ '학문에서 과장된 영어의 역할'이다.

① 학계에서 영어의 우세함 → 연구와 학문의 언어로서 영어의 우위를 파악하기 위해 조사를 진행했다고 언급되긴 하나, 과장된 영어의 역할을 확인하기 위한 절차에 불과하다.

② 주요 데이터베이스에서의 출판 경향 → 출판 경향에 대한 내용이 아니다.

③ 연구에서 세계 영어의 등장 → 연구계에서 세계 영어, 즉 영국 및 미국을 제외한 곳에서 쓰이는 방언적 영어들이 나타나기 시작했다는 내용은 언급되지 않았다.

해석 주요 (학술) 데이터베이스의 친서방 및 친영어사용자 편향으로 인해 현대 연구에서 영어의 역할을 정확하게 평가하는 것은 어렵다고 간주되어 왔다. 연구들은 영어의 연구 및 학문 언어로서의 우위를 더 잘 알아보기 위해 소규모 실증 연구 논문을 기술하는 기사를 검토했다. 이러한 소규모 연구에 대한 초기 조사는 영어의 역할이 과장되었음을 시사했다. 그것(조사)은 출판 언어로서 영어의 더 정확한 비율은 80%가 아니라 50% 정도일 것이라고 결론지었다.

어휘 evaluate 평가하다 contemporary 현대의 challenging 힘든 bias 편향 determine 알아내다, 밝히다 predominance 우위, 우세 scholarship 학문 small-scale 소규모의 empirical 실증적인 examination 조사 exaggerate 과장하다 accurate 정확한 dominance 우세 advent 출현 overstate 과장하다

07

정답 ④

해설 사람들은 정보를 중립적으로 처리하지 않기에, 잘못된 생각을 하고 있다면 이 생각을 고치기 어려우며, 잘못된 인식을 바로잡으려 할수록 더욱더 상황이 악화하여 역효과를 낳게 된다는 내용이다. 따라서 빈칸에 들어갈 말로 가장 적절한 것은 ④ '역효과를 낳는'이다.
① 반복되는 → 잘못된 정보를 바로잡으려는 것이 반복된다는 논지의 글이 아니다.
② 통제 가능한 → 잘못된 정보를 바로잡으려 하면 할수록 문제가 더 커지게 된다는 글의 내용과 반대된다.
③ 시간을 절약해 주는 → 시간 절약과 관련된 내용이 아니다.

해석 사람들은 정보를 중립적으로 처리하지 않기 때문에 잘못된 믿음을 바로잡기가 어렵다. 균형 잡힌 정보에 노출되는 것이 심지어 우리의 원래 인식이 강화될 수도 있다. 더욱 문제가 되는 것은 잘못된 인식을 바로잡으려는 시도가 그 믿음을 향한 우리의 전념을 강화시켜 바로잡음이 역효과를 낳을 수 있다는 것이다. 예를 들어, 어떤 회사가 자사의 어려움에 대한 잘못된 소문과 싸우려 한다면, 더 많은 사람들이 결국 그 소문을 믿게 될 수도 있다. 그리고 영화배우든 당신의 이웃이든, 어떤 사람이 그가 세금으로 부정을 저질렀다는 인터넷 소문과 싸우려고 한다면, 결과는 어쩌면 그 소문이 더 널리 믿어지는 것일 수도 있다.

어휘 neutrally 중립적으로 correct 바로잡다 exposure 노출 perception 인식 problematic 문제가 되는 reinforce 강화하다 commitment 헌신, 전념 combat 싸우다 cheat on ~에서 부정을 저지르다

08

정답 ④

해설 주어진 문장은 기업이 천사 고객과 악마 고객을 다르게 취급하는 상황을 예로 들어 설명하는 내용이다. 이때 For example에 유의하여, 주어진 문장 앞에는 이 예시를 개괄적으로 소개하는 내용이 나와야 하며 그 뒤에는 이 대우 차이에 대한 부연 설명이 나오는 것이 자연스럽다. ④ 앞에서 회사가 악마 고객을 다르게 대우할 것을 권고하는 내용이 나왔으며 ④ 뒤에서는 실제로 천사 고객과 악마 고객을 다르게 대우했을 때의 결과를 언급하였다. 따라서 주어진 문장이 들어갈 위치로 가장 적절한 곳은 ④이다.

해석 이제 기업들은 개인 정보를 이용해 고객을 "천사"나 "악마"로 분류한다. 천사 고객은 회사 실적의 큰 몫을 차지하는 반면, 악마 고객은 소액의 구매를 하고 회사에 비용이 발생하게 할 것이다. 예를 들어, 악마 고객은 고객 서비스 센터에 빈번하게 전화를 걸어 회사의 자원을 다 써버리는 고객이다. 따라서 일부 사업 전문가들은 회사가 개인 정보의 사용을 통해 이런 유형의 고객을 식별하고 그들을 다르게 대우할 것을 권고한다. 예를 들어, 기업은 먼저 천사 고객을 응대하고 악마 고객을 기다리게 할 수도 있고, 또는 어쩌면 악마 고객을 완전히 쫓아내려고 할 수도 있다. 그 결과, 사람들은 이유도 모른 채 서로 다른 대우를 경험할 수 있다.

어휘 serve 응대하다 turn away 쫓아버리다 categorize 분류하다 take up 차지하다 purchase 구매 use up 다 써버리다 resource 자원 identify 식별하다 treat 대우하다, 다루다

09

정답 ③

해설 인공지능 알고리즘의 두 가지 특징을 설명하는 글이다. (A) 앞은 알고리즘들이 확실성이 아닌 가능성을 바탕으로 작동한다는 첫 번째 특징을 소개하는 내용이고 뒤는 신용 카드 거래의 사기 여부를 가능성으로 답하는 사례를 소개하고 있으므로 (A)에 들어갈 연결사로 가장 적절한 것은 For example이다. 또한 (B) 앞은 알고리즘의 두 번째 특징인 명령 처리에 관한 것으로, 전통적인 알고리즘에서는 프로그래머들이 명령을 수정한다는 내용이고, 뒤는 인공지능의 경우엔 그와 반대로 직접 명령을 학습한다는 내용이다. 따라서 (B)에 들어갈 연결사로 적절한 것은 however이다.

해석 인공지능 알고리즘은 두 가지 주요 특징으로 식별된다. 첫째, 이 알고리즘들은 보통 확실성 대신 가능성을 가지고 작동한다. 예를 들어, 인공지능 알고리즘은 어떤 신용 카드 거래가 사기인지 확실히 말하지 않을 것이다. 대신, 그것은 96%의 사기일 가능성이 있다고 말할 수도 있다. 둘째, 이 알고리즘들이 어떤 명령을 따라야 하는지를 어떻게 "아는지"에 대한 의문이 있다. 전통적인 알고리즘에서는 그러한 명령들은 프로그래머에 의해 미리 수정된다. 그러나 인공지능에서 그러한 명령들은 알고리즘 자체에 의해 "훈련 데이터"로부터 직접 학습된다. 신용 카드 거래가 사기인지 아닌지 판단하는 법을 정확히 듣는 대신에, 인공지능 알고리즘은 각 카테고리(위조 또는 위조 아님)에서 수많은 사례를 보고, 패턴을 스스로 찾는다.

어휘 distinguish 구별[식별]하다 possibility 가능성 certainty 확실성 transaction 거래 fraudulent 사기의, 속이는 chance 가능성 instruction (컴퓨터 작동) 명령 ahead of time 미리 on one's own 혼자, 스스로

10

정답 ③

해설 마지막 2번째 문장에서 많은 천문학자들은 슈퍼문에 대해 엄격한 정의를 고수하고 있다는 내용이 언급되므로 그들이 슈퍼문을 명확하게 정의내리고 있음을 알 수 있다. 따라서 글의 내용과 일치하지 않는 것은 ③ '천문학자들은 슈퍼문에 대한 명확한 정의를 내리고 있지 않다.'이다.
① 달이 지구와 가장 가까운 지점은 근지점이라고 알려져 있다. → 2번째 문장에서 언급된 내용이다.
② 슈퍼문은 연간 5회 미만 발생한다. → 5번째 문장에서 언급된 내용이다.
④ 두 번의 슈퍼문이 2024년 9월과 10월에 있을 것이다. → 마지막 문장에서 언급된 내용이다.

해석 슈퍼문은 두 가지 다른 천문학적 효과의 조합이다. 그것은 초승달이나 보름달이 근지점, 즉 달의 월별 궤도에서 지구에 가장 가까운 지점과 만나는 때이다. 달이 공식적으로 슈퍼문이라고 정의되려면 지구에 가장 근접한 거리의 90% 이내에 있어야 한다. 이는 달이 지구로부터 224,865마일 이내에 들어와야 하며 더구나 보름달이 되어야 한다는 것을 의미한다. 슈퍼문은 비교적 드물어서 1년에 서너 번밖에 발생하지 않는다. 왜냐하면 지구에 근접한 궤도 위치와 함께 발생할 보름달이 필요하기 때문이다. 많은 천문학자들은 슈퍼문을 만드는 것에 대한 엄격한 정의를 고수하고 있는데, 즉 특정 연도에 근지점에서 가장 가까운 보름달만을 고려한다. 이 정의에 따르면, 2024년에는 두 번의 슈퍼문이 9월 18일과 10월 17일에 발생할 것이다.

어휘 combination 조합 astronomical 천문학의 coincide 일치하다, 만나다 perigee 근지점 orbit 궤도 to boot 더구나, 그것도 relatively 비교적 alongside ~와 함께 stick to ~을 고수하다 strict 엄격한 take place 발생하다 annually 매년

01	②	02	③	03	②	04	③	05	④
06	④	07	④	08	②	09	②	10	④

01

정답 ②

해설 exertion은 '노력'이라는 뜻으로, 이와 의미가 가장 가까운 것은 ② 'endeavors(노력)'이다.
① 급여 ③ 충성심 ④ 기질, 성향

해석 대부분 임금을 버는 현대인은 치열한 경쟁에서 살아남음으로써 그들의 노력이 보상을 받기를 기대한다.

어휘 contemporary 현대의, 동시대의 wage 임금 reward 보상하다 fierce 치열한, 격렬한

02

정답 ③

해설 Although에 유의했을 때, 빈칸에는 그가 동료보다 성과가 뛰어났음에도 승진하지 못할 것이라는 부정적인 내용이 나와야 함을 추측할 수 있다. 따라서 빈칸에 들어갈 말로 가장 적절한 것은 ③ 'ruled out(제외시키다)'이다.
① 의존하다 ② 제출하다 ④ 다시 시작하다

해석 비록 그는 다른 동료들보다 성과가 뛰어났지만, 승진에서 제외될 것이다.

어휘 colleague 동료 promotion 승진, 진급

03

정답 ②

해설 'become[be] used to RVing'는 '~하는 데 익숙하다'라는 뜻의 관용표현으로, expressing은 문맥상 적절하게 쓰였다. '~하기 위해 사용되다'라는 뜻을 지닌 'be used to RV'와의 구분에 유의해야 한다.
① (consists → consists of) consist는 목적어를 바로 취할 수 없는 1형식 자동사이므로 consists를 consists of로 고쳐야 한다.
③ (relieve → relieving) 전치사 of 뒤에는 명사(구)가 와야 하므로, tension을 목적어로 취하고 있는 동사 relieve를 동명사 형태인 relieving으로 고쳐야 한다.
④ (gloomily → gloomy) make는 5형식으로 쓰일 때 목적격 보어로 형용사가 와야 하므로 부사 gloomily를 형용사 gloomy로 고쳐야 한다.

해석 "모든 사람은 울고 싶은 욕구를 가지고 있습니다."라고 심리치료사인 Vera Diamond는 말한다. 그녀는 심리 치료가 종종 사람들에게 우는 것을 허용하는 방법들로 구성된다고 설명한다. 그녀는 심지어 울기 훈련도 시키는데, 그 훈련에서 환자들은 단지 감정을 표현하는 데 익숙해지기 위해 우는 연습을 한다. 그녀는 울기 위한 안전하고 사적인 장소로 침대 커버 속이나 차 안을 제안한다. 우는 것은 긴장을 완화해 주는 한 방법이지만, 사람들은 다른 사람들이 우는 것을 좋아하지 않는데, 왜냐하면 그것이 그들을 우울하게 만들기 때문이다. 결국, 사람들은 울고자 하는 욕구를 억제하고 있거나, 당신의 울음을 그치게 하기 위해 어떤 일이라도 할 것이다.

어휘 psychotherapist 심리치료사 psychic therapy 심리 치료 relieve 완화하다 gloomy 우울한, 비관적인 hold back 억제하다, 자제하다

04

정답 ③

해설 by the time이 이끄는 시간 부사절에서는 현재시제가 미래시제를 대신하므로 finishes는 적절하게 쓰였다. 참고로 결혼한 '상태'를 나타내는 경우 수동태로 쓰이는 완전타동사 marry의 수동태 쓰임도 적절하다.
① (themselves → each other) 주어 They가 전화를 거는 대상은 스스로가 아니라 서로이므로 재귀대명사의 쓰임은 적절하지 않다. 따라서 재귀대명사 themselves를 '서로'를 의미하는 대명사 each other로 고쳐야 한다.
② (best → better) Of the two candidates에서는 비교 대상이 둘이므로 최상급 the best를 비교급 the better로 고쳐야 한다. 비교급에서 비교 대상의 범위가 정해져 있을 경우 비교급 앞에 the를 사용할 수 있다. 이때 두 후보가 면접의 대상이므로 수동의 과거분사 interviewed는 적절하게 쓰였다.
④ (emerged → emerge) 주격 관계대명사 that이 이끄는 관계절에서의 시제는 주어진 해석처럼 현재시제가 되어야 하므로 과거시제 emerged를 emerge로 고쳐야 한다.

어휘 candidate 후보 handle 처리하다 emerge 생겨나다

05

정답 ④

해설 주차할 공간이 없다고 당혹스러움을 표현하는 A에게 B가 교통체증이 심하다며 동조하고 있다. 따라서 대화 중 가장 어색한 것은 ④이다.

해석 ① A: 실례하지만, 자리 좀 내주실래요?
B: 음, 여기 공간이 없네요.
② A: 2인용 자리 있나요?
B: 30분은 기다리셔야 해요, 손님.
③ A: 우리 예정보다 늦어지고 있어. 서둘러 줘!
B: 걱정 마. 우리는 제 때에 딱 도착할 거야.
④ A: 세상에! 주차할 곳을 못 찾겠어.
B: 맞아, 교통체증이 심하네.

어휘 move over 자리를 내주다 space 공간 behind schedule 예정보다 늦은 on time 정각에, 제 때에 traffic 교통량

06

정답 ④

해설 협상의 전반적인 개념과 그 특징을 소개하는 글이다. 따라서 글의 주제로 가장 적절한 것은 ④ '전반적인 협상의 개념과 그 특징'이다.
① 상생의 사업 전략과 전술 → 당사자들은 협상을 통해 서로 이익이 되는 방향을 찾으려고 한다고 언급될 뿐, 상호 이익적인 사업 전략이나 전술들을 구체적으로 소개하고 있지는 않다.
② 국제 협상의 중요한 원칙 → 국제 협상에서 지켜야 할 원칙에 관한 내용이 아니다.
③ 다양한 종류의 전문적 협상 기술 → 여러 협상의 기술을 설명하는 것이 아니라 협상을 정의하고 그 특징을 소개하는 글이다.

해석 협상은 원하는 목표를 달성하기 위해 다양한 이해관계를 가진 둘 이상의 개인, 당사자 또는 그룹 간의 의사소통 및 설득을 포함하는 과정이다. 협상 과정은 합의를 방해하는 두 당사자의 목표 또는 의견의 차이로 시작된다. 협상에 참여한 당사자는 목표를 달성하기 위해 의도적으로 의사소통하거나 협력한다. 협상 동안 연루된 당사자들은 서로에게 영향을 주려고 최선을 다함으로써 상호 간에 유익한 입장을 찾으려고 노력한다. 양 당사자는 협상이 모든 관련 당사자에게 원하는 결과 또는 적어도 받아들일 만한 결과를 가져올 것이라고 믿는다. 따라서 협상은 특정 문제에 대해 받아들일 수 있는 결정에 대해 두 개인, 그룹 또는 당사자가 참여하는 것이다.

어휘 negotiation 협상 persuasion 설득 party (계약 등의) 당사자 objective 목적, 목표; 객관적인 willfully 의도적으로 cooperate 협력하다 mutually beneficial 상호 간에 유익한 acceptable 받아들일 수 있는 outcome 결과 concerned 관련된 involvement 참여

07

정답 ④

해설 집은 소유자에게 있어 투자 이상의 관계이기도 하므로, 시장에 나온 집을 구매하는 데 있어 비용 절감을 목표로 집에 대해 안 좋은 말을 하기보다 집에 대해 배려심 있는 말을 함으로써 구매 가능성을 높여야 한다는 내용의 글이다. 따라서 빈칸에 들어갈 말로 가장 적절한 것은 ④ '집에 대해 사려 깊게 말하는 것은'이다.
① 집의 단점을 지적하는 것은 → 집 소유자에게 큰 의미가 있는 그 집에 대해 사려 깊은 말을 해줘야 한다는 글의 내용과 반대된다.
② 집을 개조할 계획에 대해 논의하는 것은 → 구매할 집의 리모델링과 관해서는 언급된 바가 없다.
③ 집주인과 개인적인 관계를 구축하는 것은 → 집 주인과의 인맥을 쌓아야 한다는 것이 아니다.

해석 집은 큰 재정적 투자이다. 그곳은 또한 우리가 기억을 만들고 많은 인생의 큰 중요한 단계의 흔적을 남기는 곳이기도 하다. 그래서 주택 소유자들이 건물과의 개인적인 관계를 발전시키는 것은 쉽고, 이것은 단지 집이 시장에 나온다고 해서 부서지지 않는다. 이 관점에서, 집에 대해 사려 깊게 말하는 것은 더 중요한 의미를 가진다. 일부 매수자들은 어떻게든 그것들(건물들)의 가격이 더 나아질(저렴해질) 것이라고 생각하면서 건물에 대해 부정적인 말을 한다. 그리고 그것은 매우 도움이 되지 않는다. 당신은 반대로 할 필요가 있다. 사람들에게 당신이 그들의 집을 사랑한다고 말해라. 그들이 당신이 그것(건물)의 진가를 알아본다고 생각하면 그들은 당신에게 그것(건물)을 팔고 싶어 할 가능성이 더 높다.

어휘 financial 재정상의 investment 투자 milestone 중요한 단계 go on the market 시장에서 팔리다 carry weight 중요하다 appreciate 진가를 알아보다 point out 지적하다 shortcoming 단점 considerate 사려 깊은

08

정답 ②

해설 경기 전의 불안을 극복하기 위해 여러 전략을 사용하는 것을 제안하는 내용의 주어진 글 다음에는, several strategies 중의 하나를 one of the strategies로 받아 시각화 전략을 소개하는 내용의 (B)가 이어져야 한다. 그다음으로, 시각화 방법을 단계적으로 설명하는 내용의 (C)가 와야 한다. 마지막으로, (C)에서 언급된 시각화 전략 설명을 Also로 덧붙이며 반드시 본인의 시점에서 상상해야 한다는 점을 부연 설명해 주는 (A)가 오는 것이 자연스럽다. 따라서 글의 순서로 가장 적절한 것은 ② '(B) - (C) - (A)'이다.

해석 모든 사람들은 큰 경기나 운동 경기 전에 약간 긴장한다. 다행히도, 당신은 경기 전의 불안함을 극복하고 스트레스를 관리하는 것을 돕는 여러 전략을 사용할 수 있다. (B) 그 전략 중 하나로, 많은 엘리트 운동선수들은 수행 능력을 향상시키고, 자신감을 발전시키며, 불안감을 관리하기 위해 시각화를 이용한다. 정신적 예행연습으로도 알려진 시각화는 운동 경기에서 성공적으로 경쟁하는 자신을 상상하는 것을 포함한다. (C) 시각화를 작동시키기 위해 눈을 감고 대회에서 당신이 할 수 있는 신체적 움직임을 상상해 보라. 당신이 현실에서 움직이는 것과 같은 속도로 움직이고 있는 자신을 상상하도록 하라. (A) 또한 반드시 관찰자가 아닌 자신의 관점에서 상상하도록 하라. 당신은 당신 자신이 경쟁하는 것을 보는 것이 아니라 당신이 마치 실제로 그곳에 있다면 볼 것처럼 장면을 보고 있어야 한다.

어휘 athletic event 운동 경기 overcome 극복하다 anxiety 불안 perspective 관점 observer 관찰자 athlete 운동선수 visualization 시각화 rehearsal 예행연습

09

정답 ②

해설 TTS가 학생들의 교육에 있어서 장애 학생들의 교육에 도움이 되고 자료 이해도를 높이며, 학생들의 자신감을 높여주고 의욕을 북돋는 등의 장점을 가지고 있다는 내용이다. 따라서 글의 흐름상 가장 어색한 문장은 TTS의 단점으로 교실에서의 한계를 지적하는 ②이다.

해석 문자 음성 변환 프로그램(TTS) 기술은 텍스트를 오디오로 전환하는 보조 기술이다. 에듀테크에서, TTS는 특히 학습 장애가 있는 학생들을 지원하는 데 있어 교육에서 점차 역할을 찾고 있다. (하지만, 교실에서 TTS를 사용하는 데에는 한계가 있다.) 연구들은 어떻게 텍스트 음성 변환이 학생들이 단순히 읽는 것이 아니라 내용에 집중할 수 있게 하여 그 자료에 대해 더 높은 이해를 가지게 되는지를 보여주었다. 이것은 학생들이 정보를 기억할 가능성을 높여줄 뿐만 아니라 그들의 자신감을 높여주고 의욕을 북돋는다. 학생들이 학습 과정에서 더 독립적으로 되도록 함으로써, TTS는 또한 교사들과 부모들이 그들의 진행 상황을 더 쉽게 감독할 수 있도록 해준다.

어휘 text-to-speech(TTS) 문자 음성 변환 프로그램 assistive 옆에서 돕는, 보조적인 convert 전환하다 disability 장애 confidence 자신감 motivation 동기 부여, (학습) 의욕 유발 supervise 감독하다 progress 진행 상황

10

정답 ④

해설 마지막 문장에서 급락하는 커피 가격 때문에 커피 재배로 생계를 유지하는 것이 어렵다는 것을 알 수 있으므로, 글의 내용과 일치하지 않는 것은 ④ '커피 재배자들은 커피 가격의 인상으로 영향을 받았다.'이다.

① 약 2,500만 명의 농부들이 생계를 커피 재배에 의존한다. → 2번째 문장에서 언급된 내용이다.

② 커피 식물은 까다로운 재배 환경으로 악명 높다. → 4번째 문장에서 언급된 내용이다.

③ 지구온난화로 인해 커피 재배에 적합한 장소가 줄고 있다. → 5번째 문장에서 언급된 내용이다.

해석 거의 5천억 잔의 커피가 매년 소비되고 있으며, 이것은 커피를 세계에서 가장 인기 있는 상품 중 하나로 쉽게 만들어 준다. 그것은 생계를 꾸리기 위해 그것에 의존하는 거의 2,500만 명의 농부들에 의해 수십 개의 나라에서 경작되고 있다. 하지만 커피는 재배하기가 점점 어려워지고 있다. 그것은 자라기 위해 매우 구체적인 조건을 요구하는 까다로운 식물로 악명 높다. 그리고 기후 변화가 지구를 따뜻하게 하면서, 그 식물을 지탱할 수 있는 장소들이 줄어들고 있다. 최근의 연구는 2050년까지 커피를 지탱할 수 있는 땅의 양이 50% 감소할 것이라고 추정한다. 그러나 커피 식물을 살릴 시간은 있을지 모르지만, 커피 농부들에게 위기는 이미 다가왔다. 악화되는 여건과 급락하는 가격은 기후 변화에 적응하기 위한 대책에 투자하는 것은 말할 것도 없고 커피를 재배하여 생계를 유지하는 것을 어렵게 만든다.

어휘 consume 소비하다, 먹다 goods 상품 cultivate 경작하다 dozens of 수십의 depend on 의존하다 make a living 생계를 꾸리다 notoriously 악명 높게 picky 까다로운 support 지탱하다 shrink 줄어들다 deteriorate 악화되다 plummet 급락하다 not to mention ~은 말할 것도 없고 cultivation 경작 infamous 악명 높은 demanding 까다로운

01	①	02	①	03	③	04	①	05	③
06	④	07	②	08	③	09	②	10	③

01

정답 ①

해설 교외 지역의 늘어나는 인구를 수용하기 위해 교통 당국이 결정할 수 있는 사안은 지하철 노선 연장임을 추측할 수 있다. 따라서 빈칸에 들어갈 말로 가장 적절한 것은 ① 'extend(연장하다)'이다.

② 만연하다 ③ 끝내다, 없애다 ④ ~인 척하다

해석 교통 당국은 그 지역의 늘어나는 인구를 수용하기 위해 지하철 노선을 교외로 연장하기로 결정했다.

어휘 authority 당국 suburb 교외 accommodate 수용하다

02

정답 ①

해설 Despite에 유의했을 때, 경제를 살리려는 노력이 소용없었음을 알 수 있으므로 재정적 상황이 좋지 않음을 유추할 수 있다. 따라서 빈칸에 들어갈 말로 가장 적절한 것은 ① 'at stake(위태로운)'이다.

② 사정거리 안의 ③ 방심하여 ④ 준거하는

해석 경제를 신장시키려는 국가 전반에 걸친 노력에도 불구하고, 그 나라의 재정 상황은 여전히 위태로워 보인다.

어휘 nationwide 국가 전반에 걸친, 전국적인 enhance 강화하다, 끌어올리다 financial 재정상의

03

정답 ③

해설 부정 부사구 At no point가 문두에 위치하므로 주어와 동사는 의문문의 어순으로 도치되어야 한다. 따라서 did our parents tell은 옳게 쓰였다. 또한 4형식 동사로 쓰인 tell의 직접목적어로 what이 이끄는 간접의문문이 오고 있으며 '의문사 + S + V'의 어순으로 what the problem was도 적절하게 쓰였다.

① (forced → were forced) 타동사 force의 목적어가 비었으므로 They가 '강요하는' 것이 아니라 '강요받는' 것임을 알 수 있다. 따라서 능동태 forced를 수동태 were forced로 고쳐야 한다. 참고로 force가 5형식으로 쓰일 경우 목적격 보어로 to 부정사가 와야 하므로 to take는 적절하게 쓰였다.

② (faster → fast) 'as ~ as' 원급 표현 사이에는 형용사나 부사가 들어가야 하므로 비교급 faster를 be동사의 보어 자리에 쓸 수 있는 형용사의 원급인 fast로 고쳐야 한다. 참고로 앞의 computers를 받는 부정대명사 ones의 쓰임은 적절하다.

④ (which → whose) 관계대명사 which 뒤에는 불완전한 절이 와야 하는데, 여기서는 뒤에 완전한 절이 오고 있다. 관계대명사 바로 뒤에 명사 covers and backs가 있으며 선행사인 books의 앞표지와 뒤표지가 최고인 것이므로, which를 소유격 관계대명사 whose로 고쳐야 한다.

해석 ① 그들은 급여 삭감을 강요받았다.

② 오래된 컴퓨터들은 현대 컴퓨터만큼 빠르지 않았다.

③ 우리 부모님은 문제가 무엇이었는지 말씀해 주신 적이 없다.

④ 책의 앞표지와 뒤표지가 단연코 최고인 책들이 있다.

어휘 reduction 삭감 pay 급여 cover 표지 by far 단연코

04

정답 ①

해설 (should → must) 과거 일에 대한 강한 추측을 나타내는 '~했음이 틀림 없다'라는 의미는 'must have p.p.'로 쓰여야 하므로 should를 must로 고쳐야 한다. 참고로 'should have p.p.'는 '~해야 했는데 (안 했다)'라는 의미로, 이 둘의 차이에 유의해야 한다.
② decide의 목적어로 to 부정사의 부정형 not to provide가 적절하게 쓰였으며, 'A에게 B를 제공하다'라는 뜻의 'provide A with B' 구문이 쓰인 것도 적절하다.
③ 'be busy RVing'는 '~하느라 바쁘다'라는 의미의 동명사 관용 표현이며, get 의 목적어로 쓰인 the job은 '끝내지는' 대상이므로 과거분사 done으로 적절하게 쓰였다.
④ 'have no choice but to RV'는 '~하지 않을 수 없다'라는 의미의 관용 표현으로 적절하게 쓰였으며, the urge를 수식하는 형용사적 용법의 to eat의 쓰임도 적절하다.

어휘 efficiently 효율적으로 endure 참다 urge 충동

05

정답 ③

해설 A가 삼촌의 장례식에 참석해야 해서 B에게 내일 자신의 업무를 대신해 줄 수 있는지 요청하는 상황이다. 업무를 대신 봐주기로 한 B에게 A가 감사 인사를 전한 것에 B가 별일 아니라며 빈칸 내용을 언급하는데, 이때 B가 할 법한 말은 위로일 것임을 추측할 수 있다. 따라서 빈칸에 들어갈 말로 가장 적절한 것은 ③ '애도를 표합니다.'이다.
① 쉬는 시간을 즐기세요.
② 그가 빨리 낫기를 바랍니다.
④ 불편을 끼쳐 죄송합니다.

해석 A: 저기, 잠깐 의논할 시간 있나요?
B: 네, 무엇에 관한 일인가요?
A: 내일 제 업무 일부를 좀 맡아주실 수 있을까 해서요. 유감스럽게도 삼촌께서 돌아가셔서 장례식에 참석해야 해요.
B: 정말 유감이네요. 일부 업무를 당연히 대신 해드릴 수 있죠.
A: 도와주셔서 감사해요.
B: 천만에요. <u>애도를 표합니다.</u>

어휘 cover 일을 떠맡다 pass away 사망하다, 돌아가시다 funeral 장례식 take over 떠맡다 get better (병·상황 따위가) 좋아지다, 호전되다 condolence 애도, 조의 inconvenience 불편

06

정답 ④

해설 색을 인식하는 과정은 개인적이고 주관적이어서 사람들은 동일한 색을 다르게 인식할 수 있음을 강조하는 내용의 글이다. 따라서 글의 제목으로 가장 적절한 것은 ④ '개인적 경험으로서의 색'이다.
① 색의 숨겨진 의미 → 색에 어떤 숨겨진 의미들이 있는지 확인하는 내용이 아니다.
② 색맹이 발생하는 이유 → 이 글의 중심 소재는 '색맹'이 아닌 '색에 대한 인식'으로, 색맹에 관한 내용은 언급되지 않았다.
③ 색을 학습 도구로 사용하라 → 색을 정의하기 어렵다는 것을 우리가 학습하게 된다는 언급이 있을 뿐, 학습 도구로 색을 사용하라는 글이 아니다.

해석 색에 대해 배우는 것은 보는 것이 마음 전체가 관여하는 창조적 과정이라는 것을 우리에게 가르쳐주는, 관찰, 기억, 훈련의 단계적 과정이다. 궁극적으로 학습되는 것은 색은 계속해서 개인적이고 상대적이고 규정하기 힘들며 정의하기 어렵다는 것이다. 색에 대한 우리의 인식은 그것이 실제 물리적 세계에 나타나는 것과는 거의 같지 않다. 색이 서로에게 미치는 상호 영향 때문에 정통적인 규칙은 없다. 우리는 특정 색의 실제 파장을 알 수 있지만, 그 색이 물리적으로 어떤 것인지를 거의 인식하지 못한다. 비록 한 집단의 사람들이 동시에 같은 색을 보고 있을지라도, 각 개인이 그 색을 실제로 어떻게 인식하는지를 알 길은 없다.

어휘 step-by-step 단계적인 relative 상대적인 elusive 규정하기 힘든 hardly ever 거의 ~하지 않는 orthodox 정통의 mutual 상호의 wavelength 파장 simultaneously 동시에

07

정답 ②

해설 글쓰기와 편집을 대조하여 설명하는 글로, 글쓰기는 매우 개인적이지만 편집은 이와 반대로 객관적이어야 한다는 내용이다. 즉, 글을 쓸 때는 감정을 넣어서 쓰되, 이를 편집할 때는 다른 사람이 쓴 것처럼 읽어 내려가며 감정을 배제하고 편집해야 한다는 것이기 때문에, 빈칸에 들어갈 말로 가장 적절한 것은 ② '다른 사람이 쓴 글인 것처럼'이다.
① 가능한 한 빨리 → 편집을 읽는 속도와 연관 지어 설명하고 있지 않다.
③ 비판하며 판단하지 않고 → 스스로 비판하면서 하지 말아야 하는 것은 편집이 아닌 글쓰기이므로 적절하지 않다.
④ 한 번만 읽을 수 있는 척하고 → 읽는 횟수를 한 번으로 제한하고 읽으며 편집해야 한다는 내용이 아니므로 적절하지 않다.

해석 편집과는 달리 글쓰기는 매우 개인적이어야 한다. 당신은 자신만을 위해 글을 쓰는 것처럼 감정을 따라간다. 글을 쓰는 동안 당신이 직접 비판하거나 편집하지 말라. 그러나 편집에서는 가능한 한 객관적이고 비개인적이어야 한다. <u>다른 사람이 쓴 글인 것처럼</u> 그것을 읽어라. 이것은 하기 어렵지 않다. 연기를 해본 적이 있거나 제스처 놀이를 해본 사람은, 사람이 다른 사람인 척할 수 있다는 것을 알고 있다. 따라서 관련된 모든 감정, 주저함 및 선택을 포함하여 그 글이 어떻게 작성되었는지 잊었다고 상상해 보라.

어휘 go by ~을 따르다 objective 객관적인 impersonal 비개인적인, 개인적인 것이 개입되지 않은 pretend ~인 척하다 article 글, 기사 hesitation 주저함

08

정답 ③

해설 주어진 문장은 단순화가 전반적으로 최선의 전략이라는 내용이다. 이때 However에 유의하면, 주어진 문장 앞에는 단순화와 상반되는 내용이 나와야 하며 그 뒤에는 단순화에 대한 내용이 부연되는 것이 자연스럽다. ③ 앞에서 수많은 선택을 마주하는 소비자의 상황을 언급하며 새로운 선택들이 주어지는 것이 나쁜 생각은 아니라고 했는데, 이는 주어진 문장의 주장과 상반되는 것을 알 수 있다. 또한 ③ 뒤에서는 단순성을 언급하며 연구 결과를 통해 주어진 문장에서 주장하는 바에 대한 근거를 제시해 줬다. 따라서 주어진 문장이 들어갈 위치로 가장 적절한 곳은 ③이다.

해석 현대 소비자는 무엇을 읽을지, 어디서 쇼핑할지, 뭘 살지와 같은 너무 많은 선택에 매일 직면한다. 그리고 각각의 결정은 정신적 타격을 준다. 그럼에도 불구하고, 마케터들은 계속해서 더 많은 것을 강조한다. 더 많은 선택, 더 많은 제품, 더 많은 기능과 정보 및 할인 혜택. 소비자에게 가치를 더하는 새로운 기술, 제품 및 서비스에 투자하는 것은 나쁜 생각이 아니다. 그러나, 우리의 연구는 종종 단순화가 전반적으로 최선의 전략이라는 것을 시사한다. 우리는 고객 선호도에 대한 철저한 검토를 수행했고 대부분의 연구는 소비자를 위해 단순성을 최우선 순위로 둔다는 것을 발견했다. 예를 들어, 15,000명 이상의 소비자를 대상으로 한 선도적인 브랜드 자문회사의 한 설문조사에서 가장 단순하고 한결같은 경험을 제공하는 브랜드가 가장 강력한 주식 성과를 보였고 가장 충성스러운 고객을 확보한 것으로 나타났다.

어휘 more often than not 종종, 대개는 across the board 전반적으로 simplification 단순성 numerous 수많은 toll 타격, 대가 feature 기능 prioritize 우선시하다 leading 선도적인 consultancy 자문 회사 seamless 한결같은

09

정답 ②

해설 사람들이 얼마나 개들의 감정을 쉽게 읽을 수 있는지를 소개하며, 개들에게 감정이 있는지 없는지가 과학적 논란의 쟁점인 것에 의문을 제기하는 내용의 글이다. (A) 앞은 사람들이 개의 감정을 쉽게 읽을 수 있다는 내용이고, 뒤는 개들이 집에 돌아온 사람을 반기는 모습과 다른 개를 보고 경계하는 모습을 예로 들어 앞 내용을 부연하고 있다. 따라서 (A)에 들어갈 연결사로 적절한 것은 For example이다. 또한, (B) 앞은 개들의 감정 상태가 명백해 보인다는 내용이고, (B) 뒤는 많은 사람들이 개의 감정의 존재가 논란의 쟁점이라는 것을 이해하기 어려워한다는 내용으로, 인과 관계로 연결되는 것을 알 수 있다. 따라서 (B)에 들어갈 연결사로 적절한 것은 For this reason이다.

해석 개들은 감정을 가지고 있을까? 대부분의 사람들은 개의 감정을 꽤 쉽게 읽을 수 있다. 예를 들어, 당신이 집에 오는데 개가 꼬리를 흔들며 이리저리 춤을 추면, 당신은 "Molly가 나를 만나서 기쁘구나" 혹은 "Molly가 정말 나를 사랑하는구나"라고 마음속으로 생각한다. 또는 당신이 산책하러 나왔을 때 다른 개가 접근하는 것에 당신의 개는 제 자리에 얼어붙어서 저음의 목이 쉰 듯한 으르렁거리는 소리를 낼지도 모른다. 우리는 이것을 "Charlie는 저 개를 좋아하지 않는다. 그 개를 보는 것은 Charlie를 화나게 한다."라고 해석한다. 이러한 상황들에서 우리 개들의 감정 상태는 꽤 명백해 보인다. 이러한 이유로, 개의 감정의 존재가 과학적 논란의 쟁점이었고 일부 지역에서는 여전히 쟁점이라는 것을 많은 사람들은 이해하기 힘들어한다.

어휘 wag (꼬리를) 흔들다 think to oneself 마음속으로 생각하다 approach 접근 freeze 얼어붙다, 꼼짝 않다 in place 제 자리에서 throaty 목이 쉰 듯한 growl 으르렁거리는 소리 existence 존재 point 쟁점 controversy 논란

10

정답 ③

해설 3번째 문장에서 점수 기록을 위해 신체의 득점 영역도 전자적으로 민감하다고 언급되므로, 글의 내용과 일치하는 것은 ③ '펜싱 선수들의 신체의 득점 영역은 전자적으로 민감하다.'이다.

① 펜싱 단체전에서는 여러 선수가 함께 경쟁한다. → 첫 문장에서 펜싱은 단체전이 존재하지만 1:1로 경기를 치른다고 언급되므로 옳지 않다.

② 플뢰레는 상대방을 찌르기 위해 사용되는 무거운 무기이다. → 2번째 문장에서 플뢰레는 가벼운 찌르기 무기라고 언급되므로 옳지 않다.

④ 펜싱 선수들의 헬멧은 강하지만 그들의 시야를 방해할 수 있다. → 마지막 문장에서 헬멧은 강한 앞면 철망이 있지만 선수들은 철망을 통해 앞을 볼 수 있다고 언급되므로 옳지 않다.

해석 펜싱은 단체전이 존재하지만, 오직 1대 1로 경기를 치른다. 가장 중요한 장비는 물론 무기 자체이며 이것엔 세 종류가 있다: 에페는 가장 무거운 검, 플뢰레는 가벼운 찌르기 무기, 사브르는 기병 검에서 파생된 베고 찌르는 무기이다. 점수를 기록하기 위해 선수들의 검들은 신체의 득점 영역과 마찬가지로 전자적으로 민감하다. 그리고 그것들은 바디 코드를 통해 득점 상자에 연결된다. 타점이 기록되면 신호음이 들리고 조명이 켜진다. 펜싱 선수들은 심각한 부상의 가능성을 최소화하기 위해 다양한 보호복을 착용해야 한다. 이것은 펜싱 선수들이 볼 수 있지만 무기를 물리칠 수 있을 만큼 충분히 강한 철망을 앞면에 가지고 있고 머리를 완전히 덮는 마스크와 헬멧을 포함한다.

어휘 fencing 펜싱 epee 에페(펜싱 경기용 칼) foil 플뢰레(칼끝을 동그랗게 해 놓은 연습용 펜싱 칼) thrust 찌르다 sabre 사브르(펜싱 경기에 쓰이는, 날이 가늘고 가벼운 칼) derive from ~에서 유래하다 cavalry 기병 scoring 득점 strike 치기, 타격, 타점 body cord 바디 코드(점수 기계와 연결된 펜싱 재킷에 있는 절연된 선) audible 들리는 illuminate 밝아지다; 비추다 fencer 펜싱 선수 protective 보호하는 attire 의복, 복장 mesh 철망 repel 격퇴하다, 물리치다 stab 찌르다

01	①	02	③	03	④	04	③	05	②
06	④	07	③	08	②	09	①	10	③

01

정답 ①

해설 각주의 특성과 관련 있으며, 상세하다는 표현과 어울리는 내용이 빈칸에 오는 것이 자연스럽다. 따라서 빈칸에 들어갈 말로 가장 적절한 것은 ① 'ample (풍부한)'이다.
② 반항적인 ③ 모호한 ④ 익명의

해석 대부분의 학술서적에서 볼 수 있는 풍부한 그리고 상세한 각주들은 저자들의 출처에 공을 돌리기 위해 고안되었다.

어휘 detailed 상세한 footnote 각주 give credit 공로를 인정하다 source 출처

02

정답 ③

해설 dispose of는 '~을 처리하다, 처분하다'라는 뜻으로, 이와 의미가 가장 가까운 것은 ③ 'dump(버리다)'이다.
① 정제하다, 개선하다 ② 따르다, 순응하다 ④ 보존하다

해석 새해 일과의 일환으로, Mark는 수년간 쌓인 불필요한 물건들을 처분하고 싶어 한다.

어휘 routine 일과 be eager to ~을 하고 싶어 하다 accumulate 모으다, 축적하다

03

정답 ④

해설 (to get it → to get) 난이형용사 구문에서 문장의 주어와 to 부정사의 목적어가 동일한 경우, to 부정사의 목적어를 생략해야 하므로 it을 삭제해야 한다.
① rest는 자동사로, 바로 목적어를 취할 수 없으므로 뒤에 전치사 in과 함께 쓰인 것은 적절하다. 참고로 등위접속사 and가 may 뒤의 동사 stop과 rest를 병렬 연결해주는 구조이다.
② 장소 명사 an area를 선행사로 받으면서 완전한 문장을 이끌 수 있는 관계부사 where는 적절하다.
③ appear가 '~처럼 보이다'라는 의미로 2형식 자동사로 쓰여 뒤에 주격 보어로 형용사 uneasy와 nervous가 온 것은 적절하며, 이때 등위접속사 and가 두 개의 형용사를 연결하고 있다.

해석 폭풍은 다양한 방식으로 새들에게 영향을 미친다. 폭풍이 다가오면 새들은 나는 것을 멈추고 가까운 나무에서 쉴지도 모른다. 만약 다가오는 폭풍이 맹렬한 것이면, 새들은 날씨가 맑은 지역으로 날아가 버릴 수도 있다. 새들은 폭풍이 오는 중일 때 불안하고 예민해 보일지도 모른다. 그들은 더 시끄러워질 수도 있다. 눈보라가 다가오고 있으면 새들은 더 많이 먹을지도 모른다. 그들은 얼마 동안 먹이를 찾는 것이 어려워질지도 모른다는 것을 깨달은 것 같아 보인다.

어휘 approach 다가가다[오다] fly off 날아가 버리다 uneasy 불안한 on its way 가는[오는] 중인

04

정답 ③

해설 (nor → neither 또는 and nor → nor) 상관접속사 nor은 그 자체가 접속사이기 때문에 접속사 and와 함께 쓰이지 않으므로 nor을 접속사 and와 함께 쓰이며 앞 문장에 대한 부정을 연속적으로 나타낼 수 있는 부정 부사인 neither로 고쳐야 한다. 또는 and 없이 'nor + V + S'로도 부정 동의를 표현할 수 있다. 참고로 부정 동의를 나타낼 때 뒤에 주어와 동사가 도치된 것과, 과거 시제에 맞춰 대동사 did가 쓰인 것은 적절하다.
① '마치 ~인 것처럼'이라는 뜻의 as if 가정법 과거 구문이 적절하게 쓰였다.
② nice와 같은 사람의 인성을 나타내는 형용사의 의미상 주어는 'of + 목적격'으로 표현하므로 적절하게 쓰였다. 이때 and로 연결된 to act에서 to가 생략된 것도 알맞다.
④ enough는 형용사나 부사를 수식할 경우 후치 수식하므로 large enough는 적절하게 쓰였다.

어휘 tactic 전술

05

정답 ②

해설 회사 지원자들에 관해 대화를 나누고 있는 상황이다. 자격이 안 되는 지원자들을 모두 거절하라는 말에 B가 빈칸에서 그렇게 하기 어려운 이유를 말할 것임을 추측할 수 있다. 또한 A가 초과 근무라는 대안을 제안하는 것을 미루어보아, 빈칸에는 지원자들을 모두 거절할 수 없거나 직원들이 초과 근무를 해야 하는 이유가 와야 한다. 따라서 빈칸에 들어갈 말로 가장 적절한 것은 ② '우리는 지금 일손이 부족해요'이다.
① 우리는 시간이 아직 많이 남았어요
③ 저는 이번에 그들 모두의 기대를 저버릴 수 없어요
④ 우리는 그들에게 한 번 더 기회를 줘야 해요

해석 A: 이번 입사 지원자들은 어때요?
B: 음, 그들은 예상보다 자격이 있지 않은 것 같아요.
A: 유감이네요. 모두를 거절하는 게 좋겠어요.
B: 하지만 우리는 지금 일손이 부족해요.
A: 저희가 그냥 당분간 초과 근무를 하면 안 되나요?
B: 그게 하나의 대안이 될 수도 있어요. 하지만 장기적으로 어쨌든 우리는 여전히 새로운 직원을 채용해야 할 거예요.

어휘 qualified 자격이 있는 turn down 거절하다 concern 걱정, 우려 work overtime 초과 근무를 하다 alternative 대안 in the long term 장기적으로 hire 채용하다 let down ~의 기대를 저버리다 give sb a chance 기회를 주다

06

정답 ④

해설 의학 기술의 발전에 따라 다음 10년 동안 획기적인 변화를 불러올 의료계의 진보에 대한 기대감을 나타내는 글이다. 웨어러블 기기와 유전체 염기서열 분석 비용 감소를 포함한 현대의 발전 외에 진화하는 기술로 질병을 제거할 가능성까지 있음을 시사하고 있다. 따라서 글의 요지로 가장 적절한 것은 ④ '의료 기술은 앞으로 10년 안에 상당한 발전이 예상되면서 빠르게 진행되고 있다.'이다.

① 의료진들은 현대의 질병에 대처하기 위해 모든 노력을 다하고 있다. → 현대의 질병에 대처하기 위한 의료진들의 노력에 대한 내용이 아닐뿐더러, 글의 핵심 소재인 의학 기술의 발전에 대한 내용이 아니므로 적절하지 않다.

② 혁신은 다양한 산업에서 중요한 변화를 위한 상황을 조성하고 있다. → 여러 산업에서의 혁신이 아닌 의료계의 혁신에 초점을 맞추고 있는 글이다.

③ 우리의 다음 목표는 마이크로바이옴과 인간 건강 사이의 찾기 어려운 연결고리를 찾는 것이다. → 이 연결고리를 찾을 가능성은 의료 기술 발전으로 인해 기대되는 여러 성과 중 하나에 불과하다.

해석 의학 기술이 발전함에 따라, 우리는 지난 세기보다 다음 10년 안에 의학 산업에서 더 많은 발전을 보는 것을 기대한다. 우리는 이미 우리의 신체 상태를 관찰하기 위해 웨어러블 기기를 사용한다. 생체 징후를 추적하는 것은 스마트폰 덕분에 전혀 부담이 되지 않는다. 게다가, 유전체 염기서열 분석의 비용은 매우 빨리 감소하여 곧 혈액 검사보다 더 저렴해질지도 모른다. 다음은 무엇일까? 기술이 계속 진화함에 따라, 우리는 인체 내 미생물 생태계와 인간의 건강 사이의 빠진 고리를 발견할 수도 있다. 이 발견은 질병을 완전히 제거할 흥미로운 전망의 문을 연다. 이러한 혁신의 집합점은 보건 의료에 있어서 지난 세기에 성취된 진보를 능가하는 중요한 돌파구들을 앞당긴다.

어휘 advance 진화하다 wearable device 웨어러블 기기 vital sign 바이털 사인, 활력 징후 by no means 결코 ~이 아닌 burden 부담, 짐 genome sequencing 유전체 염기 서열 분석 missing link 빠진 고리(전체를 이해하거나 완성하는 데 필요한 정보 같은 것) intriguing 아주 흥미로운 prospect 전망 eliminate 없애다 convergence 집합점 anticipate 앞당기다 breakthrough 돌파구 surpass 넘어서다 eradicate 뿌리째 뽑다 innovation 혁신 pave the way for ~을 위한 길을 닦다, 상황을 조성하다 keep track of ~을 기록하다

07

정답 ③

해설 명성을 위해 직업을 가지는 것의 위험성을 시사하는 글이다. 사회적으로 명망 있는 직업을 가져도 우리에게 성취감을 주지 않을 수 있기에, 보도 사진가나 신경 과학자와 같이 선망되는 직업을 가진 사람들도 오히려 자신의 직업에 불만족스러워한다고 언급되어 있다. 따라서 빈칸에 들어갈 말로 가장 적절한 것은 ③ '그들이 표면적으로 인상적인 직업을 가졌음에도 비참하다는'이다.

① 그들이 성취감을 주는 직업을 찾을 수 있었다는 → 명망 있는 직업을 가져도 성취감을 느끼지 못한다는 글의 내용과 반대된다.

② 그들이 타인으로부터 인정받기를 원한다는 → 그들은 표면적으로 선망의 대상이 되는 직업을 이미 가지고 있으므로 적절하지 않다.

④ 그들이 일과 가정 사이에서 균형을 유지한다는 → 일과 가정 사이의 균형을 잡아야 한다는 것에 대해 언급된 바가 없다.

해석 (사회적) 지위는 우리 자부심을 북돋우는 중요한 방안이 될 수 있다. 하지만 18세기 철학자 Jean-Jacques Rousseau가 경고했듯이, 타인의 시선으로 우리 자신을 판단하는 '명성을 위한 이 보편적 갈망'은 위험으로 가득하다. 사회적으로 명망 있지만, 매일 우리에게 성취감을 주지 않는, 우리가 마음속 깊이 전념하지 않는 직업을 우리 자신이 뒤쫓고 있음을 우리는 쉽게 발견할 수 있다. 강연하는 동안, 나는 보도 사진가 혹은 신경 과학자와 같이 표면적으로 선망의 대상이 되는 직업을 가지고 있음에도, 자신의 직업에 매우 불만족스러워하는 사람들을 끊임없이 만난다. 강연장의 다른 이들은 그들이 표면적으로 인상적인 직업을 가졌음에도 비참하다는 것을 믿기 어려워한다.

어휘 status (사회적) 지위 self-esteem 자부심 be fraught with~ (좋지 않은 것들이) 가득하다 prestigious 명망 있는, 일류의 intrinsically 본질적으로 be devoted to ~에 전념하다 on a day-to-day basis 매일 enviable 부러운, 선망의 대상이 되는 photojournalist 보도 사진가 neuroscientist 신경 과학자 fulfilling 성취감을 주는 outwardly 표면상으로 impressive 인상적인 strike a balance between ~사이에서 균형을 유지하다

08

정답 ②

해설 스포츠에서 연봉 상한제가 생긴 배경을 설명하는 내용의 글이다. 주어진 문장은 연봉 상한제가 비교적 최근 발전이라는 내용으로, 뒤에는 그 배경을 설명하기 위해 과거 1980년대 초의 미국 스포츠에서 강한 팀들이 스타 선수들을 영입하며 더 강해지는 추세를 설명하는 내용의 (B)가 이어져야 한다. 그다음으로, 이 추세를 This로 받아 이는 약체팀들이 결국 핵심 선수들을 놓치게 된다는 의미라고 말한 뒤에 이 악순환을 끊기 위해 스포츠 행정가들이 강제적인 규제가 필요하다고 동의했다는 내용의 (C)가 와야 한다. 마지막으로, 그 동의한 내용을 this idea, 강제적인 규제를 The new rules로 받아, 농구에 처음으로 적용된 연봉 상한제와 그 규제 내용을 설명하는 (A)로 글을 마무리하는 것이 자연스럽다. 따라서 글의 순서로 가장 적절한 것은 ② '(B) - (C) - (A)'이다.

해석 연봉 상한제는 팀이 선수들에게 지급할 수 있는 금액을 제한하는 것으로 비교적 최근의 발전이다. (B) 1980년대 초반 미국 스포츠는 전국적인 스타들의 공격적인 영입으로 매 시즌 큰 시장을 가진 팀들이 강세를 보이는 추세를 목격했다. (C) 이는 약체팀들이 매년 핵심 선수들을 계속해서 잃는다는 것을 의미하기도 했다. 이러한 악순환을 끊고 공정성을 기하기 위해서, 스포츠 행정가들은 강제적인 규제가 필요하다는 것에 동의했다. (A) 농구는 이 생각을 반영한 최초의 스포츠였다. 그 새로운 규칙은 어떤 팀도 그들의 명단에 세 명 이상의 가장 수입이 많은 선수들을 보유하는 것을 막았다.

어휘 salary cap 연봉 상한제 roster 명단 witness 목격하다 recruitment 채용 vicious cycle 악순환 fairness 공정성 administrator 행정인 compulsory 강제적인, 의무적인 regulations 규정

09

정답 ①

해설 자신감은 학습에 중추적인 역할을 하므로 자신감을 잃는다면 노력할 의지조차 상실하게 된다는 내용의 글이다. 따라서 글의 흐름상 가장 어색한 문장은 성공의 정의가 다양하다는 내용의 ①이다.

해석 자신감은 아이들이 배우는 것을 돕는다. 어른으로서, 우리는 종종 우리가 무엇을 가장 잘하는지와 우리에게 어떤 것들이 쉽고 자연스럽게 다가오는지에 대해 꽤 정확한 생각을 가지고 있다. 우리 자신의 능력에 대한 자신감은 성공을 향한 첫걸음이 된다. (성공의 정의는 사람마다 다를 수 있고 삶의 각 지점에 따라 다를 수도 있다.) 반면, 우리가 학습에 대해 부정적인 경험을 했다면, 우리는 우리 자신이 그 과목에서 부족하다고 딱지를 붙일지도 모른다. 우리가 아무리 노력해도 무언가를 할 수 없다고 믿을 때, 우리는 곧 포기하게 될 것이다. 수없이 많은 학생들은 스스로 특정 과목을 "잘 못한다"고 믿고 더 이상 노력하지 않는다. 심지어 상황이 바뀌어도 이 학생들은 노력할 동기를 잃는다.

어휘 fairly 꽤 label 딱지를 붙이다, 분류하다 deficient 부족한 give up 포기하다 countless 수없이 많은 bad at ~을 잘 못하는 particular 특정한

10

정답 ③

해설 마지막 3번째 문장에서 지지하는 상사를 잃거나 상황이 악화될 때 번아웃을 경험할 수 있다고 언급되므로, 글의 내용과 일치하지 않는 것은 ③ '지지하는 상사의 상실이나 부정적인 변화는 스트레스의 원인이 될 수 있다.'이다.
① 스트레스는 엄격한 마감 기한 하에 일할 때 흔히 발생한다. → 4번째 문장에서 언급된 내용이다.
② 번아웃은 장기간에 걸쳐 발생하는 반면 스트레스는 더 짧게 지속되는 경향이 있다. → 3, 6번째 문장에서 언급된 내용이다.
④ 헌신이나 열정 없이 무언가를 하는 것은 번아웃의 신호이다. → 마지막 2번째 문장에서 언급된 내용이다.

해석 스트레스와 번아웃 사이의 차이점은 무엇인가? 이 둘은 몇 가지 특성을 공유하지만, 뚜렷한 차이가 있다. 스트레스는 종종 비교적 단기적이고, 일이 통제 불능이라는 느낌에 의해 흔히 야기된다. 특히 대규모 프로젝트를 하고 있거나 촉박한 마감 기한 하에 있을 경우 당신은 며칠 연속해서 스트레스를 경험할 수 있다. 그러나, 일단 상황이 바뀌면, 스트레스는 종종 줄어들거나 완전히 사라진다. 번아웃은 흔히 장기간에 걸쳐 발생한다. 당신의 일이 무의미하다고 믿거나, 예를 들어, 지지하는 상사를 잃거나 업무량이 지속 가능한 지점 이상으로 증가하는 등 상황이 악화될 때 당신은 번아웃을 경험할 수 있다. 당신은 진정으로 관여하는 대신 마지못해하는 척하게 된다. 이것은 시간이 지남에 따라 냉소적 태도, 피로, 때때로 형편없는 업무수행을 초래한다.

어휘 burnout 번아웃, 탈진 in a row 연속해서 take place 발생하다 meaningless 무의미한 workload 업무량 go through the motions 마지못해하는 척하다 over time 시간이 지남에 따라 lead to ~을 초래하다 cynicism 냉소적 태도 exhaustion 피로, 고갈 contribute to ~에 기여하다 commitment 헌신 enthusiasm 열정

Score : / 10

01	④	02	③	03	②	04	④	05	③
06	④	07	②	08	②	09	④	10	③

01

정답 ④

해설 일상 활동을 포착하는 카메라 네트워크가 확대된다는 것을 미루어 보아 빈칸에는 이로 인해 발생하는 문제점과 관련된 내용이 와야 함을 알 수 있다. 따라서 빈칸에 들어갈 말로 가장 적절한 것은 ④ 'surveillance(감시)'이다.
① 미신 ② 우월, 지배 ③ 차별

해석 지속적인 감시는 일상 활동을 포착하는 확대되는 카메라 네트워크들에 불안해하는 프라이버시 옹호자들의 우려를 불러일으킨다.

어휘 ongoing 계속 진행 중인 advocate 옹호자 expanding 확대되는

02

정답 ③

해설 빈칸 뒤에 '대대로'라는 표현으로 미루어 보아 앞에는 전통과 가보가 대대로 물려 내려온다는 내용이 와야 한다. 따라서 빈칸에 들어갈 말로 가장 적절한 것은 ③ 'handed down(물려주다)'이다.
① 통과하다 ② 시험 삼아 해보다 ④ 줄 서다

해석 집안에서는 전통과 가보가 대대로 물려지는 경우가 많다.

어휘 family treasure 가보 from generation to generation 대대로

03

정답 ②

해설 (carried → was carried) 주어 The car는 견인차에 의해 '운반된' 것이므로 능동사 carried를 수동태 was carried로 고쳐야 한다. destroyed in the accident는 The car를 수식하는 과거분사구이며, 차가 '파손된' 것이므로 과거분사 destroyed의 쓰임은 적절하다.
① suppose는 '~하기로 되어 있다'라는 의미일 때 'be supposed to RV'로 쓰이므로 was supposed to phone은 적절하다. 이때 phone은 동사 '전화를 걸다'라는 뜻도 가지고 있으므로, to phone의 쓰임도 적절하다.
③ 문두에 부정어인 never가 나왔으므로 주어와 동사가 의문문의 어순으로 도치된 Never did she imagine은 적절하게 쓰였다. 또한 명사를 수식하는 형용사 such의 뒤에서 '관사(a) + 형용사 + 명사'의 어순도 알맞게 쓰였다.
④ 그가 집에서 살았던 시점은 그가 집을 떠난 시점보다 더 이전이므로, 과거완료 시제로 쓴 had lived는 적절하게 쓰였다.

해석 ① Jane은 어젯밤에 나에게 전화해야 했지만 하지 않았다.
② 사고로 파손된 차량이 견인차에 의해 운반되었다.
③ 그녀는 자신이 그렇게 큰 손실을 겪을 것이라고는 상상도 하지 못했다.
④ 그는 자신이 여러 해 동안 살았던 집을 떠날 때 슬퍼했다.

어휘 phone 전화를 걸다 accident 사고 carry away ~을 운반해 가다 tow 견인 suffer 시달리다, 겪다 loss 손실

04

④

(life may seem difficult → difficult life may seem) '아무리 ~해도'라는 뜻의 복합관계부사 however가 쓰이는 절은 'however + 형용사/부사 + S + V'의 어순을 취한다. 따라서 동사 seem의 보어로 쓰인 형용사 difficult가 however 바로 뒤에 있도록 고쳐야 한다.
① '계속 ~하다'는 'keep (on) RVing'로 나타내므로 dozing off는 적절하게 쓰였다.
② 'A와 B는 별개의 문제이다'는 'A is one thing and B is another'로 쓰므로 부정대명사 one과 another의 쓰임은 적절하며, 이때 각각의 주어로 쓰인 동명사구의 쓰임도 적절하다.
③ 'A가 RV를 못 하게 하다'는 'prevent A from RVing'로 나타낼 수 있으므로 prevented the company from relocating은 적절하다. 참고로, 여기서 relocate는 '이전하다'라는 뜻의 자동사로 쓰였다.

doze off 잠이 들다 relocate 이전하다

05

③

A가 자신이 작년에 저축한 돈에 관해 대화를 나누고 있는 상황이다. B가 돈을 많이 저축한 특별한 이유가 있는지 묻고 있으므로 빈칸에는 이에 대한 올바른 응답이 와야 한다. 따라서 빈칸에 들어갈 말로 가장 적절한 것은 ③ '저는 제 첫 차를 사기로 결심했어요'이다.
① 제가 생각했던 것보다 훨씬 비싸네요
② 당신은 만일의 경우를 대비해 저축을 했어야 했어요
④ 더딘 시작 후에 마침내 이익을 내고 있어요

A: 제가 작년에 얼마나 저축했는지 보세요!
B: 와, 꽤 많은 돈이네요.
A: 그렇지 않나요? 저 자신이 너무 자랑스러워요.
B: 그렇게 많은 돈을 저축한 특별한 이유가 있나요?
A: 사실, 저는 제 첫 차를 사기로 결심했어요.

save up (돈을) 모으다 for a rainy day 만일의 경우에 대비하여 make up one's mind 결심하다 turn a profit 이익을 내다

06

④

자동 교정의 오류가 불러온 피해를 유전학계의 사례와 함께 소개한 글이다. 마이크로소프트 엑셀과 같은 스프레드시트 프로그램에서 유전자 약어를 날짜 형식으로 변환하는 등의 자동 교정 오류가 발생하며, 이는 계속해서 연구에 문제를 발생시킨다고 하였다. 따라서 글의 제목으로 가장 적절한 것은 ④ '자동 교정의 끊임없는 문제: 오류가 만연하다'이다.
① 학술 문헌의 오랜 비밀 공개하기 → 학술 문헌에 숨겨진 비밀을 밝히는 내용의 글이 아니다.
② 자동 교정 덕분에 예상치 못한 유전적 발견 → 유전학자들에게는 자동 교정이 오히려 골칫거리라는 내용이므로 유전자의 소재만 사용한 제목일 뿐 글과 관계없다.
③ 5년 후: 자동 교정의 시련과 성공 → 자동 교정의 성공과 관련된 사례는 언급되지 않았다.

당혹스러운 자동 교정 오류는 종종 소셜 미디어 스레드에 있는 웃긴 콘텐츠가 된다. 그러나 그것들은 마이크로소프트 엑셀과 같은 스프레드시트 프로그램을 사용하는 유전학자들의 큰 골칫거리이기도 하다. 발표된 유전자 목록의 분석에 따르면, 한 연구가 자동 교정 문제가 만연하다는 것을 보여준 후 5년이 지나서도, 학술 문헌은 여전히 오류로 가득한 스프레드시트로 가득 차 있다. 그리고 문제는 이전에 인지되었던 것보다 훨씬 더 심각할지도 모른다. 유전자 이름의 축약된 형태가 날짜로 잘못 인식되고 엑셀이나 구글 시트에 의해 자동 교정 될 때 그 오랜 문제가 자주 발생한다. 예를 들어, SEPT4(septin 4)와 MARCH1(세포막 관련 ring-CH-type finger 1)이 자동으로 4-Sep(9월 4일)과 1-Mar(3월 1일)로 바뀔 것이다. "이것은 당신의 연구에 중요한 영향을 미칠 수 있다"라고 호주 시드니 대학의 분자생물학자 Auriol Purdie가 말한다.

autocorrect 자동 교정 end up as 결국 ~이 되다 headache 두통거리, 골칫거리 geneticist 유전학자 riddled 가득 찬 abbreviated 축약된 molecular biologist 분자생물학자 unveil 공개하다 trial 시련, 고난 triumph 승리, 대성공 everlasting 끊임없는 prevail 만연하다

07

정답 ②

해설 새치기할 권리를 판매하는 관행을 지적하는 내용의 글이다. 식당뿐만 아니라 놀이공원도 이를 관행 삼아 시행하고 있다. 빈칸 뒤에서 몇몇 공원에서는 새치기할 권리를 구매한 프리미엄 손님들을 뒷문과 별도의 게이트로 안내하여 일반 사람들의 눈을 피하려 한다고 했으므로, 빈칸에 들어갈 말로 가장 적절한 것은 ② '덮어 감춘다'이다.
① 남용한다 → 특권을 남용하기보다는 감추기에 급급하다는 맥락이 적절하다.
③ 폐지한다 → 새치기할 특권을 없애기보다 오히려 그 특권을 판매하는 관행이 늘어나고 있다는 것이 글의 핵심이므로 적절하지 않다.
④ 밝게 비춘다 → 새치기할 특권을 은밀히 제공한다는 글의 내용과 반대된다.

해석 아무도 줄 서서 기다리는 것을 좋아하지 않는다. 가끔 당신은 새치기하기 위해 돈을 낼 수도 있다. 고급 레스토랑에서 웨이터에게 상당한 팁을 주면 바쁜 밤에 기다리는 시간을 단축할 수 있다는 것은 오래전부터 알려져 있었다. 이런 팁은 뇌물에 가까우며 조심스럽게 다뤄진다. 50달러 지폐를 주인에게 은밀하게 건네려는 사람들에게 즉시 좌석이 마련된다는 것은 창문에 명시되어 있지 않다. 그러나 최근 들어 새치기할 권리를 판매하는 것이 그늘에서 벗어나 익숙한 관행이 되었다. 놀이공원들도 또한 새치기할 권리를 팔기 시작했다. 흥미롭게도, 놀이공원은 종종 그들이 파는 특별한 특권을 덮어 감춘다. 일반 손님들의 기분을 상하게 하지 않기 위해 일부 공원에서는 프리미엄 손님을 뒷문과 별도의 게이트로 안내한다.

어휘 jump the line 새치기하다 handsome 상당한, 많은 bribe 뇌물 discreetly 조심스럽게 cut in line 새치기하다 amusement park 놀이공원 privilege 특전, 특권 offend 기분 상하게[불쾌하게] 하다

08

정답 ②

해설 피라미드를 노예들이 지었다는 설을 여러 증거를 통해 반박하는 글이다. 주어진 문장은 고왕국 시대의 자료들에는 노예들의 존재에 대한 내용이 없다는 것으로 however에 유의하면 주어진 문장 앞에는 노예의 존재를 긍정하는 내용이 나오는 것이 자연스럽다. 그러므로 주어진 문장은 ① 또는 ②에 들어가야 한다. 이때 ② 뒤에서 일꾼들이 보살핌을 잘 받았다는 내용이 나오는데, 이는 ② 앞의 내용과 상반되는 맥락임을 알 수 있다. 따라서 주어진 문장이 들어갈 위치로 가장 적절한 곳은 ②이다.

해석 누가 피라미드를 지었는지에 관해서는 많은 이론들이 있었다. 외계인이 지었다는 터무니없는 제안을 무시하고, 이집트 노예나 히브리인 또한 보편적인 제안들이다. 기원전 5세기에 이집트에 대해 쓴 Herodotus는 Khufu왕이 그의 백성들 중 상당수를 강제로 노예로 만들어 Giza에 그의 대피라미드를 세웠다고 언급한다. 그러나 고왕국 시대의 원문 자료들은 노예들의 존재에 대해 침묵하고 있다. 만약 우리가 Menkaure의 피라미드 남쪽에 있는 도시 지역을 본다면, 그곳에 살던 일꾼들은 잘 보살핌을 받았다는 것이 곧 명백해진다. 고고학자들은 마을에서 빵집, 양조장, 도살장 시설뿐만 아니라 노동자들의 숙소 역할을 했던 몇몇 길쭉한 방들도 발견했다. 많은 노동자들 또한 피라미드 도시 근처에 무덤을 가지고 있었다. 노예들에게는 확실히 그런 편의시설이 제공되지 않았다.

어휘 as to ~관해 disregard 무시하다 absurd 터무니없는 Hebrew 히브리인 subject 백성 slavery 노예 신분 presence 존재 townsite 도시(계획)지역 look after 보살피다 archaeologist 고고학자 brewery 양조장 butchery 도살장 installation 시설 gallery 길쭉한 방 amenity 편의시설

09

정답 ④

해설 문화에 따라 아이들이 다른 연령대의 아이들과 어울리기도 하고, 같은 연령대의 아이들과 놀기도 한다는 내용의 글이다. (A) 앞은 다른 문화의 관행과 우리 문화의 관행은 많이 다를 수 있다는 취지의 내용이고, (A) 뒤에서 이에 관한 예시를 소개하고 있으므로 (A)에 들어갈 연결사로 가장 적절한 것은 For instance 이다. 또한, (B) 앞에서는 중앙아메리카와 마야에서 아이들은 나이대로 구분되지 않고 형제자매 또는 친척들과 어울린다는 내용을 설명하고 있고, 뒤에서는 이와 대조적으로 비슷한 연령끼리 어울리는 문화를 가진 캐나다와 미국의 사례를 소개하고 있다. 따라서 (B)에 들어갈 연결사로 적절한 것은 In contrast이다.

해석 우리 모두는 우리 공동체의 사람들이 일을 하는 방식을 당연한 것으로 받아들이는 경향이 있다. 먼 곳을 여행할 때, 우리 자신의 사회생활과 그것의 문화적 관행에 대한 우리의 가정은 도전을 받을 수도 있다. 예를 들어, 학교 밖에서 연령에 따른 아이들의 분리는 세계의 많은 지역에서 매우 흔하지 않은 일이다. 중앙아메리카의 마야 지역사회의 어린이들은 학교 밖에서 다른 동갑내기 아이들과 보내는 시간이 10%도 채 되지 않는다. 그들은 그들 연령 집단에 있지 않은 형제자매와 다른 어린 친척들과 시간을 보낼 가능성이 훨씬 더 높다. 대조적으로, 캐나다와 미국의 어린이들은 자유 시간의 대부분을 축구, 발레, 체스 클럽, 길거리 게임과 같은 조직적인 활동에서 또래들과 보내는 것이 훨씬 더 흔한 일이다.

어휘 take sth for granted ~을 당연한 것으로 받아들이다 assumption 가정 practice 관행 challenge 도전하다 segregation 분리, 구분 sibling 형제자매 relative 친척

10

정답 ③

해설 5번째 문장에서 현대 해안 경비대의 기원은 여러 지역사회에서 설립한 민간 단체에서 찾을 수 있다고 언급되므로, 글의 내용과 일치하지 않는 것은 ③ '현대의 해안 경비대는 조난을 당한 배를 돕는 국가 조직 단체로부터 유래했다.'이다.
① 해안선이 있는 거의 모든 국가에는 해안 경비대가 있다. → 2번째 문장에서 언급된 내용이다.
② 해안 경비대는 항해, 국가 안보, 해양 안전 등에 관한 업무를 수행한다. → 3번째 문장에서 언급된 내용이다.
④ 해상 안전성의 향상은 공적인 해안 경비대의 출범에 기여했다. → 마지막 문장에서 언급된 내용이다.

해석 해안 경비대의 기능은 나라의 위치에 따라 달라진다. 해안선을 가지고 있는 거의 모든 국가는 이런 종류의 조직을 가지고 있지만, 그것의 성격은 군대의 한 지점에서부터 모두 자원봉사로 이루어지는 민간 기관에 이르기까지 다양할 수 있다. 해안 경비대원은 항법, 국가 안보, 해양 안전과 관련된 여러 가지의 업무를 수행할 수 있다. 그들은 주로 항구에 배치되며, 배 외에도 트럭, 헬리콥터, 고정익 항공기 및 기타 자원 차량 무리를 지킬 수도 있다. 현대의 해안 경비대의 기원은 여러 공동체가 바다에서 난파 사건에 연루된 배들을 돕기 위해 민간 단체들을 설립했던 1800년대에서 찾을 수 있다. 이 단체들은 필요에 따라 구조 및 인양 작전대를 보내곤 했다. 그리고 그들은 부표와 등대 같은 항법 표지를 만들기 위한 정부의 조직적인 노력을 지지했다. 그런 집단이 만들어낸 해양 안전의 개선은 보다 공식적인 해안 경비대의 조직에 박차를 가했다.

어휘 coast guard 해안 경비대 vary 다르다, 가지각색이다 shoreline 해안선 volunteer 자원봉사(의) civilian 민간의 post 배치하다 harbor 항구 maintain 지키다, 방어하다 fleet (한 기관이 소유한 전체 비행기, 버스, 택시 등의) 무리 fixed-wing aircraft 고정익 항공기 aid 돕다 wreck 난파 rescue 구조(의) salvage (난파선의) 인양(의) buoy 부표 lighthouse 등대 maritime 바다의, 해양의 spur 박차를 가하다

01	④	02	②	03	③	04	③	05	④
06	②	07	②	08	④	09	③	10	②

01

정답 ④

해설 고객 만족도를 높이고 시장 수요를 충족시키기 위해 새로운 기능의 출시는 빠르게 진행될 것으로 추측할 수 있다. 따라서 빈칸에 들어갈 말로 가장 적절한 것은 ④ 'accelerate(가속화하다)'이다.
① 보호하다, 가리다 ② 위반[침해]하다 ③ 연기하다, 일시 중지하다

해석 그 소프트웨어 회사는 고객 만족도를 높이고 시장 수요를 충족시키기 위해 새로운 기능의 출시를 가속화할 예정이다.

어휘 release 출시 feature 기능 elevate 높이다, 올리다 customer satisfaction 고객 만족 meet 충족시키다 demand 수요

02

정답 ②

해설 come in handy는 '유용해지다, 도움이 되다'라는 뜻으로, 이와 의미가 가장 가까운 것은 ② 'was of use(유용하다)'이다.
① 화를 내다 ③ 요점을 파악하다 ④ 활기를 띠다

해석 휴대용 발전기는 정전 동안 필수 기기에 전기를 공급하는 데 도움이 되었다.

어휘 portable 휴대용의 generator 발전기 power outage 정전

03

정답 ③

해설 주어가 복수 명사 Workers이므로 복수 동사 face가 온 것은 적절하며, 등위접속사 or로 연결되어 주어를 수식하는 현재분사구 doing construction work와 repairing roofs의 쓰임은 적절하다.
① (form → forms) one of 뒤에 '[최상급] + 복수명사'가 와야 하므로 단수 명사 form을 forms로 고쳐야 한다. 전치사 of의 목적어로 온 동사 lie의 동명사 lying의 쓰임은 적절하다.
② (what → how) 4형식 동사로 쓰인 teach의 직접목적어 자리에 명사 역할을 할 수 있는 '의문사 + to RV'가 오고 있다. 하지만 what 뒤에는 불완전한 형태가 와야 하는데, 여기서는 to stay healthy라는 완전한 형태의 to 부정사구가 오고 있다. 문맥상으로도 '무엇을 ~할지'를 뜻하는 'what + to RV'가 아닌 '어떻게 ~하는지'를 뜻하는 'how + to RV'가 오는 것이 적절하므로, 의문대명사 what을 뒤에 완전한 형태의 to 부정사구를 취할 수 있는 의문부사 how로 고쳐야 한다.
④ (be → being) In addition to는 전치사이므로 뒤에 명사에 상응하는 어구가 와야 한다. 따라서 be를 동명사 being으로 고쳐야 한다. 이때 주어 he가 '승진한' 대상이므로 수동의 과거분사 promoted는 적절하다.

해석 ① 자서전은 아마도 거짓말하기의 가장 강력한 형태 중 하나일 것이다.
② 이 책은 바쁜 일정 속에서도 어떻게 건강하게 지내는지를 알려준다.
③ 건축 공사를 하거나 지붕을 수리하는 작업자는 다양한 잠재적 위험에 직면하게 된다.
④ 그는 이사로 승진되는 것 외에 별도의 인사권도 갖게 된다.

어휘 autobiography 자서전 lie 거짓말하다; 거짓말 construction 건축 face 직면하다 potential 잠재적인 hazard 위험 promote 승진하다 personnel 인사의

04

정답 ③

해설 (check → checked) 사역동사 have는 목적어와 목적격 보어의 관계가 능동이면 RV를, 수동이면 p.p.를 목적격 보어로 취한다. 여기서는 혈압이 '확인되어야' 하는 것이므로, 동사원형 check을 과거분사 checked로 고쳐야 한다.
① '오르다, 일어나다'라는 뜻을 가진 자동사 rise의 쓰임은 적절하며, 비교의 대상이 올해 매출과 작년의 매출이므로 앞에 나온 복수 명사 the sales와의 반복을 피하기 위해 사용된 대명사 those of의 쓰임도 적절하다.
② 주어 the parliamentary election은 '치러지는' 것이므로 수동태 is held의 쓰임은 적절하다. 또한 every는 '~마다'라는 뜻으로 쓰일 때, 'every + 기수 + 복수명사' 또는 'every + 서수 + 단수명사'의 형태를 취하므로 every four years도 옳게 쓰였다.
④ 'may as well A as B'는 'B하는 것보다 A하는 것이 더 낫다'라는 표현으로, A와 B에는 동사원형이 들어간다. 따라서 우리말과 뜻이 같도록 적절하게 표현되었다. 참고로 '~하는 것도 당연하다'라는 뜻의 'may well RV'와의 구별에 유의해야 한다.

어휘 sales 매출, 판매 parliamentary election (국회)의원 선거 high blood pressure 고혈압 stay up late 늦게까지 깨어 있다

05

정답 ④

해설 발표에 관해 대화를 나누고 있는 상황이다. A가 B에게 안색이 안 좋아 보인다며 괜찮은지 물어보자 B가 발표가 떨리고 부담스럽다고 말하고 있다. 이에 A는 격려를 해줄 것으로 추측할 수 있으므로, 빈칸에 들어갈 말로 가장 적절한 것은 ④ '심호흡을 좀 해봐요. 당신은 할 수 있어요.'이다.
① 당신이 그럴 필요는 없었어요.
② 오늘은 여기까지 하는 게 어때요?
③ 저한테 맡겨요. 제가 회의를 진행할게요.

해석 A: Tom, 아침 발표 준비는 다 되었나요?
B: 사실 발표가 오후로 밀려서요.
A: 그럼, 당신이 좀 더 자세히 살펴볼 시간이 생기네요. 그런데 안색이 창백해 보여요. 모든 게 괜찮나요?
B: 그냥 발표가 떨리네요. 제가 이것을 위해 얼마나 열심히 일했는지 아시죠?
A: 이해해요, 긴장되는 게 정상이에요. 심호흡을 좀 해봐요. 당신은 할 수 있어요.

어휘 go through ~을 살펴보다 pale 창백한 call it a day 그만 끝내다 you've got this 할 수 있다

06

정답 ②

해설 스모킹 건이라는 용어와 그 유래를 설명하는 글이다. Nixon 대통령이 워터게이트 수사 중단 명령을 내린 내용이 담긴 녹음테이프가 'Smoking-Gun Tape'로 불리며 그 용어가 널리 알려지게 되었다. 따라서 글의 주제로 가장 적절한 것은 ② '스모킹 건이 어떻게 그 이름을 얻게 되었는지'이다.

① 확실한 증거를 확보하는 방법 → 스모킹 건의 개념이 반박할 수 없는 사실의 증거라고 설명할 뿐, 그 증거를 확보하는 방법에 관한 글이 아니다.

③ 어떻게 총기 규제법이 제정되었는지 → 총기 규제에 관한 내용이 아니다.

④ 워터게이트 스캔들이 어떻게 종결되었는지 → 워터게이트 스캔들은 스모킹 건 용어의 유래를 설명하기 위한 부연일 뿐, 이 사건에 초점을 맞추는 글이 아니다.

해석 스모킹 건은 어떤 범죄가 발생했거나 누군가가 유죄라는 것을 결정적으로 증명하는 사실이나 물건을 나타내는 반박할 수 없는 사실의 증거이다. 스모킹 건은 누군가가 연기 나는 총(smoking gun)을 들고 있는 것이 발견되면 총격을 목격했든 아니든 그 사람이 최근에 그 총을 발사했다고 가정하는 것이 합리적이라는 사실에서 파생된 비유적인 용어이다. 스모킹 건이라는 용어는 1970년대 워터게이트 수사 당시 백악관의 특정 녹음테이프가 'Smoking-Gun Tape'라고 불렸을 때 널리 퍼졌다. 그 녹음에서 Nixon은 Halderman에게 CIA와 FBI에 국가 안보를 보호한다는 명목으로 워터게이트 침입 (사건) 수사를 중단할 것을 명령했다. 워터게이트 의회 청문회에서 Barber Conable 하원의원은 새로운 증거가 "스모킹 건처럼 보였다"고 말했다.

어휘 smoking gun 명백한 증거 irrefutably 반박의 여지 없이 figurative 비유적인 be derived 파생되다 witness 목격하다 popularize 대중화하다, 널리 퍼지다 be dubbed ~라고 불리다 break in 침입 under the pretext ~의 명목으로 congressional 의회의 hearing 청문회 representative 하원 의원 enact 제정하다

07

정답 ②

해설 우리는 우리가 자신을 어떻게 바라보는지와 타인이 우리를 어떻게 바라보는지를 일치시키려고 한다는 것이 글의 핵심이다. 글에서 소개된 사례에서 자신을 정직하다고 생각하는 사람들은 그러한 생각과 일치하지 않는 타인의 평가를 인식할 때, 자기 생각이나 행동을 바꿔 두 상반되는 평가 간 차이를 줄임으로써 일관성을 유지하려 하는 것을 알 수 있다. 따라서 빈칸에 들어갈 말로 가장 적절한 것은 ② '일관성'이다.

① 정직성 → 정직성은 이 글에서 주장하는 바를 설명하기 위한 예시에 불과하며, 오히려 정직성을 유지하려고 했다면 자신을 속이거나 남 탓을 하는 등의 양상은 보이지 않았을 것이다.

③ 양심 → ①번 오답 해설과 마찬가지로, 자신을 속이거나 남 탓을 하는 행위를 양심적인 것으로 보기는 어렵다.

④ 인식 → 자신에 대한 인식과 자신을 향한 타인의 인식 사이에서 인식을 유지하려고 한다는 말 자체가 성립되지 않으며, 이 둘을 단순히 인식하는 것을 넘어서 일치시키려 한다는 것이 글의 핵심이므로 적절하지 않다.

해석 우리는 우리가 자신의 모습을 어떻게 보는지, 자신이 어떻게 행동한다고 보는지, 그리고 다른 사람들이 우리를 어떻게 인식한다고 인지하는지 사이의 일관성을 유지하려고 노력한다. 자신을 정직하다고 생각하고, 자신을 정직하게 행동한다고 보고, 다른 사람들이 자신을 정직하다고 인식한다고 인지하는 사람은 일치를 경험할 것이다. 그러나 만약 그러한 사람이 부정직하다고 비난받는다면, 그는 다양한 방법으로 일치를 회복시키려고 노력할 것이다. 그는 자신을 보는 방식을 바꾸거나, 자신을 비난하는 사람을 비판하거나, 고발자의 의견을 바꾸는 방식으로 행동할 수 있다. 만약 자신을 정직하다고 생각하는 사람이 자신이 부정직하게 행동했다는 것을 깨닫는다면, 그녀는 죄책감을 느낄 것이다. 일을 바로잡기 위해, 그녀는 행동을 바꿀지도 모른다. 그렇지 않으면, 그녀는 자신이 사실 정직했다고 생각하도록 스스로를 속일 수도 있다. 아니면, 그녀는 자신의 행동에 대한 책임을 돌릴 다른 사람을 찾을지도 모른다.

어휘 congruency 일치 be accused of ~으로 비난받다 restore 회복시키다 accuser 비난자, 고발자 fix 바로잡다 trick into 속여서 ~하게 하다

08

정답 ④

해설 Anne Sullivan이 Helen Keller에게 손가락 철자법을 가르친 과정을 설명하는 내용의 글이다. 주어진 글은 Anne Sullivan과 손가락 철자법을 간략히 소개하고 있는데, 이 방법을 this로 받아 Anne이 손가락 철자법을 Helen에게 어떻게 가르치기 시작했는지를 설명하는 내용의 (C)가 뒤에 이어져야 한다. 그다음으로 At first를 통해 처음에는 Helen이 이 방식을 이해하지 못했음을 나타내는 내용의 (A)가 와야 한다. 마지막으로, But을 통해 어려움이 있었지만 마침내 Helen이 손가락 철자법을 이해한 순간을 보여주는 (B)로 글을 마무리하는 것이 자연스럽다. 따라서 글의 순서로 가장 적절한 것은 ④ '(C) - (A) - (B)'이다.

해석 Anne Sullivan은 Helen이 7살이던 1887년 3월 Helen Keller의 삶에 나타났다. Anne은 Helen에게 '손가락 철자법'을 가르쳤는데, 이는 Helen이 마침내 주변 사람들과 의사소통을 할 수 있게 해주었다. (C) 이를 위해 Anne은 Helen에게 인형과 같은 물체를 주고 그녀의 손바닥에 'd-o-l-l'이라는 단어를 정성 들여 썼다. (A) 처음에 Helen은 그녀의 손바닥 위의 글자와 물건들 사이의 연관성을 파악하지 못했다. (B) 하지만, Anne이 Helen을 바깥에 있는 물 펌프로 데려가 'w-a-t-e-r'의 철자를 Helen의 손바닥에 쓰며 그 소녀의 다른 손 위로 물이 흐르도록 했을 때, 그 유명한 '아하!' 순간이 찾아왔다.

어휘 finger spelling 손가락 철자법 trace 정성 들여 쓰다 palm 손바닥

09

정답 ③

해설 시간 제약으로 감정 운전을 하게 될 경우의 위험성을 시사하는 내용의 글이다. 시간 제약은 조바심을 유발하고 위험을 감수하는 행동을 증가시키며 사고 가능성도 높일 수 있으므로 안전한 운전 습관을 확립하기 위해 시간을 잘 관리해야 한다고 설명하고 있다. 따라서 글의 흐름상 가장 어색한 문장은 졸음운전의 원인을 설명하는 내용의 ③이다.

해석 감정적 운전의 공통된 원인은 시간 제약이다. 당신이 아침에 현관을 나서서 일터로 향하려고 할 때, 당신은 조급함과 스트레스를 느낄 수도 있다. 이러한 조바심은 더 빠른 속도에 이르거나 차량 사이에서 차선을 이리저리 변경하는 것처럼, 당신으로 하여금 운전 중 더 큰 위험을 감수하게 할 수 있다. 이러한 관행은 위험하며 심각한 사고를 야기할 수 있는데, 이는 당신을 병원에 입원시키거나 그게 아니더라도 약속에 훨씬 더 늦게 할 수 있다. (졸음운전으로 인한 높은 교통사고 건수는 운전자가 피곤할 때 얼마나 자주 운전대를 잡았느냐에 원인이 있을 가능성이 크다.) 만약 당신이 매일 서두르는 자신을 발견한다면, 스스로에게 여분의 시간을 주기 위해 좀 더 일찍 일어나거나 아침 일상에서 무언가를 생략하는 것을 시도해라. 이렇게 하면 당신은 스트레스를 없앨 것이며 안전하게 운전할 수 있다.

어휘 constraint 제약 feel rushed 조급함을 느끼다 impatience 조바심 take risks 위험을 감수하다 practice 관행 appointment 약속 drowsy 졸리는 get behind the wheel 운전하다 routine 일상 eliminate 없애다

10

정답 ②

해설 4번째 문장에서 현재 아이비리그의 학생들은 과거처럼 부유한 백인 개신교 남성으로만 이루어진 것이 아니라고 언급되므로 과거에는 부, 인종, 종교, 성별 같은 요건들이 아이비리그 학교의 입학 조건이었음을 알 수 있다. 따라서 글의 내용과 일치하는 것은 ② '부와 인종은 학교 입학을 위한 자격요건 중 일부이곤 했다.'이다.
① 아이비리그는 개교 이후부터 변화에 개방적이었다. → 2번째 문장에서 그 학교들은 설립 이후 기준과 전통을 유지하려고 노력해 왔다고 언급되므로 옳지 않다.
③ 아이비리그 학교들은 처음에는 남녀공학이었다. → 5번째 문장에서 남성만 다니는 기관으로 시작되었다고 언급되므로 옳지 않다.
④ 졸업생들의 기부금은 아이비리그 학교들에게는 작은 수입원이다. → 마지막 문장에서 학비와 졸업생들의 기증으로 인한 수입에 주로 의존한다고 언급되므로 옳지 않다.

해석 아이비리그(The Ivy League)는 미국 동북부에 있는 8개의 사립 대학들을 칭하는 유명한 명칭이다. 설립된 이후, 아이비리그 학교들은 그들의 기준과 전통을 유지하려고 노력해 왔다. 그러나 그들은 동시에 그들에 대한 비판을 들었으며 시대에 따라 변화했다. 오늘날, 그들의 학생 인구는 과거처럼 부유한 백인 개신교 남성으로만 이루어진 것이 아니다. 이 학교들은 남성만 다니는 기관으로 시작되었지만, 현재 학생들의 거의 절반이 여성이다. 변하지 않은 한 가지 전통은 졸업생 기부의 전통이다. 아이비리그 학교들은 학생들을 교육하기 위하여 정부 기금을 받지 않는다. 그들은 학비와 주로 졸업생들의 기증으로 인한 수입에 의존한다.

어휘 northeastern 북동부의 criticism 비판 made up of ~으로 이루어져 있는 Protestant 개신교도 institution 기관, 단체 alumni 졸업생들 tuition 학비, 수업료 requirement 자격요건 admission 입학 initially 처음에는 coeducational 남녀공학의 minor 작은 income 수입

회차 **10** 하프 모의고사		Date : . . .
		Score : / 10

01	④	02	②	03	④	04	③	05	①
06	④	07	②	08	④	09	①	10	④

01

정답 ④

해설 진심 어린 사과를 하고 불만을 처리할 것을 약속했다는 내용으로 미루어 보아 빈칸에는 군중을 회유하는 것과 관련된 내용이 와야 함을 알 수 있다. 따라서 빈칸에 들어갈 말로 가장 적절한 것은 ④ 'appease(진정시키다)'이다.
① 끌어내다 ② 파묻다 ③ 두렵게 하다

해석 격앙된 군중을 진정시키기 위해 시장은 진심 어린 사과를 하고 그들의 불만을 처리할 것을 약속했다.

어휘 enraged 격앙된 heartfelt 진심 어린 pledge 약속하다 attend to ~을 돌보다, 처리하다 grievance 불만

02

정답 ②

해설 wear out은 '닳다, 마모되다'라는 뜻으로, 이와 의미가 가장 가까운 것은 ② 'erode(약화되다)'이다.
① 관개하다 ③ ~보다 더 오래 살다 ④ 흩뿌리다

해석 소파는 몇 년 동안 사용된 후 닳기 시작했고, 눈에 보이는 마모의 흔적이 있었으며 원래의 편안함을 잃었다.

어휘 fraying 닳아 해어짐 comfort 편안함

03

정답 ④

해설 (to play → to play with) to play는 older children을 수식하는 형용사 역할을 하는데, 이때 play는 자동사이고 의미상 친구들과 노는 것이므로 to play 뒤에 전치사 with가 와야 한다. 따라서 to play를 to play with로 고쳐야 한다. 이때 having은 사역동사가 아닌 일반동사의 의미로 쓰인 점에 주의한다.
① a great deal of stimulation을 선행사로 받아 목적어가 없는 불완전한 절을 이끌고 있는 목적격 관계대명사 which의 쓰임은 적절하다.
② 목적을 나타내는 to 부정사는 'in order to RV'로 바꾸어 쓸 수 있으므로 to win의 쓰임은 적절하다.
③ 등위접속사 or이 동명사구 seeing his father smile과 hearing his mother's praise를 연결하고 있으므로, 동명사 hearing의 쓰임은 적절하다. 지각동사는 목적격 보어로 원형부정사를 취할 수 있는 점을 참고한다.

해석 맏이로 태어난 아이들은, 아주 어린 시절부터, 나중에 태어난 형제자매들에게는 부족한 많은 자극을 어른들에 의해 경험하게 된다. 그들은 어른들의 호감과 수용을 얻기 위해서 배우고 싶어 하는데, 그들은 아버지가 미소 짓는 것을 보거나 어머니의 칭찬을 듣는 보상을 위해서 새로운 기술을 배운다. 그들은 부모와 보다 친밀한 반면, 함께 놀 나이가 더 많은 아이들을 경험할 자극은 놓치게 된다.

어휘 first-born 맏이인 stimulation 자극 approval 승인, 호의, 호감 acceptance 수용 praise 칭찬

04

정답 ③

해설 make가 5형식 동사로 쓰여 'make + 가목적어 it + 목적격 보어 + to 부정사'의 구조로 적절하게 쓰였으며, to 부정사의 의미상 주어로 쓰인 for business owners도 알맞다. 비교급 easier를 강조하는 부사 much가 쓰인 점을 참고한다.
① (stopped → stopping) 분사구문의 의미상 주어인 he가 일을 '그만둔' 것이므로 능동의 현재분사가 쓰여야 하므로 과거분사 stopped를 현재분사 stopping으로 고쳐야 한다.
② (his → the) 사람과 신체 부위를 분리 표현하는 경우, 신체 부위를 강조하여 '전치사 + the + 신체 부위'의 형태로 쓴다. 이때 신체 부위 앞에 소유격은 쓸 수 없고, 반드시 정관사 the를 써야 하므로 his를 the로 고쳐야 한다.
④ (mention about → mention) mention은 전치사 없이 목적어를 바로 취하는 타동사이므로 mention about을 mention으로 고쳐야 한다.

어휘 unemployment benefit 실업 수당 run ads 광고를 게재하다

05

정답 ①

해설 커피를 더 마실지 묻는 A의 물음에 대한 B의 응답으로 여기서 드실 건지 가져가실 건지를 물어보는 것은 적절하지 않다. 'Is that) for here or to go?'는 패스트푸드점 등에서 주문을 받는 종업원이 손님에게 하는 질문인 점을 참고한다. 따라서 대화 중 가장 어색한 것은 ①이다.

해석 ① A: 커피 좀 더 드릴까요, 손님?
B: 여기서 드실 건가요 아니면 가져가실 건가요?
② A: 제 항공편에서 창가 자리를 받을 수 있나요?
B: 유감스럽게도 그 좌석들은 다 찼습니다.
③ A: 이 와이셔츠들을 세탁소에 맡길 거야.
B: 네가 원하면 내가 그것들을 맡겨줄 수 있어.
④ A: 너 아주 신이 나 보여. 무슨 일이야?
B: 믿기 힘들겠지만, 내가 복권에 당첨됐어.

어휘 dress shirt (양복 안에 입는) 와이셔츠 drop off (옷을 세탁소에) 맡기다 win the lottery 복권에 당첨되다

06

정답 ④

해설 이 글은 정리의 어려움이 정리 정돈에 대한 인식의 부족과 습관화의 실패에 있음을 강조한다. 이러한 문제는 결국 마음가짐에서 비롯된다고 주장하고 있으므로, 글의 제목으로 가장 적절한 것은 ④ '정리하는 행위: 마음의 문제'이다.
① 사람은 만들어지는 것이 아니라 타고나는 것이다 → 정리를 잘하는 운이 좋은 소수의 사람들을 제외하고, 정리는 마음을 다잡고 노력해야 하는 일임을 시사하고 있으므로 글의 내용과 반대된다. 또한 글의 핵심 소재인 '정리'를 포함하지 않는 선지이므로 적절하지 않다.
② 당신의 공간을 정리하면 성공이 온다 → 정리의 행위가 가져오는 긍정성을 강조하는 글이 아니다.
③ 당신의 6살짜리 아이에게 정리하는 법을 알려줘라 → 6살짜리도 할 수 있을 만큼 정리가 쉬운 것이라고 언급할 뿐 아이에게 정리법을 가르치는 것에 초점을 두는 내용이 아니다.

해석 정리하는 행위는 물건을 한 장소에서 다른 장소로 옮기는 일련의 간단한 행동이다. 그것은 물건들을 제자리로 치우는 것을 포함한다. 이것은 매우 간단해 보여서 심지어 6살짜리도 할 수 있어야 한다. 하지만 대부분의 사람들은 할 수 없다. 정리한 지 얼마 되지 않아 그들의 공간은 체계적이지 못한 엉망진창인 상태이다. 그 원인은 기술의 부족이 아니라 인식 부족과 정리를 규칙적인 습관으로 들이지 못하는 것 때문이다. 즉, 문제의 근원은 마음속에 있다는 얘기다. 성공은 우리의 마음가짐에 따라 90% 결정된다. 정리가 자연스럽게 이루어지는 운 좋은 소수를 제외하고, 이런 측면에 초점을 맞추지 않으면 얼마나 많은 것이 버려지든 얼마나 솜씨 좋게 정리가 되었든 간에 (정돈되지 않은 상태로) 되돌아오는 것은 불가피하다.

어휘 tidy 정돈[정리]하다 put away 치우다 disorganized 엉터리의 mess 엉망(진창)인 상태 inability 할 수 없음, 무력 lie ~에 달려 있다 determine 결정하다 mind-set 마음가짐 come naturally 아주 쉽다 address 초점을 맞추다 rebound 되돌아오기 inevitable 불가피한 discard 버리다 cleverly 영리하게

07

정답 ②

해설 창의적인 아이디어가 어떠한 삶의 태도에서 오는지에 대한 글이다. 창의력은 당장 길이 보이지 않아도 인내심을 가지며 기다리는 태도에서 나온다고 설명하고 있으므로 빈칸에 들어갈 말로 가장 적절한 것은 ② '불확실한 결과를 견디는'이다.

① "어떻게" 대신 "왜"를 묻는 → 이유를 물음으로써 좋은 아이디어가 생겨난다는 내용의 글이 아니다.

③ 해결할 수 없는 것을 포기하는 → 포기하지 말고 기다려야 한다는 글의 내용과 반대된다.

④ 당신의 기대가 너무 높지 않도록 유지하는 → 기대치를 낮춰야 한다는 내용은 언급되지 않았다.

해석 비록 우리는 영감을 받은 아이디어가 갑작스러운 분출로 나타난다고 생각하기를 좋아하지만, 실제로는 거의 그렇지 않다. 오히려 그것은 느리게 그리고 조금씩 발전한다. 빠진 조각이 있는 직소 퍼즐을 해결하려고 하고 있는 것처럼 느낄 때 당신은 포기하고 그 퍼즐을 맞출 수가 없다고 선언하고 싶을지도 모른다. 그러나 창의적이기 위해서 당신은 문제 해결과 의사결정(과정)에서의 좌절을 다루는 법을 배워야 한다. 그것은 짙은 안개를 뚫고 길을 찾으려고 노력하는 여행자가 되는 것과 같다. 즉, 거기에서 나올 때까지 당신이 올바른 길에 있는지를 아는 것은 불가능하다. 당신은 가능한 한 빨리 어떤 것을 생각해 내야 하는 외적이고 내적인 압력에도 불구하고 아무것도 이해되지 않을 오랜 기간을 예상해야 한다. 그럼에도 불구하고, 가장 창의적인 해결책은 기꺼이 기다리려는 사람들에게서 나온다. 기다리는 것이 어려울지라도 그 결과는 흔히 좌절의(좌절을 겪을) 가치가 있다. 요컨대, 좋은 아이디어를 만들어 내는 데 필요한 것은 <u>불확실한 결과를 견디는</u> 능력이다.

어휘 inspired 영감을 받은 burst 분출 be tempted to ~하고 싶다 piece by piece 조금씩 insoluble 풀리지 않는 dense 짙은 anticipate 예상하다 make sense 이해가 되다 external 외적인 internal 내적인 come up with ~을 생각해 내다 wait out 기다리다 frustration 좌절 generate 만들어내다 tolerate 참다, 견디다 give up on ~을 포기하다 anticipation 기대

08

정답 ④

해설 Teresa 수녀에 대한 상반되는 관점을 소개하는 내용의 글이다. 주어진 문장은 Teresa 수녀가 많은 찬사를 받았음에도 그녀에 대한 비판도 있었다는 내용으로, 뒤에는 For instance를 통해 그 중 하나를 예시로 소개하는 내용의 (B)가 와야 한다. 그다음으로, There is also an idea라며 또 다른 비판적인 관점을 설명하는 내용의 (C)가 와야 한다. 마지막으로, Yet을 통해 앞의 두 가지 부정적인 평가와는 반대로 Teresa 수녀를 옹호하는 관점을 제시하는 (A)로 글을 마무리하는 것이 자연스럽다. 따라서 글의 순서로 가장 적절한 것은 ④ '(B) - (C) - (A)'이다.

해석 Teresa 수녀에 대한 모든 칭찬의 말에도 불구하고, 그녀는 생전과 생후에 많은 비판을 받았다. (B) 예를 들어, 모든 가톨릭 신자들이 그녀가 성인으로 인정받는 것에 동의하지는 않았는데, 이는 그녀가 사람들을 개종시키려고 노력하지 않음으로써 교회에 충분히 기여하지 못했다고 느꼈기 때문이다. (C) 또한 Teresa 수녀와 같은 유명한 인물들은 일반인들이 어떤 형태로든 자선 활동을 하는 것을 단념시킬 수 있다는 생각도 있다. (A) 하지만, 그녀의 인도주의적인 업적을 보면, 사람들을 돌보는 것은 어떤 특정한 종교를 홍보하는 것보다 더 중요하다고 말할 수 있다.

어휘 criticism 비판, 비난 humanitarian 인도주의적인 matter 중요하다 saint 성인, 성자 convert 개종시키다, 전환하다 discourage 낙담시키다 charity 자선

09

정답 ①

해설 화자는 어린 시절 반려견을 키우게 된 계기와 경험을 떠올리고 있다. 화자는 12살에 부모님의 허락을 얻어 그토록 원하던 반려견을 키울 수 있었고, 현재 Momo에 대한 기억이 자신을 눈물짓게 할 수 있다고 하였다. 이때 화자의 심정이 다소 차분하고도 평화로운 상태임을 알 수 있으므로, 화자의 심경으로 가장 적절한 것은 ① '차분하고 평화로운'이다.

② 초조하고 걱정스러운

③ 냉담하고 무심한

④ 분하고 실망스러운

해석 나는 항상 반려동물을 원했으나 부모님이 거부권을 쥐고 자주 행사하는 가정에서 자란 불운한 아이 중 하나였다. 몇 년 동안 나는 묶이지 않은 아무 고양이나 강아지를 집으로 데려와서 "키워도 될까요?"라고 여러 차례 애원했다. 내 고집이 미덕인지 성가심이었는지는 모르겠지만, 내가 열두 살이었을 때 부모님은 마지못해 동의하셨고 나는 첫 번째 강아지를 얻었다. 그 경험은 내가 바랐던 모든 것이었으며 동물을 향한 내 사랑을 확고히 했다. 지금까지도, Momo에 대한 추억은 나를 눈물짓게 할 수 있다.

어휘 veto power 거부권 beg 애원하다 persistence 고집, 끈기 virtue 미덕 annoyance 성가심 give in (마지못해) 동의하다, 받아들이다 solidify 확고히 하다 bring tears to a person's eyes ~의 눈물을 짓게 하다

10

정답 ④

해설 마지막 2번째 문장에서 대다수 대형 상업 영화는 '의외성'이 부족하다고 언급되므로, 글의 내용과 일치하지 않는 것은 ④ '슈퍼히어로 영화는 예측할 수 없는 결과로 찬사를 받는다.'이다.

① 슈퍼히어로 영화에 대한 Scorsese의 발언이 토론의 계기가 되었다. → 첫 두 문장에서 언급된 내용이다.

② 시네마와 무비는 근본적으로 같은 의미를 공유한다. → 3번째 문장에서 언급된 내용이다.

③ 영화제작의 예술적 측면은 Martin Scorsese가 중시하는 것이다. → 4번째 문장에서 언급된 내용이다.

해석 유명한 감독 Martin Scorsese는 슈퍼히어로 영화는 진정한 영화의 자격이 없다고 말하며 비판했다. 그의 발언은 'cinema'가 정확히 무엇인지에 대한 논쟁을 촉발시켰다. 움직임을 뜻하는 그리스어 'kinema'에 뿌리를 둔 그 용어 자체는 그것이 모션픽쳐나 무비와 동의어임을 암시한다. 그러나 Scorsese에 따르면, cinema는 단순히 시청각적 즐길 거리인 그것뿐만이 아니라, 문학이나 음악과 유사한 미적, 정서적, 정신적 경험을 주는 예술의 한 형태이다. 또한, cinema는 등장인물들에 관한 것이기도 하다. 그것은 사람들의 복잡성과 그들의 모순된 본성을 극적으로 표현하고 해석한다. 반면, 대다수 대형 상업 영화는 Scorsese의 말을 빌리자면 '의외성'이 부족하다. 우리가 슈퍼히어로 영화를 볼 때, 우리는 선이 악을 이길 것이고, 결국에 곤경을 면할 것임을 이미 알고 있다.

어휘 renowned 유명한 qualify 자격이 있다 spark 촉발시키다 root ~에 뿌리를 내리다 synonymous 동의어인 audiovisual 시청각적 aesthetic 미학의, 심미적인 dramatize 극화하다, 극적으로 표현하다 contradictory 모순된, 반박하는 lack 부족하다 save the day 곤경을 면하게 하다 trigger 유발하다 acclaim 칭찬

01	②	02	④	03	④	04	③	05	②
06	③	07	④	08	③	09	②	10	④

01

정답 ②

해설 빈칸 앞의 적어도 금속만큼 강하다는 내용으로 미루어 보아, 해당 소재가 고온에도 저항성이 있으리라고 추측할 수 있다. 따라서 빈칸에 들어갈 말로 가장 적절한 것은 ② 'withstand(견디다)'이다.
① 강요하다, 재촉하다 ③ 흥미를 불러일으키다 ④ 취소하다

해석 그 회사는 적어도 금속만큼 강하고 높은 온도를 견딜 수 있는 더 가벼운 소재를 찾고 있었다.

02

정답 ④

해설 and 이하의 전반적인 건강 향상이라는 진술에 상응하여 충분한 수면을 취했을 때 피로가 없어지거나 줄어든다는 내용이 빈칸에 와야 함을 알 수 있다. 따라서 빈칸에 들어갈 말로 가장 적절한 것은 ④ 'stave off(예방하다, 피하다)'이다.
① 다 갚다; 성공하다 ② 자랑하다, 과시하다 ③ 끄다

해석 충분한 수면을 취하는 것은 피로를 예방하고 전반적인 건강을 향상시키는 데 필수적이다.

어휘 fatigue 피로 overall 전반적인

03

정답 ④

해설 사역동사 have는 목적어와 목적격 보어의 관계가 능동이면 RV를, 수동이면 p.p.를 목적격 보어로 취하는데, 여기서는 바다 민달팽이의 머리가 '잘리는' 것이므로 cut이 적절하게 쓰였다. 전치사 after 뒤에 온 동명사 having의 쓰임도 적절하다.
① (keeping → keep) 5형식 동사 allow가 수동태로 쓰이고 있는데 allow는 보어로 to 부정사를 취하므로, to keeping을 to keep으로 고쳐야 한다.
② (during → for) eight weeks처럼 불특정 기간을 나타내는 명사와 함께 쓰이는 전치사는 for이므로, during을 for로 고쳐야 한다. during은 특정 상황이나 시간을 나타내는 명사와 함께 쓰이는 차이점에 유의해야 한다.
③ (surprise → surprises) 문장의 주어가 단수 명사인 The sudden and unexpected agreement이므로 복수 동사 surprise를 surprises로 고쳐야 한다.

해석 ① 당신이 아파트에서 반려동물을 기르는 것은 허용되지 않는다.
② 나의 삼촌은 사고 후 8주 동안 병원에 계셨다.
③ 지도자들 간의 갑작스럽고 예상치 못한 합의가 나를 놀라게 한다.
④ 어떤 바다 민달팽이들은 머리를 잘라낸 후에 전신을 새롭게 재생시킬 수 있다.

어휘 flat 아파트 slug 민달팽이 regrow 재생시키다

04

정답 ③

해설 (believes → is believed) 주어진 우리말에 따르면 바이러스가 '믿는' 것이 아니라 '믿어지는' 것이므로 believes를 수동태 is believed로 고쳐야 한다. 참고로 바이러스가 시장에서 시작된 시점은, 추정된 시점보다 더 이전이므로 완료 부정사 to have originated로 쓰인 것은 적절하다.
① graduate는 전치사 없이 목적어를 취할 수 없는 자동사이므로 graduate from으로 적절하게 쓰였다.
② '결코 ~하지 않을'이라는 뜻의 동명사 관용 표현으로 'above RVing'를 쓰므로 above making은 적절하게 쓰였으며, 최상급 the smallest를 강조하는 부사 even의 쓰임도 적절하다.
④ '~은 말할 것도 없이'라는 뜻의 비교급 관용 구문으로 긍정문에서는 much[still] more를, 부정문에서는 much[still] less를 사용한다. 여기서는 주어진 문장이 few가 사용된 부정문이므로 much less의 사용은 적절하다.

어휘 originate 시작되다, 생기다 seaside 해변

05

정답 ②

해설 노트북 구매에 관해 대화를 나누는 상황이다. 새 노트북을 사는 비용이 얼마나 들지 묻는 A의 질문에 B가 1,000달러 정도가 든다고 응답한다. 그런데 빈칸 뒤에서 B가 중고 노트북 구매를 새롭게 제안하는 것으로 미루어 보아, 빈칸에는 A가 새 노트북 구매를 재고하거나 꺼리는 내용이 와야 한다. 따라서 빈칸에 들어갈 말로 가장 적절한 것은 ② '난 그만큼 지불할 여력이 없어.'이다.
① 내 예산에 딱 맞아.
③ 너는 내 노트북을 이해하지 못하는 것 같아.
④ 온라인에서 새것을 찾아보는 것을 도와줄 수 있어?

해석 A: Tyler, 나는 네가 노트북 컴퓨터에 대해 잘 안다고 들었어.
B: 그건 내 전문 분야야. 무슨 일이야?
A: 내 노트북을 업그레이드할 때가 되었어. 새것을 구매하려면 얼마나 들까?
B: 고성능 게임을 할 계획이 아니라면 1,000달러 정도 내로 괜찮은 걸 얻을 수 있을 거야.
A: 난 그만큼 지불할 여력이 없어.
B: 그럼 중고 노트북을 사는 것도 생각해 봐. 좋은 가격으로 찾을 수 있을 거야.

어휘 specialty 전문 분야 decent 괜찮은 high-performance 고성능의 second-hand 중고의 deal 거래 budget 예산 grasp 이해 browse (~을 찾아) 훑어보다

06

정답 ③

해설 채식이 인간에게 얼마나 자연스러운지를 유인원으로부터의 인간의 진화를 통해 설명하는 글이다. 인간은 초식 동물로부터 진화했고, 육류를 먹기 시작한 것은 자연에서 먹을 수 있는 것이 없어졌을 때부터였을 것이며, 이에 따라 채식이 인간에게 더 자연스럽고 건강한 선택임을 시사한다. 따라서 글의 요지로 가장 적절한 것은 ③ '원래 채식주의자였던 만큼 채식주의 식단이 인간에게 더 좋다.'이다.
① 유인원들은 불을 사용할 수 없었고, 이것이 그들을 채식주의자로 이끌었다. → 유인원은 원래부터 채식했기 때문에, 불을 발견하지 못하여 채식했다는 말은 옳지 않다.
② 인간은 초식 유인원과 매우 비슷한 소화기 계통을 가지고 있다. → 자연 식품을 찾을 수 없어서 고기를 먹기 시작했다는 설명과 모순되는 선지이며, 어떤 음식을 먹을 것인지는 선택에 달려있다는 취지의 글도 아니다.
④ 고기를 먹든지 채식을 하든지는 선택의 문제다. → 채식을 하는 생명체에서 진화한 인간이기에 채식이 인간에게 더 이롭다는 글의 내용과 반대된다.

해석 인간은 초식 동물이었던 생명체에서 진화했다. 소화기 계통은 고기를 먹고 소화하도록 설계되지 않았다. 고기를 먹는 것은 인류 역사에서 상당히 최근의 발전이다. 인간은 그들이 먹는 데 익숙했던 자연 식품을 찾을 수 없었기 때문에 고기를 먹기 시작했다고 믿어진다. 그들은 고기를 먹는 것이 그들의 몸을 지탱하는 데 도움이 될 것이라고 추측했을지도 모른다. 처음에, 우리는 초식 동물 유인원처럼 동물에서 진화한 생명체들과 비슷했다. 이 유인원들은 사람과 비슷하게 생겼고 팔과 손으로 직립보행을 했다. 그들은 자연적으로 먹이를 찾아다녔고 뿌리, 열매, 과일, 견과류를 먹었다. 그들은 또한 끊임없이 음식을 찾아다니며 순간순간을 살았다. 사냥은 생각을 필요로 하고 고기를 먹는 것은 불을 필요로 했다. 불이 발견되기 전까지, 인간은 주로 채소와 과일을 먹었다. 채식주의 식사는 자연적인 형태의 식사이고 훨씬 더 건강에 좋다.

어휘 evolve 진화하다 creature 생명체 vegetarian 초식 동물, 채식주의자 digestive system 소화기 계통 digest 소화시키다 sustain 지탱하다, 유지시키다 initially 처음에 herbivore 초식 동물 ape 유인원 upright 똑바로 선, 직립의

07

정답 ④

해설 검사의 역할과 의무를 소개하는 내용의 글이다. 검사가 범죄를 수사하고 기소하는 데에 있어 자신들의 결정에 대해 단독 책임을 지고 그들의 상관에 의해 이 결정들이 바뀔 수 없다는 내용으로 미루어보아, 빈칸에 들어갈 말로 가장 적절한 것은 ④ '독립적'이다.
① 공평한 → 어느 한 쪽으로 치우치지 않는 공평성에 대한 내용이 아니라 독립적으로 결정을 내리고 이를 책임져야 한다는 내용이다.
② 충동적인 → 검사가 가져야 할 태도와 거리가 멀다.
③ 냉담한 → 냉담하거나 무신경한 태도로 결정을 내리는 것이 아니라 다른 사람들에게 의존하지 않고 독립적으로 결정을 내린다는 내용이다.

해석 검사는 범죄를 수사하고 형사법원에서 피의자를 기소할 책임이 있는 정부의 법률상의 대리인이다. 검사는 심지어 피의자에게 유리한 경우에도 객관성을 유지하고 증거를 수집하고 조사할 의무가 있다. 검찰은 기소할지, 누군가를 체포할지 등의 결정을 내릴 때 독립적이다. 이는 검사 개개인이 그들 자신의 결정에 대한 단독 책임을 지고, 이것들이(이 결정들이), 예를 들어, 그들이 보고하는 검사장 등에 의해 바뀔 수 없음을 의미한다. 그러나 검사의 결정에 직접적으로 영향을 받는 사람은 누구든지 그 결정을 더 높은 사법 단계에 있는 검사에 의해 검토될 것을 요청할 권리가 있다.

어휘 prosecutor 검사 legal 법률상의 representative 대리인 responsible for ~에 책임이 있는 investigate 수사하다 crime 범죄 bring a charge against ~을 기소하다 suspect 피의자 criminal court of justice 형사법원 favorable 유리한 make a decision 결정하다 file a prosecution 기소하다 place sb under arrest ~을 체포하다 individual 개개의 sole 단독의 responsibility 책임 chief public prosecutor 검사장 judicial 사법의

08

정답 ③

해설 지식과 사람과의 밀접한 관계를 자원과 비교하며 설명하는 내용의 글이다. 주어진 문장은 지식은 물이나 금보다 우리에게 더 밀접한 관련이 있다는 내용으로, But으로 시작하고 있으므로 이 앞에는 이와 상반되는 내용이 나와야 하며, 이 뒤에는 지식과 우리의 관련성에 대한 부연 설명이 나와야 한다. ③ 앞에서 지식과 자원의 공통점을 설명하고 있고, ③ 뒤에서는 주어진 문장에서도 언급된 gold가 이어 언급되며 금은 사람이 없어진다고 하더라도 계속 존재할 것이라 하였다. 이에 이어진 다음 문장은 지식은 그와 달리 사람의 존재와 밀접한 관련이 있다는 내용이므로 ③ 앞에서는 지식과 자원의 공통점을, ③ 뒤에서는 그 차이점을 설명한 것을 알 수 있다. 따라서 ③ 앞뒤로 문맥이 단절되므로, 주어진 문장이 들어갈 위치로 가장 적절한 곳은 ③이다.

해석 지식은 때때로 자유롭게 흐르는 비개인적인 자원으로 묘사된다. 지식은 데이터베이스와 도서관에 저장되고 정보주도형 상업이 가끔씩 칭해지기도 하는 지식경제를 통해 교환된다고 한다. 많은 자원과 마찬가지로 지식도 획득되고 다양한 목적으로 사용될 수 있으며 막대한 비용을 치르고 손실될 수도 있다. 그러나 지식은 물이나 금과 같은 자원보다 우리와 더 밀접한 관련이 있다. 금은 대재앙으로 지각 있는 생물이 말살되더라도 계속 존재할 것이다. 반면에 지식의 지속적인 존재는 아는 사람의 존재 여부에 달려 있다.

어휘 free-flowing 자유롭게 흐르는 impersonal 비개인적인, 개인적인 것이 개입되지 않은 commerce 상업 sentient 지각이 있는 wipe out 말살하다 catastrophe 대재앙 existence 존재

09

정답 ②

해설 거래를 통해 어떻게 가치가 창출되는지를 설명하는 글이다. (A) 앞에서 사람의 선호가 다르기 때문에 물건의 가치가 다양하다는 내용이 오고, (A) 뒤에서 물건들을 가장 필요한 사람에게 주는 것을 통해 거래 가치가 창출될 수 있다는 결과에 해당하는 내용이 이어지므로, (A)에 들어갈 연결사로 가장 적절한 것은 Therefore이다. 또한, (B) 앞에서는 미술 수집가에게는 가치가 없는 전자공학 기술서적은 엔지니어에게 가치가 있다는 내용이 (B) 뒤에서 엔지니어가 진가를 알아보지 못하는 그림은 미술 수집가에게는 가치가 있다는 같은 맥락의 내용으로 이어지고 있음을 알 수 있다. 따라서 (B)에 들어갈 연결사로 적절한 것은 Similarly이다.

해석 거래는 상품과 물품을 가장 원하는 사람들에게 전달함으로써 가치를 창출하고 사회의 부를 증대시킨다. 사람들은 각자 다른 선호도를 가지고 있기 때문에 물건의 가치는 사람마다 다르다. 따라서, 거래는 상품을 더 가치 있게 여기는 사람들에게 물건을 줌으로써 가치를 창출할 수 있다. 예를 들어, 전자공학에 관한 기술 서적은 미술품 수집가에게는 가치가 없을 수 있지만, 엔지니어에게는 가치가 클 수 있다. 마찬가지로, 엔지니어가 진가를 알아보지 못하는 그림은 미술 컬렉터에게는 가치가 있을 수 있다. 그래서 전자공학 서적이 엔지니어에게 가고, 그림이 미술품 수집가에게 자발적인 교환을 통해 가게 되면 다 상품 모두의 가치가 상승한다.

어휘 boost 증대시키다, 신장시키다 direct 전달하다 commodity 상품 preference 선호도 vary 서로 다르다 electronics 전자공학 appreciate 진가를 알아보다, 인정하다 voluntary 자발적인

10

정답 ④

해설 마지막 문장에서 위벽은 점액에 의해 보호되고, 몸의 면역 세포가 그들에게 닿을 수 없다고 언급되므로, 글의 내용과 일치하는 것은 ④ '위 내벽의 점액은 헬리코박터 파일로리균이 공격을 받지 않도록 해준다.'이다.
① 전 세계 성인 인구의 절반 이하가 헬리코박터 파일로리균에 감염되어 있다. → 2번째 문장에서 성인 인구의 60%의 위를 감염시킨다고 했으므로 옳지 않다.
② 헬리코박터 파일로리균의 사람을 감염시키는 행위는 해롭지 않고 위궤양을 거의 잘 일으키지 않는다. → 3번째 문장에서 헬리코박터 파일로리균의 감염은 보통 무해하지만 위와 소장에서 궤양을 유발한다고 했으므로 옳지 않다.
③ 헬리코박터 파일로리균은 생존을 위해 주변을 더 산성으로 만들 수 있다. → 마지막 2번째 문장에서 생존을 위해 산성도를 낮출 수 있다고 언급되므로 옳지 않다.

해석 헬리코박터 파일로리균은 소화관에서 자라는 흔한 종류의 박테리아로 위장 내벽을 공격하는 경향이 있다. 이 박테리아는 세계 성인 인구의 약 60%의 위를 감염시킨다. 헬리코박터 파일로리균 감염은 보통 무해하지만, 위와 소장에 있는 대부분의 궤양의 원인이 된다. 이름의 'H'는 헬리코박터(Helicobacter)의 줄임말이다. '헬리코'는 나선형을 의미하는데, 이것은 박테리아가 나선 모양임을 나타낸다. 이 박테리아는 위장의 가혹하고 산성인 환경에서 살도록 적응되어 있다. 이 박테리아는 그들이 생존할 수 있도록 그들 주변의 환경을 바꿀 수 있고 그 산성도를 낮출 수 있다. 헬리코박터 파일로리균의 나선 모양은 그들이 당신의 위벽을 뚫고 들어갈 수 있게 하는데, 그곳에서 그들은(헬리코박터 파일로리균은) 점액에 의해 보호되고, 당신의 몸의 면역 세포는 그들에게 닿을 수 없다.

어휘 digestive tract 소화관 tendency 경향 lining 내벽 infect 감염시키다 roughly 약 infection 감염 responsible for ~의 원인이 되는 ulcer 궤양 small intestine 소장 spiral 나선형의 harsh 가혹한 acidic 산성의 acidity 산성도 penetrate 뚫고 들어가다 immune 면역의 surroundings 환경

01	①	02	④	03	④	04	②	05	④
06	③	07	③	08	③	09	③	10	②

01

정답 ①

해설 spacious는 '널찍한'이라는 뜻으로, 이와 의미가 가장 가까운 것은 ① 'roomy(넓은)'이다.
② 좁은 ③ 장식이 된 ④ 화려한

해석 몇 개의 널찍한 거실이 있는 크고 오래된 집이 마을의 중심에 위치해 있다.

어휘 locate 위치시키다

02

정답 ④

해설 샘플 제품의 품질과 계약의 지속과의 연관성을 미루어 보아 그 품질에 따라 계약의 지속 여부가 결정된다는 내용이 빈칸에 와야 한다. 따라서 빈칸에 들어갈 말로 가장 적절한 것은 ④ 'contingent upon(~에 좌우되는)'이다.
① ~에 접근 가능한 ② ~을 할 수 없는 ③ ~에 취약한

해석 이 계약의 지속은 당신이 보내준 샘플 제품의 품질에 좌우될 것이다.

어휘 continuation 지속

03

정답 ④

해설 (rise → raise) rise는 '오르다, 일어나다'라는 뜻을 가진 자동사이고, raise는 '올리다, 키우다'라는 뜻을 가진 타동사이다. 여기서는 뒤에 three billion chickens라는 목적어가 있고, 문맥상으로도 닭을 '키우는' 것이므로 rise를 raise로 고쳐야 한다.
① wild birds는 동남아시아 정글에서 '사는' 것이므로 능동의 의미를 나타내는 현재분사 living의 쓰임은 적절하다.
② tell이 4형식 동사로 쓰일 때 직접목적어로 that절을 취할 수 있으므로 that은 적절하게 쓰였으며, 뒤에 완전한 절이 오는 것도 알맞다.
③ 명백한 과거 시점 부사구 in the 1600s가 나왔으므로 과거시제 brought가 적절하게 쓰였다.

해석 수천 년 전에 닭은 동남아시아의 정글에 사는 야생 조류였다. 초기 기록에 의하면 기원전 1400년경에 중국인들은 그것을 길들이기 시작했다고 한다. 수 세기가 지난 1600년대에 영국 식민지 개척자들은 농가의 닭을 미국으로 가져왔다. 오늘날 많은 미국 농부들은 매년 30억 마리 이상의 닭을 키우고 있다.

어휘 tame 길들이다 colonist 식민지 개척자

04

정답 ②

해설 (are → is) '~의 수'를 나타내는 the number of는 뒤에는 복수 동사가 아닌 단수 동사로 수일치해야 하므로 are를 is로 고쳐야 한다. '많은'을 뜻하며 뒤에 '복수 명사 + 복수 동사'가 오는 a number of와의 차이에 유의해야 한다.
① 3형식으로 쓰인 give가 수동태로 바뀌면서 직접목적어 a reward가 주어의 위치로 간 형태로, 간접목적어 whoever solves this problem 앞에 전치사 to가 쓰인 것은 알맞다. 주어가 없는 불완전한 절을 이끄는 주격 복합관계대명사 whoever도 적절하게 쓰였고, 이를 단수 동사 solves로 수일치한 것 또한 알맞다.
③ '~에 헌신하다'를 뜻하는 devote oneself to에서 to는 전치사로, 뒤에 동명사 building이 적절하게 쓰였다. 주어 South Koreans를 받는 재귀대명사 themselves의 쓰임도 적절하다.
④ 장소 명사 the market을 선행사로 받으면서 완전한 문장을 이끌 수 있는 관계부사 where의 쓰임은 적절하다. 참고로 to talk는 명사 the opportunity를 수식하는 to 부정사의 형용사적 용법으로 쓰였다.

어휘 reward 보상 fatality 사망자 prosperous 번영하는 local 현지인

05

정답 ④

해설 A가 추천한 책을 읽고 서로 후기를 나누는 상황이다. 단번에 읽을 만큼 A에게 좋았던 책이 B에게는 그다지 좋지 않았다는 내용과 이번 책이 B에게 와 닿지 않았을 뿐이라는 빈칸 뒤의 말을 미루어 보아, 빈칸에서는 이 둘의 의견이 서로 맞지 않는 것에 대한 유감의 표현이 나올 것임을 유추할 수 있다. 따라서 빈칸에 들어갈 말로 가장 적절한 것은 ④ '우리가 같은 생각이 아니라니 놀랍네.'이다.
① 네 취향에 맞다니 다행이야.
② 그 작가는 재치로 유명해.
③ 나도 그 이야기의 반전이 좋지 않았어.

해석 A: 내가 추천해 준 책 읽었어?
B: 응. 어젯밤에 다 읽었어.
A: 어땠어? 난 흥미로워서 단번에 읽었는데.
B: 난 잘 이해되지 않았어. 주인공과 공감할 수 없었고, 줄거리가 우울했어.
A: 그렇구나. 우리가 같은 생각이 아니라니 놀랍네.
B: 음, 이번 것이 그냥 나한테 울림이 없었나 봐.

어휘 at one sitting 단번에 sympathize 공감하다 gloomy 우울한 resonate 울려 퍼지다, 공명하다 taste 취향 wit 재치 twist 반전 on the same page 합심한, 같은 생각인

06

정답 ③

해설 진화하는 알고리즘 덕분에 검색에서 제안으로의 디지털 전환이 되고 있는 현재 추세를 나타내는 글로, 글의 제목으로 가장 적절한 것은 ③ '온라인 검색에서 제안으로의 전환'이다.
① 제안 생성 방법 → 제안을 어떻게 생성하는지에 관한 내용이 아니다.
② 검색: 가장 중요한 알고리즘 → 검색에서 제안으로 바뀌고 있는 기조에 대한 설명이므로 글의 내용과 반대된다.
④ 우리의 정체성을 위협하는 디지털 도플갱어 → 디지털 도플갱어, 즉 제안 엔진이 우리의 선호를 잘 파악할 수 있게 될 것이라고 했을 뿐, 그것이 우리의 정체성을 위협할 것이라는 등의 부정적인 내용은 언급된 바 없다.

해석 당신의 디지털 생활에서 가장 중요한 알고리즘은 우리 대부분에게 Google을 의미하는 검색이었다. 그러나 미래의 핵심 알고리즘은 검색이 아니라 제안에 관한 것이다. 검색은 좁고 제한적이다. 당신은 무엇을 검색해야 하는지 알아야 하며 스스로의 지식과 경험에 의해 제한된다. 반면에 제안은 풍부하고 끝이 없다. 그들은 수십억 명의 다른 사람들의 축적된 지식과 경험을 이용한다. 제안 엔진은 언젠가는 적어도 의식적으로는 당신보다 당신의 선호도를 더 잘 알게 될 "도플갱어 소프트웨어"와 같다. 예를 들어 당신이 Alexa에게 "나는 흥미진진한 기분이 들어. 1주일에 걸친 휴가를 예약해 줘."라고 말하고 멋진 결과를 기대할 수 있기까지 얼마나 걸릴까?

어휘 circumscribe (권리·자유 등을) 제한[억제]하다 draw on 이용하다 accumulate 축적하다, 쌓아 올리다 doppelgänger 도플갱어 consciously 의식적으로 adventurous 흥미진진한, 모험적인 book 예약하다 weeklong 1주일에 걸친

07

정답 ③

해설 브랜딩은 예측 가능한 고객 경험을 제공하기 때문에 중요하다는 점을 시사하는 글로, 글쓴이는 본인이 영업사원일 때 스타벅스를 자주 애용한 이유에 빗대어 이를 설명하고 있다. 글쓴이는 스타벅스에서는 자신이 주문하고 싶은 것, 가격, 맛 등이 일관적이어서 애용하게 되었음을 언급한다. 따라서 빈칸에 들어갈 말로 가장 적절한 것은 ③ '일관되고 예측 가능한'이다.

① 대담하고 흥미진진한 → 대담하고 흥미진진한 특성과 관련된 내용이 언급되어 있지 않다.

② 편리하고 고급스러운 → 스타벅스에 가는 것이 편리할 수는 있으나, 그것이 고급스럽기 때문에 간 것은 아니므로 적절하지 않다.

④ 예상되지만 도전적인 → 맛이 예측 가능하다고 했으므로 도전적인 것은 관계 없다.

해석 상품당 더 많은 요금을 부과할 수 있고 그럼에도 불구하고 경쟁사보다 더 많이 팔 수 있기 때문에 소매업에서 브랜딩(자기 고유 브랜드 활성화)은 매우 중요하다. 내가 영업사원이었고 알려지지 않은 도시에서 장거리 운전을 하고 있을 때, 나는 피곤할 때마다 항상 스타벅스에 들르곤 했다. 그 커피가 나머지보다 아주 뛰어난 것이라고 생각한 것은 아니다. 그것은 단지 그곳에서의 경험이 일관되고 예측 가능했기 때문이다. 나는 내가 원하는 것이 무엇인지, 가격이 얼마일지, 그리고 맛이 어떨지를 알고 있었다. 내가 지역 커피숍에 간다면 그러한 예측 가능성은 멈춘다. 아이스커피는 팔까? 신용카드는 받을까? 너무 달까? 물론, 나는 모험적일 수 있지만, 하루 종일 회의와 운전을 하고 나니 그럴 기분이 아니었다. 영업 회의를 잘하는 게 나의 주된 목표일 때 그게 그러한 번거로움에 상응하는 가치가 있을까? 별로 그렇지 않다.

어휘 branding 브랜딩 (자기 고유 브랜드 활성화) retail business 소매업 charge (요금을) 부과하다 still 그럼에도 불구하고 outsell ~보다 더 많이 팔다 competition 경쟁자 make a long drive 장거리 운전을 하다 standout 아주 뛰어난 것 predictability 예측 가능성 adventurous 모험적인 not in the right mood 그럴 기분이 아닌 hassle 번거로움

08

정답 ③

해설 두 가지 유형의 일을 미루는 사람의 특성을 비교하는 내용의 글이다. 주어진 문장은 비관적인 미루는 사람에 대한 내용으로 In contrast를 통해 앞에는 비관적인 미루는 사람과 상반되는 유형에 대한 내용이 나와야 하며, 뒤에서는 비관적인 미루는 사람에 대한 부연 설명이 나와야 하는 것을 알 수 있다. ③ 앞까지는 걱정이 없는 낙관적인 미루는 사람에 대한 설명이 나왔으며 ③ 뒤에서는 걱정만 하는 비관적인 미루는 사람에 대한 부연이 이어지므로, 여기에서의 They는 주어진 문장의 pessimistic procrastinators임을 알 수 있다. 따라서 주어진 문장이 들어갈 위치로 가장 적절한 곳은 ③이다.

해석 미루는 것은 사람들이 자신이 계획했던 일을 하기 위해 미루거나 시간을 내지 않는 것을 말한다. 미루는 사람들에는 두 가지 유형이 있다. 낙관적인 미루는 사람들은 자신의 의도를 미루지만 그렇게 하는 것에 대해서는 걱정하지 않는다. 그들은 자신의 능력에 대해서는 자신 있지만 종종 자신의 발전과 필요한 시간을 잘못 계산한다. 그에 반해, 비관적인 미루는 사람들은 일을 미루는 것에 대해 걱정한다. 그들은 자신이 예정보다 늦어지는 것에 대해 염려한다. 그럼에도 불구하고, 그들은 일을 어떻게 처리해야 할지 몰라서 여전히 미루고 있다.

어휘 pessimistic 비관적인 procrastinator 미루는 사람 procrastination 미루기, 미루는 버릇 get around to ~할 시간을 내다 optimistic 낙관적인 miscalculate 잘못 계산하다 behind schedule 예정보다 늦게

09

정답 ③

해설 뇌의 초기 미스터리가 Ramon y Cajal의 발견으로 해결되었다는 내용의 글이다. 뇌의 신경세포가 개별 세포로 이루어졌는지 또는 뇌 자체가 거대한 네크워크인지에 대한 논란이 있었으나 Cajal은 뇌가 개별 세포로 이루어졌음을 현미경을 통해 밝혀냈다. 따라서 글의 흐름상 가장 어색한 문장은 글자를 순서와 집단으로 된 말과 숫자로 옮기는 뇌의 능력을 설명하는 내용의 ③이다.

해석 오늘날 우리가 명백하다고 생각하는 많은 것들은 한때 뜨겁게 논의되었다. 초기 뇌 과학의 큰 논쟁들 중 하나는 신경세포에 관한 것이었다. 매우 좋은 현미경 없이는 선구적인 생물학자들은 뇌가 다른 장기처럼 개별 세포로 만들어졌는지, 아니면 뇌는 전력망처럼 하나의 거대한 연결된 네트워크인지 잘 몰랐다. (운동 기술이 숙련되면, 뇌는 글자를 순서와 집단으로 된 말과 숫자로 옮기는 능력을 가진다.) Ramon y Cajal은 오랜 세월의 고생스러운 연구 끝에 신경계가 실제로 개별 세포로 이루어져 있다는 것을 밝혀낼 수 있었던 현미경 전문가로 오늘날 기억된다. 이 발견은 신경과학에 매우 근본적이어서 Cajal은 흔히 뇌과학의 창시자로 여겨진다.

어휘 hotly 뜨겁게 concern ~에 관련되다 nerve cell 신경 세포 microscope 현미경 pioneering 선구적인 be made out of ~로 만들어지다 gigantic 거대한 electrical power grid 전력망 motor skill 운동 기술 sequence 순서 microscopist 현미경 전문가 painstaking 고생스러운, 힘든 neuroscience 신경과 founder 창시자

10

정답 ②

해설 4번째 문장에서 많은 나라들이 페타 치즈를 자신들만의 버전으로 만들고 있긴 하지만 그리스는 여전히 페타 치즈의 최대 수출국이라고 언급되므로, 글의 내용과 일치하지 않는 것은 ② '그리스는 전 세계 생산량 증가로 페타 수출 감소에 직면해 있다.'이다.

① 페타 치즈는 짭짤한 맛과 푸석푸석한 식감으로 인해 돋보인다. → 3번째 문장에서 언급된 내용이다.

③ 고대 그리스인들의 눈에 페타 치즈는 신성한 음식이었다. → 5번째 문장에서 언급된 내용이다.

④ 많은 그리스 전통 요리는 염소에서 비롯되었다. → 마지막 2번째 문장에서 언급된 내용이다.

해석 페타는 전통적으로 그리스에서 염소의 우유로 만든 치즈이다. 그것은 아마도 그리스에서 가장 유명하고 중요한 요리 수출품일 것이고, 전 세계적으로 인기가 높다. 페타는 특유의 짭짤한 맛과 잘 바스러지는 식감을 가지고 있어서, 많은 사람들이 최고의 치즈로 꼽는다. 많은 국가들이 자체적으로 페타 치즈를 생산하지만 그리스는 계속해서 최대 페타 치즈 수출국이다. 실제로, 고대 그리스인들은 페타 치즈를 신들의 음식 중 하나라고 여겨 올림포스산에서 아폴로 신의 아들이 그리스인들에게 치즈 제조 기술을 가르치기 위해 내려왔을 때 선물로 준 것으로 알려져 있다. 아마도 가장 일찍 알려진 치즈들 중 하나인 페타는 수 세기 동안 그리스 섬 곳곳에서 제조되어 왔다. 그리스에서는 소를 키우기에 땅 대부분이 너무 바위가 많고 풀이 드물다. 그 결과, 페타를 포함한 많은 그리스 전통 음식은 염소에 의존한다. 결론적으로, 페타는 단순한 치즈가 아니라 그리스 문화의 큰 일부다.

어휘 culinary 요리의 export 수출(품) crumbly 잘 바스러지는 nourish 키우다, 영양분을 공급하다 sparse 드문 in the eyes of ~가 보는 바로는 divine 신성한 derive from 유래하다, 비롯되다

01	④	02	②	03	②	04	④	05	③
06	③	07	②	08	②	09	③	10	③

01

정답 ④

해설 목적어의 even에 특히 유의했을 때, 주어인 '가장 복잡한 딜레마'가 방대한 경험을 지닌 학자들'조차' 어려움을 겪게 했으리라는 것을 유추할 수 있으므로, 빈칸에 들어갈 말로 가장 적절한 것은 ④ 'perplexed(당황하게 하다)'이다.
① 증명하다 ② 나타내다, 의미하다 ③ 확대하다

해석 학문적 도전에 직면했을 때, 그 가장 복잡한 딜레마는 심지어 방대한 경험을 가진 학자들조차도 당황하게 했다.

어휘 in the face of ~에 직면하여 intricate 복잡한 vast 방대한

02

정답 ②

해설 pore over는 '자세히 살펴보다'라는 뜻으로, 이와 의미가 가장 가까운 것은 ② 'look into(들여다보다)'이다.
① 복습하다 ③ 조심하다 ④ 대강 훑어보다

해석 근면한 학생들은 시험을 준비하기 위해 종종 밤늦게까지 교과서를 자세히 살펴보곤 했다.

어휘 hard-working 근면한

03

정답 ②

해설 demand와 같은 주장·요구·명령·제안·충고·결정의 동사가 당위의 의미를 지니는 that절을 목적어로 취할 때, that절 내의 동사로 '(should) + RV'가 와야 하므로, be는 적절하게 쓰였다. 참고로 여기서는 접속사 that이 생략되었다.
① (intelligence → intelligent) be동사 are의 보어 자리에서 등위접속사 and에 의해 형용사가 병렬 연결되고 있는 형태여야 하므로, 명사 intelligence를 형용사 intelligent로 고쳐야 한다.
③ (highly → high) remain은 2형식으로 쓰일 경우 형용사를 보어로 취하므로, 부사 highly를 형용사 high로 고쳐야 한다.
④ (operates → operate) 주격 관계대명사 who의 선행사는 복수 명사인 the staff members이므로, 수에 맞게 operates를 operate로 고쳐야 한다.

해석 ① 코카서스 셰퍼드 독은 고집이 세고 독립적이며 지능이 뛰어나다.
② 음식 배달부들은 그들이 자영업을 계속 유지할 수 있도록 요구하기 위해 시위를 벌였다.
③ 그의 대중적 명성은 19세기 내내 높게 유지되었다.
④ 기계를 조작하는 모든 직원은 안전모를 착용해야 한다.

어휘 stubborn 고집이 센 protest 시위를 벌이다 self-employed 자영업을 하는 reputation 명성

04

정답 ④

해설 (is resulted → results) result는 자동사로 수동태로 쓸 수 없다. 따라서 수동태 is resulted를 능동태 results로 고쳐야 한다. 참고로 result from 뒤에는 원인이 와야 하며, 뒤에 결과가 오는 result in과의 구별에 유의해야 한다.
① reach는 완전타동사이므로 뒤에 전치사 없이 바로 목적어 our destination이 오는 것은 적절하다. 또한 before가 이끄는 시간 부사절에서는 현재시제가 미래시제를 대신하므로 rises의 쓰임도 적절하다.
② '형용사/부사/무관사명사 + as + S + V'는 '비록 ~이지만'을 의미하는 양보 부사절 접속사가 쓰인 양보 도치 구문이다. be동사 are의 보어로 명사 Genius가 문두에 오면서 관사가 없는 것은 적절하다.
③ -s로 끝나는 학문명은 단수 취급하므로 주어 The statistics에 수일치한 단수 동사 helps의 쓰임은 적절하며, 준사역동사 help는 '(to) RV'를 목적격 보어로 취하므로 make로 올바르게 쓰였다.

어휘 statistics 통계학 dementia 치매 overuse 남용

05

정답 ③

해설 택시 안에서 손님이 축구 경기장에 제시간에 도착하도록 기사에게 부탁하는 상황이다. 교통 체증으로 평소의 세 배가 걸린다는 말에 더 빨리 갈 수 있는 방법이 있는지 물은 B가, 빈칸 뒤에서는 감사를 표하고 있는 것을 미루어 보아, 빈칸에는 기사가 빠르게 도착하기 위해 대책을 마련하는 내용의 응답이 와야 한다. 따라서 빈칸에 들어갈 말로 가장 적절한 것은 ③ '제가 다른 경로로 갈 수 있는지 알아볼게요.'이다.
① 말도 안 돼요! 그건 불가능해요.
② 경기가 1시간 지연되었어요.
④ 다음 통근에는 지하철을 타는 것을 고려해 보세요.

해석 A: 안녕하세요, 손님. 오늘 어디로 모실까요?
B: 축구 경기장이요. 여기서부터 얼마나 걸리나요?
A: 보통 10분 정도 걸려요. 그런데 오늘 교통 체증 때문에 시간이 세 배가 걸릴 것 같아요.
B: 30분이요? 더 빨리 도착하는 방법이 있을까요?
A: 제가 다른 경로로 갈 수 있는지 알아볼게요.
B: 감사합니다. 제가 경기에 늦지 않기를 바라요.

어휘 heavy traffic 교통 체증 triple 3배 out of the question 불가능한 alternative 대안의 commute 통근

06

정답 ③

해설 잘못된 방식으로 구운 생고기를 섭취했을 때 발병할 수 있는 증상과 이를 예방하기 위한 안전한 조리 방법을 소개하는 글이다. 따라서 글의 주제로 가장 적절한 것은 ③ '고기를 그릴에 구울 때 주의해야 할 것들'이다.

① 다양한 방법으로 생고기를 요리하는 팁 → 날고기를 요리하는 여러 방식을 소개하는 것이 아니므로 적절하지 않다.

② 육류 섭취가 전반적인 건강에 미치는 이점 → 육류 섭취의 이점에 관한 내용이 아니다.

④ 질병의 위험을 피하기 위한 식품 위생 지침 → 넓은 범위에서의 전반적 식품 위생 지침보다는 고기를 구울 때의 주의 사항을 설명하고 있으므로 적절하지 않다.

해석 생고기를 구울 때 식중독을 피하기 위한 여러 단계가 있는데, 특히 대장균은 노출 후 3~4일 후에 탈수, 혈성 설사, 복부 경련을 일으킬 수 있으며, 5세 미만 어린이와 고령자에게는 경우 잠재적으로 신장 기능 부전이 발생할 수 있다고 질병 통제 예방 센터가 전했다. 미 식품안전국(USDA) 식품 안전 전문가 Meredith Carothers는 구운 요리 실수에 대한 최근 발언에서 "구이는 실제로 완전히 익기 훨씬 전에 다 익은 것처럼 보이게 한다"고 말했다. 생고기와 함께 사용한 양념장은 재사용하지 마라. 명절에 케밥을 준비한다면 고기와 채소를 따로 보관해라. 채소는 고기보다 더 빨리 익기 때문에 고추, 양파, 당근을 별도의 꼬챙이에 꽂아라.

어휘 grill 굽다 food poisoning 식중독 dehydration 탈수 diarrhea 설사 abdominal 복부의 cramp 경련 exposure 노출 kidney 신장 failure 부전, 감퇴 grilling (센 불에 바로) 구운 요리 remark 발언 marinades 양념장 consumption 섭취 food sanitation 식품 위생

07

정답 ②

해설 복잡하고 혼란스러운 세상에서는 어떤 사건이 발생하는 원인을 다른 곳에서 찾으며 이를 비난하거나 칭찬하는 것이 심리적인 편안함을 제공하며 그 일을 이해하고 통제할 수 있다는 감각을 느끼게 한다는 내용의 글로, 이를 원시시대에서의 마법과 현대에서의 정치에 비유하고 있다. 빈칸 앞에서 원시시대의 마법이 실제로는 효능이 없었다는 내용으로 미루어 보아, 빈칸에 들어갈 말로 가장 적절한 것은 ② '환상'이다.

① 침묵

③ 복잡성 → 복잡한 세상을 이해하기 위한 수단으로서 마법이나 정치에 기댄다는 내용으로, 정치가 복잡함을 제공한다는 내용이 아니다.

④ 불편함 → 안도, 즉 편안함을 느끼기 위한 방편으로 원인을 다른 곳에서 찾는다는 글의 내용과 반대된다.

해석 여러 원인과 무작위적인 사건들에 직면하여, 비난이나 칭찬을 누군가 또는 무언가의 탓[덕]으로 보는 것은 심리적 위안을 줄 수 있다. 그것은 또한 복잡하고 혼란스러운 세상에서 사건을 이해하고 통제하는 우리의 능력에 대한 안도의 감각을 제공할 수 있다. 원시인들의 마법에 대한 믿음은 질병과 폭풍 같은 중요한 사건들에 대한 안정적인 통제의 감각을 제공했지만, 그것은 그러한 사건들에 영향을 미칠 실제적인 힘이 없었다. 현대 정치 무대도 비슷한 환상을 제공한다. "정치 지도자의 상황을 바꿀 수 있는 능력에 대한 믿음은 간접적인 통제감을 불러일으킬지도 모른다. 투표를 통해 공직에 있는 사람들을 보상하거나 처벌할 수 있는 권한은 이런 영향력을 의미한다." 다양한 실험에 따르면 혼란스러운 상황을 이해하려는 욕구는 특히 성과가 매우 좋거나 매우 나쁜 극단적인 경우 리더의 역할을 실제보다 더 크게 낭만화하게 만드는 것으로 나타났다.

어휘 in the presence of ~에 직면하여 multiple 여러 가지의 random 무작위적인 attribute A to B A를 B의 탓[덕]으로 돌리다 comfort 위안, 위로 reassurance 안도 reassuring 안심시키는, 걱정을 없애주는 primitive 원시의 crucial 중요한 occurrence 사건 political arena 정치 무대 alter 바꾸다, 고치다 affair 문제, 일 indirect 간접적인 in office 재직 중인, 임기 중인 make sense of ~을 이해하다 romanticized 낭만화된 larger-than-life 실제적인 것보다 과장된, 실물보다 큰

08

정답 ②

해설 방탄유리가 총알을 막는 원리에 대한 글이다. 주어진 문장은 방탄유리는 일반 유리와 비슷해 보이지만 유사성은 그 뿐이라는 내용으로, an ordinary glass를 Regular glass로 받아 방탄유리와 일반 유리가 총에 맞았을 때의 차이를 대조시키는 내용의 (B)가 이어져야 한다. 그다음으로, 방탄유리가 한 발 이상의 총알에 저항하는 것을 that으로 받아 그것이 어떻게 가능한지 묻고, 그것을 라미네이션이라고 불리는 방탄유리의 제조방식을 통해 설명하는 (A)가 와야 한다. 마지막으로 이 과정을 This로 다시 받아 (A)에서도 언급된 폴리카보네이트는 총알이 방탄유리에 박힐 때 어떤 역할을 하는지를 설명하는 (C)가 오는 것이 자연스럽다. 따라서 글의 순서로 가장 적절한 것은 ② '(B) - (A) - (C)'이다.

해석 언뜻 보기에 방탄유리는 일반 유리와 똑같아 보이지만, 그 유사성은 거기서 끝난다. (B) 일반 유리는 총알 한 발에 맞으면 산산조각이 나는 반면, 방탄유리는 한 발 이상의 총알을 견딜 수 있도록 설계되었다. (A) 그렇다면 어떻게 가능할까? 방탄유리 제조의 기본적인 방법은 라미네이션이라고 불리는 과정을 통해 일반 유리들 사이에 폴리카보네이트 소재를 층층이 쌓는 것이다. (C) 이렇게 하면 더 두껍고 유리 같은 소재가 만들어진다. 견고한 투명 플라스틱인 폴리카보네이트는 총알의 에너지를 흡수하여 총알이 유리의 바깥층을 뚫고 지나가지 못하도록 막는다.

어휘 bullet-proof 방탄의 identical 똑같은 bullet 총알 layer 층층이 쌓다; 층 polycarbonate 폴리카보네이트 (플라스틱의 일종) shatter 산산조각이 나다 strike 때리다 resist 견디다, 저항하다 a round of bullet 총알 한 발 tough 견고한 transparent 투명한 pierce 뚫다

09

정답 ③

해설 여러 종교의 특이한 장례 문화를 소개하는 글이다. (A) 앞에서 매장 이외에도 한 사람을 영적인 영역으로 풀어주는 다른 형태들이 전 세계에 있다는 내용이 오고, (A) 뒤에서 많은 문화에서 행해지는 화장에 대한 내용을 예시로 설명하고 있으므로, (A)에 들어갈 연결사로 가장 적절한 것은 For instance이다. 또한, (B) 앞에서는 조로아스터교와 티베트불교에서 행하는 의식이 조로아스터교의 경우 살아있는 사람들의 입장에서 그들이 해를 입지 않기 위한 장례 의식임을 설명하고 (B) 뒤에서는 이와 대조적으로 티베트 불교에서는 이 장례가 죽은 자들을 위한 의식임을 설명하고 있다. 따라서 (B)에 들어갈 연결사로 적절한 것은 In contrast이다.

해석 죽은 사람을 땅에 묻는 것이 가장 일반적이지만, 전 세계의 문화권에서는 고인을 영적인 세계로 보내는 다양한 형태를(형태의 장례를) 치른다. 예를 들어, 많은 문화권에서는 사랑하는 사람을 화장하며, 힌두교 전통에서는 가족이 참석한 가운데 장작불 화장을 한다. 조로아스터교와 티베트 불교에서는 독수리가 유해를 옮길 수 있도록 높은 곳에 화장을 한다. 조로아스터교도들은 이를 통해 산 자의 세계가 죽은 자의 어둠의 세력에 의해 오염되는 것을 방지한다. 대조적으로, 티베트 불교도들은 이것이 시신을 생명의 순환으로 돌려보내는 가장 관대하고 자비로운 방법이라고 믿는다. 비록 관습은 비슷하지만 상징은 매우 다르다.

어휘 lay 두다, 놓다 release 놓아 주다, 보내다 realm 영역, 계 cremate 화장하다 pyre (화장을 위해 쌓아 놓은) 장작더미 cremation 화장 remains 유해 present 참석한 contaminate 오염시키다 compassionate 연민 어린 symbolism 상징성

10

정답 ③

해설 5번째 문장에서 매크로 플라스틱 입자가 아닌 나노 플라스틱 입자가 살아 있는 생물에게 더 독성이 강하다고 했으므로, 글의 내용과 일치하지 않는 것은 ③ '매크로 플라스틱 입자는 유기체의 생물의 소화 시스템으로 인해 더 많은 위험을 초래한다.'이다.

① 플라스틱 오염은 생태계와 사회 모두에게 심각한 문제를 제기한다. → 첫 문장에서 언급된 내용이다.

② 나노 플라스틱이 해양에 미치는 영향은 여전히 분명하지 않다. → 3번째 문장에서 언급된 내용이다.

④ 플라스틱 입자는 노출되면 다양한 생리학적 과정을 방해할 수 있다. → 마지막 문장에서 언급된 내용이다.

해석 환경 플라스틱 오염은 생태학적, 사회적으로 큰 문제가 되고 있다. 플라스틱 오염 물질은 어망이나 일회용 비닐봉지와 같은 큰 쓰레기부터 눈에 보이지 않는 나노 크기의 플라스틱 입자에 이르기까지 그 크기가 매우 다양하다. 대형 플라스틱 쓰레기, 이른바 매크로 플라스틱이 해양 환경에 미치는 가시적인 영향은 관련 증거가 많지만, 미세 플라스틱이나 나노 플라스틱으로 인한 잠재적 피해는 훨씬 덜 명확하다. 미세 플라스틱 입자는 해양 생물에 의해 우연히 섭취되고, 포식자인 물고기가 이를 섭취한다. 나노 플라스틱 입자는 살아있는 생물에게 훨씬 더 독성이 강한데, 소화관 벽을 통해 흡수되어 조직과 장기로 운반되기 때문이다. 결과적으로 그러한 플라스틱 입자는 신경계와 같은 신경 전달 및 담수 및 해양 생물의 면역과 같은 다양한 생리학적 과정을 방해할 수 있다.

어휘 ecological 생태학적 societal 사회적 pollutant 오염물질 debris 쓰레기, 잔해 single-use 일회용의 fishing net 어망 invisible 눈에 보이지 않는 well documented 관련 증거가 많은 particle 입자 organism 생물(체) predator 포식자 digestive tract 소화관 tissue 조직 organ 장기 interfere 방해하다 physiological 생리적인 immunity 면역 freshwater 담수의

01	④	02	④	03	③	04	④	05	②
06	②	07	②	08	②	09	②	10	③

01

정답 ④

해설 인류가 살아남기 위해 고군분투한다는 내용으로 미루어 보아 피해야 할 것은 인류의 생존에 위험을 끼치는 것임을 알 수 있다. 따라서 빈칸에 들어갈 말로 가장 적절한 것은 ④ 'catastrophe(재앙)'이다.

① 구제 ② 번영 ③ 격리

해석 인류는 살아남기 위해 고군분투하고 있고 더 이상의 재앙을 피하기 위해 가능한 모든 것을 해야 한다.

어휘 evade 피하다

02

정답 ④

해설 the right market conditions라는 긍정적인 조건을 보면, 초기 투자금 500달러가 10,000달러로 불어날 가능성이 있을 것으로 유추할 수 있다. 따라서 빈칸에 들어갈 말로 가장 적절한 것은 ④ 'amount to(~에 이르다, 합계가 ~가 되다)'이다.

① 지불하다 ② 줄이다 ③ 시작하다

해석 초기 투자금 500달러는 적절한 시장 조건이 있으면 10,000달러에 이를 가능성이 있다.

어휘 initial 초기의 potential 잠재력, 가능성

03

정답 ③

해설 someone을 선행사로 받아 불완전한 절을 이끄는 주격 관계대명사 who와 선행사에 수일치한 단수 동사 fails는 알맞게 쓰였으며, fails to do의 목적어로 선행사가 없고 뒤에 불완전한 절이 오는 관계대명사 what이 쓰인 것도 적절하다. promise는 to 부정사를 목적어로 취하는 동사이므로 promises to do의 쓰임도 알맞다.

① (successfully → successful) 의문사 how가 이끄는 의문문이 쓰이고 있는데, be동사 is의 보어 자리에는 부사가 올 수 없다. 따라서 부사 successfully를 형용사 successful로 고쳐야 한다.

② (hitting → being hit) 문맥상 회복 중인 경찰관이 머리를 '때린' 것이 아니라 '맞은' 것이므로 능동형으로 쓰인 동명사 hitting을 수동형 동명사 being hit으로 고쳐야 한다.

④ (the way how → the way 또는 how) 선행사 the way와 관계부사 how는 동시에 사용할 수 없으므로 둘 중 하나를 삭제해야 한다.

해석 ① 이 검사는 질병의 확산을 억제하는 데 얼마나 성공적인가요?

② 그 경찰관은 방망이로 머리를 맞고 회복 중이다.

③ 약속한 일을 반드시 하는 사람을 따르라.

④ 그녀의 옷차림은 우리 엄마가 젊었을 때 입던 방식을 연상시켰다.

어휘 contain 억제하다 spread 확산 reminiscent 연상시키는, 생각나게 하는

04

정답 ④

해설 (healthily → healthy) keep이 5형식 동사로 쓰일 때 목적격 보어 자리에 부사는 올 수 없으므로 healthily를 형용사 healthy로 고쳐야 한다. 참고로 try는 '~하기 위해 노력하다'를 의미할 때 뒤에 to 부정사가 와야 하므로 tried to find는 알맞게 쓰였다.

① 명사구 that hard work를 꾸며주는 한정사 All과 '그만큼, 그렇게'의 의미로 형용사 hard를 수식하는 부사 that은 적절하게 쓰였다.

② so를 이용해 긍정 동의를 나타낼 땐 'and so + V + S'의 어순으로 쓰므로, and so are plastic ones는 적절하게 쓰였으며, 이때 앞의 복수 명사 bags를 받는 부정대명사 ones와 그에 수일치한 are의 쓰임도 적절하다.

③ 난이형용사 easy가 사용된 가주어(It)-진주어(to take) 구문이 적절하게 쓰였으며, until이 이끄는 부사절에서 one of 뒤의 복수형 대명사 them과 단수 동사 breaks의 쓰임 또한 적절하다.

어휘 pay off 성과를 거두다 take sth for granted ~을 당연시하다 break down 아주 나빠지다 optimal 최적의

05

정답 ②

해설 교수에게 공기업 인턴십 프로그램 추천서 작성을 요청하는 상황이다. 빈칸 뒤에서 B가 금요일까지 신청서를 제출해야 한다고 말한 것으로 미루어 보아 빈칸에는 제출 기한을 묻는 내용이 와야 한다. 따라서 빈칸에 들어갈 말로 가장 적절한 것은 ② '제가 언제까지 해야 하나요?'이다.

① 그들은 언제 저희에게 알려줄 수 있나요?

③ 서면 제출이 필요한가요?

④ 혼란을 수습하는 것으로 내게 신세 졌네요.

해석 A: 안녕, Violet. 여기는 무슨 일로 왔나요?
B: 좋은 아침입니다, 교수님. 혹시 저에게 공기업 인턴십 프로그램의 추천서를 써 주실 수 있는지 궁금해서요.
A: 그것은 좋은 경험이 될 거예요. 제가 언제까지 해야 하나요?
B: 이번 주 금요일까지 신청서를 제출해야 해요.
A: 알았어요. 목요일 아침까지 준비해 놓을게요.
B: 진심으로 감사드립니다.

어휘 recommendation letter 추천서 publicly owned company 공기업 turn in ~을 제출하다 submission 제출 owe sb a favor ~에게 신세 지다 mess 엉망인 상태, 혼란

06

정답 ②

해설 19세기 중반 미국 남부와 북부 사이의 노예제와 주권에 대한 오랜 갈등으로 인해 미국 남북전쟁이 일어났음을 설명하는 글이다. 따라서 글의 제목으로 가장 적절한 것은 ② '근원 드러내기: 무엇이 남북전쟁을 일으켰나'이다.

① 남북전쟁의 여파: 기억되는 유산 → 남북전쟁 이후에 어떤 결과가 발생하였는지에 집중하는 글이 아닌, 남북전쟁의 배경에 초점을 맞춘 글이다.

③ 그림자에서 영광으로: 남북전쟁의 찬양받지 못한 영웅들

④ 19세기에 걸친 미국의 전쟁에 관한 역사적 기록 → 남북전쟁이 1861년에 발생했음을 언급하고 있긴 하나, 19세기에 일어난 미국 전쟁들을 전반적으로 다루고 있는 것이 아니므로 너무 포괄적이다.

해석 미국의 남북전쟁은 노예제와 주권에 대한 북부 주와 남부 주 사이의 오래된 긴장 끝에 1861년에 시작되었다. 19세기 중반, 미국이 엄청난 성장을 겪을 때, 미국의 북부와 남부 지역 사이에는 근본적인 경제적 차이가 존재했다. 북부는 제조업과 산업이 잘 정착된 특징이 있었고, 농업은 주로 소규모 농장으로 이루어져 있었다. 한편, 남부 경제는 대규모 농업에 의존했고, 특히 목화와 담배와 같은 작물을 위해 흑인 노예들의 노동력에 크게 의존했다. 1830년대 이후 북부에서 커지고 있는 노예제도에 반대하는 정서와 새로운 서부 영토로의 노예제 확장에 대한 북부의 반대는 많은 남부 사람들이 미국에서 노예의 존재, 즉 그들 경제의 근간이 위험에 처했음을 두려워하게 만들었다.

어휘 Civil War 남북전쟁 long-standing 오래된 slavery 노예(제도) undergo 겪다 characterize 특징짓다 well-established 잘 정착된 manufacturing 제조업 rely on ~에 의존하다 dependent on ~에 의존하는 enslaved people 노예화된 사람들, 노예 tobacco 담배 sentiment 정서 lead sb to do ~가 ~하게 유도하다[만들다] backbone 척추, 근간 aftermath 여파 legacy 유산 warfare 전쟁

07

정답 ②

해설 전제의 개념을 설명하는 글이다. 전제는 누군가의 언어 이해력, 기초 연산 능력, 운전 능력 등을 판단할 때 기초가 되는 가정으로, 빈칸 뒤에서 상세한 지식이 확장되는 토대라는 내용을 통해, 전제의 성격을 나타낼 빈칸에 들어갈 말로 가장 적절한 것은 ② '배경이 되는 맥락을 확정한다'이다.

① 개인의 한계를 능가한다 → 개인의 기초적 역량에 관한 전제가 개인의 한계를 넘어선다고 볼 수는 없다.

③ 유연하고 합리적인 사고를 가능하게 한다 → 글에서 전반적으로 다루고 있는 내용은 어떤 조건을 먼저 내세우는 '전제의 개념 및 특성'인데, 이 선지는 '전제로 얻을 수 있는 효과'를 설명하는 것에 가깝다. 이 글은 전제를 생각하는 과정이 유연하고 합리적인 사고를 가능하게 한다는 점을 주장하는 것이 아니라, 전제 그 자체의 개념을 설명하고 있으므로 이 선지는 글의 논지에서 벗어난다.

④ 언어적 이해에 기반을 두고 있다 → 영어에 대한 이해는 전제의 개념을 설명하기 위한 예시로 사용되었을 뿐이며, 글에서 설명된 바와 같이 전제는 언어, 연산, 운전 능력 등 모든 영역에 적용되는 개념이다. 따라서 전제를 단순 '언어적' 이해로 한정하는 것은 적절하지 않다.

해석 '전제'라는 개념은 이해하기 쉽다. 전제란 어떤 것이 사실이거나 존재하는 것이 되기 위해 가정해야 하는 것을 말하고, 이 '어떤 것'이란 고려해야 할 무엇이든 될 수 있다. 이 문장 안의 단어들을 잘 생각해 봐라. 단어를 읽고 그것들을 이해하는 누군가에 대해, 우리는 그 사람이 영어를 이해하고 있다고 예상해야 한다. 몇 개의 숫자를 합산하는 누군가에 대해, 우리는 그 사람이 셈하는 법을 알고 있다고 가정해야 한다. 자동차를 잘 운전하는 누군가에 대해, 우리는 그 사람이 천천히 운전하는 것과 빠르게 운전하는 것의 차이, 그리고 길의 왼쪽에서 운전하는 것과 오른쪽에서 운전하는 것의 차이를 이해한다고 가정해야 한다. 전제는 배경이 되는 맥락을 확정한다. 그것은 우리의 더 상세한 지식이 확장되는 토양이다.

어휘 presupposition 전제 (조건) grasp 이해하다 assume 가정하다 presuppose 가정하다, 상정하다 extend 확장하다; 확장되다 surpass 능가하다 determine 확정하다, 결정하다 foundation 기반, 토대

08

정답 ②

해설 동료들이 회사를 떠나는 것을 지켜보며 사회적 배제감을 느낄 때 다른 사람들을 따라 새로운 기회를 찾기보다는 스스로의 가치와 목표를 돌아보며 경력 선택을 해야 한다는 내용의 글이다. 주어진 문장은 결정을 내리기 전 생각할 시간을 가져보라는 내용으로, 주어진 글 앞에는 내리게 될 결정과 관련된 배경 설명이 나오는 것이 자연스럽다. 그 뒤에는 구체적으로 어떤 생각을 해봐야 하는지에 대한 설명이 나와야 한다. ② 앞에서 다른 사람들처럼 새로운 기회를 모색하지 않는 경우 후회를 느끼는 감정을 정서 예측이라는 정의로 설명하는 내용이 나왔으며 ② 뒤에서는 무슨 생각을 해야 하는지에 대한 구체적인 지침이 나오고 있다. 따라서 주어진 문장이 들어갈 위치로 가장 적절한 곳은 ②이다.

해석 동료들이 회사를 떠나갈 때 당신도 새로운 기회를 찾고 싶은 충동을 느끼게 되어 사회적 배제감에 이르게 될 수도 있다. 이는 당신이 다른 사람들처럼 그 새로운 기회를 찾지 않을 경우 장차 느낄 수 있는 후회를 상상하는, 심리학자들이 "정서 예측"이라고 부르는 것에 관여하는 것은 드문 일이 아니다. 그러나 성급한 결정을 내리기 전에, 다음 단계에 대해 이성적으로 생각할 시간을 가져라. 다른 사람들의 선택과 상관없이, 당신의 고유한 가치와 목표에 대해 혼자 또는 신뢰할 수 있는 파트너와 함께 성찰하는 것에서부터 시작하라. "직업적으로 지금과 미래에 나에게 진정으로 중요한 것은 무엇인가?"를 자문하라. 그런 다음 당신의 이상적인 직장 생활을 달성하기 위해 당신의 현재 역량, 평판, 발전 분야를 솔직하게 평가하라.

어휘 rationally 이성적으로 urge 충동, 욕구 exclusion 배제 engage in ~에 관여하다 affective 정서적인 forecasting 예측 intrinsic 고유한, 본질적인 assess 평가하다 capability 역량 reputation 평판

09

정답 ②

해설 개인적으로 받은 이메일을 다른 사람한테 전달하기 전에 송신자의 허락을 구해야 한다는 내용의 글이다. 따라서 글의 흐름상 가장 어색한 문장은 100% 기밀에 속하는 이메일이 없는 이유가 그것이 서버에 저장되기 때문이라는 내용의 ②이다.

해석 다른 사람에게 보내든 메일 수신자 목록에 보내든 보낸 사람의 허락 없이 사적인 이메일을 전송하는 것을 피하라. 당신이 보낸 모든 이메일이 갑자기 모든 사람들이 온라인에서 읽을 수 있도록 공개된다고 상상해 봐라! (이메일은 서버에 저장되기 때문에 100% 기밀 이메일은 그야말로 존재하지 않는다.) 물론 극단적인 경우이지만, 어떤 사람의 말을 더 널리 퍼뜨리기 전에 물어보는 것이 일반적인 예의다. 대부분의 사람들은 사실 당신의 관심에 으쓱해 할 것이므로 그들은 당신이 그것을 전송하는 것에 대해 일반적으로 이의를 제기하지 않을 것이다. 하지만 여전히 미리 물어보는 것이 예의다.

어휘 forward 전달하다, 전송하다 permission 허락 confidential 기밀의, 비밀의 store 저장하다 courtesy 예의, 공손함 distribute 퍼뜨리다, 분배하다 be flattered 으쓱해 하다 objection 이의, 반대 in advance 미리

10

정답 ③

해설 6번째 문장에서 특정한 스트레스 요인에 국한되는 것은 범불안장애가 아닌 걱정인 것을 알 수 있으므로, 글의 내용과 일치하지 않는 것은 ③ '범불안장애 환자의 걱정은 특유의 스트레스 요인에 한정되는 경향이 있다.'이다.

① 범불안장애를 앓는 사람들은 이유 없이 최악의 상황을 상상하는 경향이 있다. → 4번째 문장에서 언급된 내용이다.

② 범불안장애의 증상은 집중력 문제와 수면 장애를 포함한다. → 5번째 문장에서 언급된 내용이다.

④ 범불안장애는 남성보다 여성에게서 약 두 배 더 흔히 발생한다. → 마지막 문장에서 언급된 내용이다.

해석 범불안장애(GAD)는 수많은 다양한 것들에 대해 지속적이고 과도하게 걱정하는 것이 특징이다. GAD를 앓는 사람들은 재앙을 예상할 수도 있고 돈, 건강, 가족, 일, 혹은 기타 문제에 관해 지나치게 염려할 수도 있다. GAD를 앓고 있는 사람들은 자신의 걱정을 통제하기 어려워한다. 그들은 실제 사건에 관해 타당해 보이는 것 이상으로 걱정하거나, 걱정할 명백한 이유가 없을 때조차 최악의 상황을 예상할 수도 있다. 어떤 사람의 걱정이 최소 6개월 동안 여러 날 있을 때 GAD 진단이 내려지며, 그 사람은 불안, 집중 곤란, 조급증, 근육 긴장, 또는 수면 장애 중 세 가지 이상의 증상을 보인다. 이 점이 특정한 스트레스 요인 또는 더 제한된 기간에 국한될 수 있는 걱정 (증상)과 GAD를 구분해 준다. GAD는 매년 680만 명의 성인, 즉 미국 인구의 3.1퍼센트 비율에서 발생한다. 여성은 남성에 비해 발병 확률이 거의 2배이다.

어휘 Generalized Anxiety Disorder (GAD) 범불안장애 characterize 특징짓다 persistent 지속적인 anticipate 예상하다, 기대하다 warranted 타당한 restlessness 불안, 초조함 irritability 과민성, 성급함, 조급증 disturbance (심리적) 장애 differentiate 구분하다 set 정해진, 특정한 stressor 스트레스 요인 affect 발병하다, 발생하다

01	④	02	②	03	②	04	③	05	③
06	①	07	②	08	③	09	④	10	④

01

정답 ④

해설 discern은 '분별하다'라는 뜻으로, 이와 의미가 가장 가까운 것은 ④ 'distinguish(식별하다, 구별하다)'이다.

① 흩뜨리다 ② 신용을 떨어뜨리다, 의심하다 ③ 틀렸음을 입증하다

해석 추상 미술 작품의 미묘한 뉘앙스를 분별하려면 예리한 안목이 필요하다.

어휘 keen 예리한 subtle 미묘한 nuance 뉘앙스, 미묘한 차이 abstract 추상적인

02

정답 ②

해설 meet halfway는 '양보하다, 타협하다'라는 뜻으로, 이와 의미가 가장 가까운 것은 ② 'concede(양보하다)'이다.

① 명령하다 ③ 계책을 부리다 ④ 순환하다

해석 협상에서, 상호 간에 만족스러운 협의에 도달하기 위해 절충안을 찾고 양보하는 것이 이로운 경우가 많다.

어휘 beneficial 이로운 compromise 타협, 절충안 mutually 상호 간에

03

정답 ②

해설 (them → whom) 두 문장이 접속사 없이 이어지고 있으므로 두 번째 문장을 lesser-known musicians를 선행사로 받는 관계절로 만들어 줘야 한다. 따라서 전치사 of의 목적어 자리에 있는 인칭대명사 them을 목적격 관계대명사 whom으로 고쳐야 한다.

① 형용사 보어 rare가 문두로 와 '형용사 + be동사 + 주어'의 어순으로 도치된 것으로, 복수 명사 주어 the musical organizations에 are로 알맞게 수일치되었다.

③ 콤마(,)로 두 문장이 이어지고 있으며 첫 번째 문장이 완전하므로 부사절 접속사가 필요한데, 문맥상 조건을 나타내는 내용이 되어야 하므로 If는 적절하게 쓰였다. 참고로 soloist와 you 사이에 목적격 관계대명사가 생략되어 heard of 뒤의 목적어 자리가 비어 있다.

④ 추상명사 chances를 선행사로 받아 완전한 절을 이끄는 동격 접속사 that의 쓰임은 적절하다.

해석 유명한 바이올린 연주자와 피아노 연주자들은 통례적으로 한 번의 연주당 3만 달러에서 5만 달러 사이를 번다. 모든 공연마다 그런 연주자들을 고용할 형편이 되는 악단은 드물다. 그래서 많은 교향악단들은 덜 유명한 연주자들에게 의지하는데, 이 연주자들 중 일부는 유명한 연주자들보다 연주를 더 잘할 수 있다. 교향악단에서 한 번도 들어 본 적이 없는 독주자를 고용한다면, 그 사람은 굉장할 가능성이 높다.

어휘 afford ~할 여유가 되다 turn to ~에 의지하다 soloist 독주자

04

정답 ③

해설 '~을 고려하면'이라는 의미를 지닌 분사형 전치사 given이 주어진 우리말에 맞게 쓰여, 뒤에 명사구 embarrassing circumstances를 목적어로 취하고 있는 것은 적절하다. 이때 사정이 '당황스럽게 하는' 것이므로 능동의 현재분사 embarrassing의 쓰임 또한 적절하다.

① (arrives → (should) arrive) 본래 every 뒤에는 '단수 명사 + 단수 동사'가 와야 하지만, essential과 같은 이성적 판단의 형용사가 포함된 가주어(It)-진주어(that절) 구문에서, that절 내의 동사는 '(should) + RV'를 사용하므로 arrives를 (should) arrive로 고쳐야 한다.

② (meet → met) 등위접속사 and에 의해 3개의 과거동사가 병렬 연결되고 있는 형태이므로, meet을 met으로 고쳐야 한다.

④ (which → where 또는 on which) 관계대명사 which 뒤에는 불완전한 절이 와야 하는데 여기서는 완전한 절이 오고 있다. 따라서 which를 장소 명사 the site를 선행사로 받으면서 완전한 문장을 이끌 수 있는 관계부사 where로 고치거나, which 앞에 전치사 on을 더해 '전치사 + 관계대명사'로 만들어야 한다.

어휘 admirably 훌륭하게, 감탄할 만큼 large-scale 대규모의 take place 발생하다

05

정답 ③

해설 무단결근에 대한 방침을 묻는 A의 말에 대하여 급여 세부 항목은 인사팀에게 물어보라는 B의 응답은 적절하지 않다. 따라서 대화 중 가장 어색한 것은 ③이다.

해석 ① A: 오늘 밤에 비가 온다고 했는데, 그렇지?

B: 나도 그렇게 들었어.

② A: 저희랑 같이 저녁 식사하실래요?

B: 저는 그 저녁 식사 초대를 사양해야 할 것 같네요.

③ A: 무단결근에 대한 방침은 무엇인가요?

B: 급여 세부 항목은 인사팀에 물어보세요.

④ A: 방문객들을 위한 주차 공간은 어디에 있나요?

B: 그들은 건물 왼편에 주차할 수 있어요.

어휘 pass on 거절하다 unauthorized absence 무단결근 HR (= Human Resources) 인사팀 paycheck 급여

06

정답 ①

해설 학생들에게 있어 청중의 평가가 중요하다고 주장하는 내용의 글이다. 청중이 평가에 참여함을 알게 될 경우 학생들은 자신의 작품을 더 완벽하게 만들도록 동기 부여를 받고, 청중의 현실적인 평가 기준도 학생들에게 도움이 된다. 따라서 글의 요지로 가장 적절한 것은 ① '진정한 청중이 있는 것은 학생들에게 이득이 된다.'이다.

② 학생들이 현실적인 목표를 설정하는 것이 중요하다. → 학생들이 스스로 비현실적인 목표를 설정함이 언급되어 있긴 하나, 청중 평가의 유용성을 설명하기 위한 부연일 뿐 학생 스스로가 현실적인 목표를 설정해야 한다는 내용이 아니다.

③ 교사는 학생을 가장 잘 평가하는 사람이다. → 선생님이 아닌 청중이 학생들의 작품을 평가해야 한다고 주장하고 있으므로 글의 내용과 반대된다.

④ 청중은 학생들에게 높은 기대를 가져서는 안 된다. → 높은 기대 설정의 위험성이 언급되어 있긴 하나, 이는 청중에 의해 학생들 스스로가 설정하는 높은 기준이 완화되어야 한다는 주장을 부연하기 위한 언급일 뿐, 청중이 학생들에게 높은 기대를 가지지 말아야 한다고 주장하는 글이 아니다.

해석 학생의 결과물이 진정한 청중에 의해 검토되어야 하는 필요는 많은 기술의 습득에 필수적이다. 만일 그들이 해야 하는 일이 교사가 채점할 과제를 준비하는 것뿐이라면 학생들은 최선을 다하려고 애쓰지 않을지도 모른다. 자신의 작품이 경연 심사위원, 교육 위원회, 지역 조직 또는 신문 편집자와 같은 다른 그룹의 평가를 받기 위해 교실을 떠날 것을 알게 될 때 그들은 작품을 다듬거나 더 오래 연습하거나 더 많은 정보를 얻는 데 더 신경을 쓰게 될 것이다. 진정한 청중은 영리한 학생들에게 뛰어나게 잘할 이유, 즉 성적 이상의 이유를 제공한다. 참가자가 사실적인 방식으로 평가되는 것 또한 중요하다. 어떤 학생들은 스스로 너무 비현실적인 기준을 설정하기 때문에 더 현실적인 기준으로 평가받는 것이 도움이 될지도 모른다. 불합리한 기대는 도움이 되기보다 더 해로울 수 있으며, 그것들은 기술 습득에 역효과를 낳을지도 모른다.

어휘 review 검토하다 authentic 진정한, 진짜의, 정확한 strive 노력하다, 애쓰다 contest 경연, 대회 refine 다듬다 excel 탁월하다, 뛰어나게 잘하다 true-to-life 사실에 가까운, 사실적인 counterproductive 역효과를 낳는, 비생산적인

07

정답 ②

해설 노인들은 신체적 및 인지적 능력 저하에도 불구하고 높은 수준의 긍정적인 감정 상태를 유지하며 삶을 살아가고 있음을 시사하는 글로, 빈칸 앞 문장에서 80대 노인들은 삶의 마지막에만 정서적 행복이 급감될 뿐 높은 수준의 긍정적 감정을 즐긴다고 하는 것을 미루어 보아 빈칸에 들어갈 말로 가장 적절한 것은 ② '긍정적인 감정이 노년기 내내 안정적인 상태를 유지한다'이다.

① 감정은 때때로 생각과 추론을 방해한다

③ 나이의 증가가 반드시 행복으로 이어지는 것은 아니다 → 오히려 나이가 들면서 긍정적인 감정을 더 많이 느끼게 된다는 글의 내용과 반대된다.

④ 노인들은 감정 기복에 크게 영향을 받는다 → 나이가 들면서 감정을 더 잘 조절하게 되고 정서가 안정된다고 했으므로 옳지 않다.

해석 고령은 신체적, 인지적 쇠퇴로 특징되어지긴 하지만, 누적되는 연구는 정서적 행복이 노후까지 잘 유지된다는 것을 보여 준다. 실제로, 증가되는 나이는 향상된 감정 조절 및 정서 안정과 관련되어 있다. 단면 연구와 종단 연구는 이러한 연관성을 입증하고, 더 나아가 부정적인 감정 경험의 감소는 연령 집단 전반에 걸쳐 긍정적인 감정의 더 큰 빈도가 동반되어진다는 것을 밝혀낸다. 심지어 80대의 개인들도 높은 수준의 긍정적인 감정을 즐기는데, 노인들은 삶의 "최종 단계"가 되어서야 정서적 행복의 급작스러운 감소를 보인다. 비록 일부 증거들이 주관적 행복에서 나이와 관련된 변화가 기능적 건강상의 제약에 따라 조정되는지 의문을 제기하지만, 전반적으로 이 데이터는 긍정적인 감정이 노년기 내내 안정적인 상태를 유지한다는 것을 보여 준다.

어휘 mark 특징짓다 cognitive 인지적인, 인지의 decline 쇠퇴, 감퇴, 하락 accumulate 누적되다 well-being 행복 cross-sectional study 단면 연구 longitudinal study 종단 연구 substantiate 입증하다 accompany 동반하다 terminal phase 최종 단계 call sth into question ~에 의문을 제기하다 moderate 조정하다 overall 전반적으로

08

정답 ③

해설 신기술 활용과 개발 측면에 있어서 기업 조직이 겪는 이점과 단점에 대한 글이다. 주어진 문장은 신기술을 적극적으로 활용하려는 기업 조직의 모습이 그려져 있는데, 여기서 나온, Business organizations를 They로 받아 기술 발전을 어느 분야에 적용하는지를 설명하는 (C)가 이어지는 것이 적절하다. 그다음으로, However를 통해 앞의 기술 이용의 효율성과 대조적으로 기술 개발의 어려운 점을 시간과 비용 측면에서 서술하는 (A)가 와야 한다. 마지막으로, Simultaneously로 앞 내용에 이어 경쟁의 측면에서 기술 개발의 어려운 점을 추가적으로 설명하는 (B)가 이어지는 것이 자연스럽다. 따라서 글의 순서로 가장 적절한 것은 ③ '(C) - (A) - (B)'이다.

해석 기업 조직은 시간 절약, 비용 절감, 생산성 향상 및 경쟁 우위 확보를 위해 신기술을 열심히 채택하고 활용한다. (C) 그들은 기술 발전을 고용, 아웃소싱, 재고 관리, 품질 관리, 신속한 의사소통 및 고객 범위 확대와 같은 분야에 적용한다. (A) 그러나 적절한 기술을 개발하려면 시간이 많이 걸리고 연구 개발에 상당한 투자가 필요하므로 결과가 좋지 않을 경우 재정적 부담의 위험을 제기할 수 있다. (B) 동시에, 경쟁사가 발명품을 모방하거나 우수한 기술을 개발하여 기존 기술을 구식으로 만들 수 있다는 위협도 있다.

어휘 eagerly 간절히, 열심히 utilize 이용하다 competitive advantage 경쟁 우위 pose 제기하다 simultaneously 동시에 outdated 구식인

09

정답 ④

해설 범죄 조직이 돈을 세탁하는 방법을 설명하는 글이다. (A) 앞에서 불법으로 취득한 돈을 효과적으로 사용하기 위해서 범죄 조직에게 돈세탁이 필수적이라는 내용이 나오고 (A) 뒤에서 합법적인 기관을 통해 돈을 예치할 수단이 필요하다는 그에 따른 결론이 이어지고 있으므로 (A)에 들어갈 연결사로 가장 적절한 것은 As a result이다. 또한 (B) 앞에서 돈세탁 방법 중 하나가 현금 기반 사업체를 이용하는 것이라는 내용이 나오고 (B) 뒤에서 그러한 사업체의 한 예시로 식당을 들어 설명하고 있다. 따라서 (B)에 들어갈 연결사로 적절한 것은 For example이다.

해석 불법으로 취득한 돈을 효과적으로 사용하길 바라는 범죄 조직에게 돈세탁은 필수적이다. 결과적으로, 범죄자들은 합법적인 금융기관에 돈을 예치할 수단을 필요로 한다. 그리고 그것이 합법적인 출처에서 나온 것처럼 보일 경우에만 그렇게 할 수 있다. 돈세탁 기술은 간단한 것부터 매우 복잡한 것까지 다양하다. 일반적인 기법 중 하나는 범죄 조직에 의해 소유된 합법적인 현금 기반 사업체를 이용하는 것이다. 예를 들어, 조직이 식당을 소유하는 경우, 불법 현금을 식당을 거쳐 그 식당의 은행 계좌로 돌리기 위해 일별 현금 수령액을 부풀릴지도 모른다. 그 후 필요에 따라 자금은 인출될 수 있다.

어휘 money laundering 돈세탁 criminal 범죄의; 범죄자 organization 조직 illegally 불법적으로 effectively 효과적으로 deposit 예치하다 legitimate 합법적인 financial institution 금융기관 appear to ~인 것처럼 보이다 source 출처 technique 기법, 기술 cash-based 현금 기반의 inflate 부풀리다 receipts 수령액 channel (돈, 노력 등을) ~에 돌리다 bank account 은행 계좌 withdraw 인출하다 as needed 필요에 따라

10

정답 ④

해설 마지막 문장에서 그 블랙홀은 독특하며 유니콘을 뜻하는 모노케로스자리에서 발견되어 유니콘이라고 불렀다고 언급되므로, 글의 내용과 일치하는 것은 ④ '천문학자들은 이 블랙홀의 이름을 위해 그것의 고유성과 위치를 고려했다.'이다.
① 우주에서 가장 작은 블랙홀은 태양보다 질량이 더 작다. → 첫 문장에서 우주에서 가장 작은 블랙홀이 태양 질량의 3배라고 했으므로 옳지 않다.
② 천문학자들이 발견한 블랙홀은 지구에서 두 번째로 가깝다. → 첫 문장에서 지구에서 가장 가까운 블랙홀이라고 했으므로 옳지 않다.
③ 천문학자들은 이미 지구에서 더 멀리 떨어진 별자리에서 더 많은 작은 블랙홀들을 발견했다. → 2번째 문장에서 우주의 용적을 늘리면 찾을 수 있는 더 많은 작은 블랙홀이 있을 것이라고 했을 뿐 실제로 발견했다고 언급되어 있지는 않으므로 옳지 않다.

해석 천문학자들은 태양 질량의 3배밖에 안 되는 블랙홀을 발견하였는데, 이것은 현재까지 발견된 블랙홀 중 가장 작은 것 중 하나이며, 지구에서 불과 1,500광년 떨어진 곳에서 발견되어 알려진 블랙홀 중 가장 가까운 것이 되었다. 오하이오 주립대학의 천문학자이자 「Monthly Notices of the Royal Astronomical Society」에 발견을 상세히 기술한 새 논문의 저자인 Tharindu Jayasinghe는 이 발견은 "우리가 탐색하는 우주의 용적을 늘리면 찾을 수 있는 더 많은 작은 블랙홀이 있다는 것을 암시한다"고 말한다. 이 발견은 "이러한 시스템을 찾기 위한 추진력을 창출할 것이다." Jayasinghe와 그의 동료들은 이 천체를 "유니콘(unicorn)"이라는 별명으로 불렀는데, 그 이유는 이 천체가 독특하기 때문이기도 하고, 고대 천문학자들이 유니콘을 뜻하는 그리스어에서 이름을 딴 모노케로스자리에서 발견되었기 때문이다.

어휘 astronomer 천문학자 mass 질량 volume 용적 dub 별명을 붙이다 constellation 별자리

01	③	02	④	03	③	04	④	05	④
06	①	07	②	08	③	09	②	10	④

01

정답 ③

해설 빈칸 뒤의 설득력 있는 증거라는 말을 미루어 보아 증언이 믿을만 하다는 내용이 와야 함을 알 수 있다. 따라서 빈칸에 들어갈 말로 가장 적절한 것은 ③ 'conclusive(결정적인)'이다.
① 주변적인, 지엽적인 ② 배회하는, 종잡을 수 없는 ④ 가짜의

해석 배심원들은 그 선서 증인의 증언이 설득력 있는 증거 때문에 결정적이라고 생각했다.

어휘 jury 배심원단 deponent 선서 증인 testimony 증거, 증언 compelling 설득력 있는, 강력한

02

정답 ④

해설 몇 년간 가업을 직접 운영한 후에, 장남을 상대로 그 소유권에 대해 취할 만한 행동은 넘겨주는 것이다. 따라서 빈칸에 들어갈 말로 가장 적절한 것은 ④ 'handed over(물려주다, 양도하다)'이다.
① 생각해 내다 ② 시간을 보내다; (줄에) 걸다 ③ 끝까지 듣다

해석 그는 수년간 가업을 경영한 끝에 장남에게 소유권을 물려줬다.

어휘 family business 가업 ownership 소유권

03

정답 ③

해설 (disturbing → disturbed) 2형식 동사 become의 보어로 분사형 형용사가 오고 있는데, 여기서는 선장이 '불안감을 주는' 것이 아니라 '불안한' 감정을 느낀 것이므로 능동의 현재분사 disturbing을 수동의 과거분사 disturbed로 고쳐야 한다.
① 2형식 동사 get의 보어로 형용사 long의 쓰임은 적절하며, need의 목적어에 온 동명사가 수동의 의미를 나타낼 수 있으므로 cutting의 쓰임도 적절하다.
② 주격 관계대명사 who가 불특정 다수를 칭하는 복수형 대명사 those를 선행사로 받아, 뒤에 주어가 없는 불완전한 절을 이끌고 있는 것은 적절하다. 참고로 to be 뒤에는 이미 앞에서 언급된 happy가 생략되어 있다.
④ 동격의 콤마(,)들 사이에 들어간 수식어구가 뒤에서 주어 The sun을 알맞게 수식하고 있으며 문장의 본동사가 단수 동사 provides로 수일치된 것 또한 알맞다. 동사 provide가 'provide A with B'의 형태로 쓰인 것도 적절하다.

해석 ① 너의 머리카락이 매우 길어지고 있어. 곧 자를 필요가 있겠어.
② 진정으로 행복한 사람들은 그러기로 결심한 자들이다.
③ 선장은 난파에 대한 두려움으로 점점 불안해졌다.
④ 우주의 수백만 개의 별 중 하나인 태양은 우리에게 열과 빛을 제공한다.

어휘 make up one's mind 결심하다 disturb 불안하게 하다 shipwreck 난파

04

정답 ④

해설 (results → no results 또는 achieved → did not achieve) 동사구 did nothing meaningful과 achieved results가 등위접속사 and에 의해 연결된 형태인데, 이때 주어진 우리말은 '성과가 없었다'이므로 and 뒤의 동사구를 부정 형태로 고쳐야 한다. 따라서 형용사 no를 results 앞에 추가하거나 긍정형 동사 achieved를 부정형 did not achieve로 고쳐야 한다. 참고로 needless to say는 '말할 필요도 없이'라는 뜻의 관용구로 주어진 우리말에 맞게 쓰였으며, 형용사 meaningful이 부정대명사 nothing을 뒤에서 수식하고 있는 어순도 적절하다.

① nothing but은 '단지 ~일 뿐인'이라는 뜻으로 주어진 우리말에 맞게 쓰였고, 5형식 간주동사 see가 'see + O + as + OC'의 형태로 적절하게 쓰였다.

② arrive는 완전자동사로 적절하게 쓰였으며, '~직후에'라는 뜻의 부사구 shortly after 또한 주어진 우리말에 맞게 쓰였다.

③ 분사구문의 의미상 주어인 the factory가 '둘러싸인' 것이므로 수동의 과거분사 Surrounded는 적절하게 쓰였다.

어휘 imitation 모방 surround 둘러싸다 accessible 접근 가능한

05

정답 ④

해설 아이들이 복도에 쓰레기를 버리지 않도록 대안을 강구하는 상황이다. B가 A에게 공지를 하거나 포스터를 붙이는 것을 제안했는데, A가 둘 다 해봤다고 한 뒤 but으로 시작하는 빈칸 내용을 말하고, 그다음 B가 새로운 대안이 생각나지 않는다고 하고 있으므로, 빈칸에는 앞에서 제안한 대안이 무용했다는 내용이 와야 한다. 따라서 빈칸에 들어갈 말로 가장 적절한 것은 ④ '둘 다 아무 소득이 없는 걸로 밝혀졌어'이다.

① 위기의 순간들이었어

② 내 팔이 계속 아팠어

③ 확인할 시간이 너무 부족했어

해석 A: 복도 좀 봐! 어린애들이 쓰레기를 아무 데나 버리고 있어.
B: 그러게 말이야.
A: 이걸 멈추려면 뭘 할 수 있을까? 나는 더이상 참을 수 없어!
B: 글쎄, 공지를 하거나 포스터를 붙일 수 있어.
A: 내가 전에 둘 다 해봤는데, 둘 다 아무 소득이 없는 걸로 밝혀졌어.
B: 음... 생각나는 게 없어. 시간을 갖고 그것에 대해 생각하자.

어휘 hallway 복도 litter 버리다 stand 견디다 put up 게시하다 come to mind 생각나다 close call 위기일발 constantly 계속, 끊임없이 sore 아픈 check 확인하다 turn out 밝혀지다 empty-handed 아무 소득이 없는

06

정답 ①

해설 내적 목소리가 실제 기분과 경험에 미치는 영향을 설명하는 글이다. 생각하고 계획하고 상상하는 데 사용되는 우리의 내적 목소리는 우리의 감정에 강력한 영향을 미치며 의식적으로 활용될 수 있음을 강조하고 있다. 따라서 글의 제목으로 가장 적절한 것은 ① '삶에서 목소리의 힘'이다.

② 효과적인 연습 전략들

③ 당신의 의견을 표현하는 방법 → 의견을 표현하는 방법을 소개하는 내용이 아니다.

④ 성가신 내면의 목소리를 진정시켜라 → 내면의 목소리를 통해 변화를 만들어내라는 글의 논지와 반대된다.

해석 우리는 머릿속으로 그림을 그리고 소리를 만들어내서 생각하고, 계획하고, 상상하고, 기억한다. 우리는 말할 내용을 연습할 때와 때때로 책을 읽을 때 상상 속 자신의 목소리를 사용한다. 우리는 계획을 세우거나 의견을 말하거나 궁금한 점이 있을 때 혼잣말을 한다. 우리는 매일 매일 이 목소리를 사용하지만 대부분의 경우 우리는 그 목소리가 얼마나 큰 얼마나 영향력이 있는지 깨닫지 못한다. 그것이(목소리가) 말하는 방식은 우리가 느끼는 방식과 우리가 보는 가능성에 영향을 미친다. 그것은 마치 최면술사를 귀 사이에 두고 있는 것과 같다. 당신은 그 목소리를 사용하여 기분을 근본적으로 바꿀 수 있다. 당신은 똑같은 단어로 똑같은 생각을 하면서도 당신의 경험을 완전히 바꿔놓을 변화를 만들어낸다.

어휘 imagination 상상력, 상상 rehearse 연습하다 talk to oneself 혼잣말하다 day in day out 하루도 빠짐없이 influential 영향력이 큰 possibility 가능한 일, 가능성 hypnotist 최면술사 radically 근본적으로, 급진적으로 mood 기분, 분위기 transform 완전히 바꿔놓다 make oneself heard 자신의 의견을 표현하다 quiet 조용히 시키다, 진정시키다; 조용한 annoying 성가신

07

정답 ②

해설 강력한 민족 국가에서는 중앙정부 관리들의 정책 선호에 따라 의사결정을 이루어지고 있음을 나타내는 내용이다. 빈칸 앞에서 민족 국가가 자신들의 정책 선호도에 근거하여 핵심 자원을 원하는 대로 이용하고 통제하는 모습이 언급되고 있으므로 빈칸에 들어갈 말로 가장 적절한 것은 ② '자신들의 정책 선호도를 강력한 결정으로 바꾸는'이다.

① 다른 주 기관들이 가지고 있는 경험을 장려하는 → 군대, 경찰, 보안 기관, 대중 매체 등의 기관들은 중앙정부 관리들이 통제하는 대상으로 언급되었을 뿐이다.

③ 급변하는 시대에 자신들의 공동체를 자유롭게 해주는 → 공동체를 자유롭게 해줄 권력에 대한 내용이 아니라 민족 국가의 특성상 중앙정부 지도자들이 가지게 되는 권력에 대한 내용이므로 적절하지 않다.

④ 기존의 규범을 여러 집단의 의견을 반영함으로써 수정하는 → 여러 집단의 의견을 반영하여 규범을 수정하는 것이 아닌 중앙정부 공무원들만의 선호에 맞춰 정책을 수정하도록 권력을 행사한다고 언급되어 있으므로 글의 내용과 반대된다.

해석 강력한 민족 국가는 국내의 사회 단체와 외국 기관으로부터의 자율성을 유지한다. 중앙정부 관료들은 민족 집단, 종교 단체, 사회 계층, 다국적 기업, 또는 다른 국가들의 선호가 아닌, 자기 자신들의 정책 선호도에 근거하여 결정을 내린다. 민족 국가는 여러 가지 핵심 자원, 즉 법적 권위, 재정, 정보, 관료주의적 전문 지식, 영토에 대한 지배권을 지속하는 군대와 경찰의 충성심을 보유하고 있다. 군대, 경찰, 보안 기관, 그리고 대중 매체를 통제함으로써, 국가 임원들은 그들의 자원을 사용해서 야당을 탄압하고, 반체제 인사들을 설득하며, 대중 무관심을 유지한다. 따라서 중앙 정부 지도자들은 <u>자신들의 정책 선호도를 강력한 결정으로 바꾸는</u> 권력을 가진다.

어휘 nation-state 민족 국가(자본주의의 발달로 시민 계급이 강화되어 봉건 영주나 다른 민족의 지배에서 벗어난, 민족으로 통일된 근대 국가) autonomy 자치권, 자율성 domestic 국내의 possess 보유하다 religious association 종교 단체 multinational corporation 다국적 기업 bureaucratic 관료주의적인 expertise 전문 지식 loyalty 충성, 충실함 territory 영토 armed forces 군대 repress 탄압하다 opposition 야당 dissident 반체제 인사 apathy 무관심 liberate 자유롭게 해주다 modify 수정하다 norm 규범

08

정답 ③

해설 통계학의 오해와 오명에 대한 글이다. 주어진 문장은 But 뒤에서 this, 즉 앞에 언급된 것들이 통계학 학문에 대한 완전히 잘못된 이미지라고 언급하고 있으므로, 주어진 글 앞에는 그 잘못된 이미지에 대한 묘사가 나와야 하며, 글 뒤에는 현대 통계학의 이미지를 바로잡는 부연 설명이 나와야 한다. ③ 앞에서 통계가 창의력과 즐거움이 건조하고 부족한 학문이라는 잘못된 오해에 대한 내용이 나왔으며, ③ 뒤에서 실제 현대 통계학에 대한 긍정적 특징을 드러내는 부연 설명이 나오고 있다. 따라서 주어진 문장이 들어갈 위치로 가장 적절한 곳은 ③이다.

해석 통계학은 그 본질에 대해 사람들을 현혹시키는 불행하지만 근본적인 잘못된 생각으로 고통받는다. 많은 사람들은 그것이 지루한 산술조작을 필요로 한다고 생각한다. 따라서 그것은 흔히 창의력과 즐거움이 부족한 건조하고 칙칙한 학문으로 인식된다. <u>그러나 이것은 현대 통계학의 학문에 대한 완전히 잘못된 이미지이다.</u> 실제로는 컴퓨터에 의해 탈바꿈된 현대 통계학은 이해와 깨우침을 위한 데이터를 탐구하기 위해 고급 소프트웨어 도구에 의존한다. 그것이 바로 현대 학문의 모든 것, 즉 인식을 향상시키고 통찰력을 찾고 결정을 안내하고 이해와 감시를 위한 시스템을 제공하기 위한 도구를 사용하는 것이다.

어휘 statistics 통계학 misconception 잘못된 생각, 오해 mislead 오해시키다, 현혹시키다 tedious 지루한 manipulation 조작 dusty 칙칙한 rely on ~에 의존하다 enlightenment 이해, 깨우침 enhance 향상시키다 insight 통찰력 monitoring 감시

09

정답 ②

해설 데이터를 활용하는 사회 곳곳의 모습을 나타내는 글이다. 스포츠에서 선수들의 성과를 분석하는 머니볼, 게임 사용자 행동을 수집하고 분석하는 온라인 게임 회사들, 알고리즘을 통해 영화를 추천하는 넷플릭스에 대한 설명이 이어지고 있다. 따라서 글의 흐름상 가장 어색한 문장은 축구를 좋아하는 사람은 축구를 잘 하는 사람을 바로 알아본다는 내용의 ②이다.

해석 데이터의 증가는 사회의 거의 모든 영역에서 일어나고 있다. 만약 당신이 스포츠에 빠져있다면, 아마도 당신은 프로야구를 변화시키고 선수의 경기력 데이터와 분석을 사용하여 이제 대부분의 주요 스포츠에 영향을 미치는 '머니볼'에 대해 알고 있을 것이다. (만약 당신이 축구를 좋아한다면, 단지 1분 동안만 그 경기를 봄으로써 누가 최고의 선수인지 알아내는 데 전혀 어려움이 없을 것이다.) 만약 당신이 온라인 게임에 빠져있다면, 아마도 당신은 징가와 일렉트로닉 아츠와 같은 온라인 게임 회사들이 사용자 행동의 모든 측면을 수집하고 분석한다는 것을 실감할 것이다. 영화를 좋아하는가? 만약 그렇다면, 당신은 아마도 넷플릭스가 당신이 어떤 영화를 좋아할 것인지 예측하기 위해 사용하는 알고리즘에 대해 알고 있을 것이다. 그렇지만 당신은 몇몇 할리우드 영화 제작자들이 알고리즘을 사용하여 재정적으로 지원할 영화를 결정한다는 사실을 들어보지 못했을 수도 있다.

어휘 virtually 사실상, 거의 be into ~에 빠져있다 impact 영향을 미치다; 영향 employ 사용하다 back 도와주다, 후원하다

10

정답 ④

해설 마지막 문장에서 별도의 계약 없이 누구나 인터넷이나 스마트폰 애플리케이션을 통해 차량 예약을 할 수 있다고 언급되므로, 글의 내용과 일치하지 않는 것은 ④ '카셰어링 이용자는 그 서비스를 이용하려면 온라인 계약을 맺어야 한다.'이다.

① 카셰어링은 교통 체증과 주차 문제를 해결하는 수단이 될 수 있다. → 3번째 문장에서 언급된 내용이다.

② 카셰어링 서비스 이용자들은 시간과 장소에 구애받지 않고 차량을 빌릴 수 있다. → 5번째 문장에서 언급된 내용이다.

③ 카셰어링 서비스를 이용하는 사람들은 사용한 시간만큼만 비용을 지불하면 된다. → 6번째 문장에서 언급된 내용이다.

해석 카셰어링은 필요할 때마다 임시 이용할 수 있도록 개인에게 차량을 제공하는 서비스다. 이 서비스를 통해, 사람들은 소유하지 않고도 자동차를 사용할 수 있다. 그것은 교통 체증에 대한 대안이며 주차 문제를 해결하고 오염을 줄인다. 카셰어링은 전통적인 자동차 대여와 다르다. 카셰어링 서비스 이용자들은 그들에게 편리한 장소와 시간에 가끔 사용하거나 더 짧은 기간 동안 차량을 빌릴 수 있다. 또한 당신은 당신이 차량을 사용한 시간만큼만 요금을 지불한다. 별도의 계약서에 서명할 필요 없이 누구나 인터넷이나 스마트폰 애플리케이션을 통해 차량을 예약할 수 있다. 당신은 무인 픽업장에서 차를 픽업할 수 있으며 예약된 기간동안 운전할 수 있다.

어휘 Car-Sharing 카셰어링(차량을 예약하고 자신의 위치와 가까운 주차장에서 차를 빌린 후 반납하는 제도) vehicle 차량 temporary 임시의 own 소유하다 alternative 대안; 대안의 traffic congestion 교통 체증 resolve 해결하다 occasional 가끔 convenient 편리한 sign a contract 계약을 맺다 separate 별도의 reserve 예약하다 unmanned 무인의 point 지점, 장소

01	③	02	②	03	②	04	②	05	②
06	④	07	②	08	③	09	④	10	④

01

정답 ③

해설 식물이 나서 죽기까지 2년이 걸린다는 내용으로 미루어 보아 빈칸에 들어갈 말로 가장 적절한 것은 ③ 'biennial(2년생의, 격년의)'이다.
① 1년생의, 매년의 ② 기이한 ④ 다년생의, 지속되는

해석 싹이 나고 꽃을 피우고 열매를 맺고 죽는 데 2년이 걸리는 식물을 2년생 식물이라고 한다.

어휘 sprout 싹이 나다 bloom 꽃 피우다 bear 맺다, 낳다

02

정답 ②

해설 소나기를 맞아서 비가 멈추기를 기다리는 상황임을 알 수 있다. 따라서 빈칸에 들어갈 말로 가장 적절한 것은 ② 'let up(약해지다, 서서히 그치다)'이다.
① 들여보내다 ③ 돌려주다, 제출하다 ④ 나타나다

해석 그 소년은 농장에서 돌아오는 길에 소나기를 맞았고 빗줄기가 약해지기를 기다려야 했다.

어휘 be caught in a rain shower 소나기를 만나다

03

정답 ②

해설 많은 사고는 '초래되는' 것이므로 수동태 are caused는 적절하게 쓰였으며, people을 선행사로 받아 불완전한 절을 이끄는 주격 관계대명사 who의 쓰임도 적절하다. 접속사 while 뒤에 주어 they와 동사 are가 생략된 것으로, 그들이 '술에 취한' 것이므로 과거분사 intoxicated의 쓰임도 적절하다.
① (are → is) 대명사 neither가 주어로 올 경우 뒤에 'of + 한정사 + 복수 명사 + 단수 동사'의 형태를 취하므로, 복수 동사 are를 단수 동사 is로 고쳐야 한다.
③ (bad → badly) 주격관계대명사 which가 이끄는 관계절에서 건물이 '훼손된' 것이므로 수동태 was damaged로 적절하게 쓰였으나, 형용사는 동사를 수식할 수 없으므로 형용사 bad를 부사 badly로 고쳐야 한다. 이제 새로 지어졌다는 의미로 쓰인 현재완료 has now been rebuilt의 쓰임은 알맞다.
④ (have → had) 첫 책이 출간된 2013년이 영어를 10년 동안 가르친 시점 이후이므로 현재완료 시제 have taught의 have를 과거완료 had p.p.가 되도록 had로 고쳐야 한다.

해석 ① 그의 부모님은 둘 다 어려운 상황을 잘 처리하지 못한다.
② 술에 취한 상태에서 운전하는 사람들에 의해 많은 사고들이 초래된다.
③ 화재로 크게 파손된 건물은 현재 재건축되었다.
④ 내 첫 책이 2013년에 출간되었을 때 나는 10년 동안 영어를 가르치고 있었다.

어휘 intoxicated (술·마약에) 취한 publish 출간하다

04

정답 ②

해설 (to criticize → criticizing 또는 no use → of no use) '~해도 소용없다'라는 뜻의 관용 표현은 'It is no use RVing' 또는 'It is of no use to RV'로 써야 하므로 to 부정사 to criticize를 동명사 criticizing으로 고치거나 no use를 of no use로 고쳐야 한다. 이는 'There is no use (in) RVing' 또는 'It is useless to RV'로도 바꿔쓸 수 있는 점을 참고한다.
① '~할 때면 언제든지'를 나타내는 복합관계부사는 Whenever이므로 적절하게 쓰였다.
③ 'It ~ that' 강조 구문을 이용하여 어제라는 시점을 강조하고 있으므로 It was yesterday that으로 적절하게 쓰였으며, such 뒤에 오는 'a(n) + (형) + 명'의 어순도 적절하다.
④ 최상급 대용 표현으로 '다른 어떤 ~보다도 더 ~하다'를 비교급 higher than과 'any other + 단수 명사'의 any other player로 쓰인 것은 알맞다.

어휘 put on ~을 입다, 쓰다 silly 어리석은

05

정답 ②

해설 전날 먹은 음식 때문에 A가 회사에 출근하기 어려운 상황이다. B가 빈칸 앞에서 안타까움을 표현한 후 뒤이어 한 말에 대해, A가 그러고 싶은데 오전에 중요한 회의가 있다고 응답하고 있으므로 빈칸에는 A가 휴식을 취하는 것을 제안하는 것과 관련된 내용이 와야 한다. 따라서 빈칸에 들어갈 말로 가장 적절한 것은 ② '지금 바로 전화로 병가를 내는 게 어때?'이다.
① 너를 다치게 할 의도는 없었어.
③ 왜 즉시 항의를 하지 않았어?
④ 분명히 말해서, 사장님은 출장 중이셔.

해석 A: 오늘 출근하고 싶지 않아.
B: 무슨 일이야? 괜찮아?
A: 배가 아프고 메스꺼워. 어젯밤에 먹은 매운 파히타가 나와 안 맞았던 거 같아.
B: 그것 참 안됐다. 지금 바로 전화로 병가를 내는 게 어때?
A: 그러고 싶은데, 오늘 오전에 중요한 회의가 있어.
B: 안됐다. 그럼, 약을 좀 먹어. 잠깐은 효과가 있을 거야.

어휘 agree with sb (음식이나 일이) ~의 성미에 맞다 mean 의도하다 call in sick 전화로 병가를 내다 file a complaint 항의를 하다, 불만을 제기하다 for the record 분명히 말해서 on a business trip 출장 중인

06

정답 ④

해설 삶의 의미가 본인의 관점이나 프레임에 의해 형성됨을 강조하는 내용의 글이다. 인생을 살아가는 데 있어 강인한 태도를 가진 사람들과 다소 유약한 태도를 가진 사람들의 차이점은 각자의 상황을 본인들의 마음, 즉 프레임에 맞추는 방식에 있으므로, 행복을 유지하기 위해 긍정적 프레임을 사용해야 함을 시사하고 있다. 따라서 글의 주제로 가장 적절한 것은 ④ '인생에서 프레임 설정의 중요성을 이해하기'이다.

① 직장에서 성공하기 위한 태도 형성하기
② 긍정성의 결과를 강조하기 → 행복한 삶을 유지하기 위해 프레임을 사용하는 것을 긍정성으로 간주할 수는 있으나, 긍정성의 결과가 아닌 영향을 설명하는 내용이므로 적절하지 않다.
③ 사람들을 그들 자신의 관점의 틀에서 보기 → 인생을 다른 프레임을 기준으로 바라보는 두 종류의 사람이 비교되고 있긴 하나, 이는 긍정적 프레임의 중요성을 강조하기 위한 소재로 사용된 예시일 뿐이므로 적절하지 않다.

해석 삶의 어떤 것에도 전적으로 변치 않는 의미란 존재하지 않는다. 그것은 당신이 가져오는 관점에 항상 영향을 받는다. 당신이 보는 것에 가져오는 것의 의미는 관점이나 프레임의 기능이고, 그것들을 통해 당신은 상황을 바라본다. 행복을 유지하는 비결 중 하나는 어려운 시기에 당신의 행복의 원천에 항상 접할 수 있도록 하는 당신의 프레임을 사용하는 것이다. 수년간 나는 일부 끔찍한 비극들을 겪은 사람들과 함께 일하는 기회를 얻었는데, 그들의 프레임은 그들에게 그것들(끔찍한 비극들)을 처리할 수 있도록 하는 놀라운 힘을 주었다. 마찬가지로 나는 비교적 작은 어려움에 엄청난 충격을 받은 몇몇 사람들을 봤다. 차이점은 그들이 이러한 상황들을 그들의 마음에 짜 맞추는 방식에 있었다. 모든 상황에서의 의미란 우리의 인지 프레임으로부터 우리가 포함하고 배제하는 것에 달려 있다.

어휘 absolutely 전적으로 point of view 관점 frame 프레임, 틀, (마음의) 상태, 기분; 틀을 잡다 stay in touch with ~을 접하다 undergo 겪다 tragedy 비극 equally 마찬가지로 devastated 엄청난 충격을 받은 relatively 비교적 exclude 배제하다 perception 인지, 지각

07

정답 ②

해설 유카탄반도의 이름의 유래를 설명한 글이다. 빈칸 앞에서 유카탄반도에 도착한 스페인 탐험가들이 장소의 이름을 물어봤으나 통역사가 없어 원주민들의 말을 이해하지 못했다는 내용이 나오고, 빈칸 뒤에서 유카탄이라는 발음의 뜻은 원주민 언어로 '당신을 이해하지 못해요'라는 뜻이었음을 설명하고 있다. 따라서 빈칸에 들어갈 말로 가장 적절한 것은 ② '말을 오해했다'이다.

① 수화에 의지했다 → 수화와 관련된 내용은 언급된 바가 없다.
③ 언어 장벽을 극복했다 → 서로의 말을 이해하지 못해 발생한 에피소드이므로 글의 내용과 반대된다.
④ 의사소통을 멈췄다 → 빈칸 뒤에서 스페인 탐험가들이 계속 질문을 했다는 내용이 이어지고 있으므로 적절하지 않다.

해석 유카탄반도는 멕시코의 남쪽 끝에 있고 최초의 스페인 탐험가들이 도착하기 훨씬 전에 이 땅에 살았던 마야인들 조상의 고향이다. 첫 스페인 탐험가들이 그 지역에 도착했을 때, 그들은 그 지역에 대한 감을 익히고 그들이 방금 도착한 장소의 이름을 알고자 했다. 불행하게도 그들에게 원주민 언어에서 스페인어로 번역할 수 있는 이용 가능한 통역사가 없어서, 그들은 말을 오해했다. 스페인 사람들이 그 나라가 뭐라고 불리는지 계속 물었을 때, 원주민들은 '유카탄'과 매우 비슷하게 들리는 단어로 계속 대답했는데, 이는 해당 원주민 언어로 "당신 말을 이해할 수 없다"는 의미였다. 그렇게 그 이름은 고착되었다.

어휘 peninsula 반도 ancestral 조상의 inhabit ~에 살다 get a feel for ~에 대한 감을 익히다 translate 번역하다 stick 고착되다 turn to ~에 의지하다 surmount 극복하다

08

정답 ③

해설 인간의 뇌와 컴퓨터의 차이점에 대한 글이다. 주어진 글은 뇌가 컴퓨터와 자주 비교되곤 하는데 근본적으로는 다르다는 내용으로, 둘의 차이점을 뇌와 컴퓨터의 구성 물질로 설명하는 내용의 (C)가 이어져야 한다. 그다음으로, 컴퓨터의 매체 독립적인 특성으로 인해, 컴퓨터가 무엇으로 만들어졌는지는 중요하지 않다는 것을 설명하는 (A)가 와야 한다. 마지막으로 Thus에 이어서 컴퓨터는 구성품을 톱니나 지레로 바꿔도 작동에 영향이 없지만, 이를 뇌의 신경 세포가 하는 역할로 대체하고자 하는 것은 터무니없다는 내용의 (B)가 이어지는 것이 자연스럽다. 따라서 글의 순서로 가장 적절한 것은 ③ '(C) - (A) - (B)'이다.

해석 인간의 두뇌는 종종 가장 복잡한 인공 기계인 디지털 컴퓨터와 비교된다. 그러나 그것들은 근본적으로 다르다. (C) 뇌는 작은 유기 분자, 염수 등과 같은 물질로 만들어진 진화된 생물학적 독립체이다. 그에 반해서 컴퓨터는 실리콘, 금속 및 플라스틱을 이용한 전자 부품과 스위치로 만들어졌다. (A) 기계가 무엇으로 만들어졌는지가 중요한가? 컴퓨터의 경우 정말 그렇지는 않다. 이는 컴퓨터 작업이 모든 계산이 이론상으로는 어떤 매체에서든 수행될 수 있다는 것을 의미하는 '매체 독립적'이기 때문이다. (B) 따라서 최신 컴퓨터의 전자 기기를 톱니나 지레로 대체하는 문제는 그것의 계산 능력에 크게 영향을 미치지 않을 것이다. 하지만 그것들을(톱니나 지레를) 신경 세포처럼 생각에 이용하는 것은 터무니없이 가망 없어 보인다.

어휘 man-made 인공의, 사람이 만든 fundamentally 근본적으로 theoretically 이론상으로 medium 매체 lever 지레, 지렛대 extraordinarily 터무니없이, 엄청나게 unlikely 가망 없는 entity 독립체 component 부품

09

정답 ④

해설 소셜 미디어의 가짜 뉴스 유형을 오보와 허위 정보 두 가지로 나누어 소개하는 내용의 글이다. (A) 앞에서 가짜 뉴스를 구성하는 것과 가짜 뉴스가 공유되는 방법을 볼 때 오보와 허위 정보라는 두 가지의 정보가 있다는 내용이 나오고 (A) 뒤에서 가짜 뉴스를 공유하는 동기와 공유하는 행위자는 다르다는 내용이 이어지고 있으므로 (A)에 들어갈 연결사로 가장 적절한 것은 However이다. (B) 앞에서는 오보에 대한 내용이 언급되며 (B) 뒤에서는 허위 정보에 대한 내용이 대조를 이루며 이어지고 있다. 따라서 (B)에 들어갈 연결사로 적절한 것은 on the other hand이다.

해석 소셜 미디어는 이제 우리 사회에서 거의 피할 수 없는 부분이다. 그것이 신뢰할 수 있는 뉴스 소스가 될 수 있을까? 항상 그런 것은 아니다. 무엇이 "가짜 뉴스"를 구성하고 그것이 어떻게 소셜 미디어에서 공유되는지를 볼 때, 알아야 할 두 가지 종류의 정보, 즉 오보와 허위 정보가 있다. 그 둘은 본질적으로 잘못된 정보이다. 하지만, 내용을 공유하는 동기와 그것을 공유하는 행위자는 매우 다르다. 오보는 때때로 "정직한 실수"를 가리키기도 하는데, 예를 들어 일반적으로 평판이 좋은 미디어에 의해 작성된 기사가 오보를 포함하고 유기적으로 확산하는 경우이다. 반면에, 허위 정보는 고의적으로 잘못된 것이며 전술적으로 퍼진다. 그것은 혼란을 야기하거나 대상 청중이 거짓말을 믿도록 유도하기 위해 명백히 의도된다. 허위 정보는 정보 전쟁에 있어 하나의 전술이다.

어휘 unavoidable 피할 수 없는 not always 항상 ~한 것은 아니다 misinformation 오보 disinformation 허위 정보 refer 가리키다 reputable 평판이 좋은 organically 유기적으로 deliberately 고의로 tactically 전술적으로 explicitly 명백히 target audience 대상 청중 tactic 전술

10

정답 ④

해설 마지막 2번째 문장에서 컬링은 1924년 프랑스 Chamonix 올림픽에서 메달 종목으로 처음 출현했다고 언급되어 있으므로 글의 내용과 일치하지 않는 것은 ④ '컬링은 Nagano에서 메달 종목으로 올림픽에 처음 등장했다.'이다.
① 컬링은 16세기 스코틀랜드로 거슬러 올라간다. → 2번째 문장에서 언급된 내용이다.
② 캐나다 최초의 컬링 클럽은 스코틀랜드의 이민자들에 의해 세워졌다. → 4번째 문장에서 언급된 내용이다.
③ Royal Caledonian Curling Club은 최초의 공식적 컬링 규칙 작성을 담당했다. → 5번째 문장에서 언급된 내용이다.

해석 컬링은 네 명의 선수로 된 두 팀이 교대로 얼음장 위에서 하우스로 알려진 과녁을 향해 돌을 미끄러뜨리는 팀 스포츠이다. 컬링은 스코틀랜드에서 비롯되었으며 1511년으로 거슬러 올라간다. 초기 게임은 얼어붙은 연못과 호수 위에서 다양한 종류의 돌로 만들어진 원시적인 컬링 스톤을 가지고 진행되었다. 스코틀랜드의 이민자들은 그 스포츠를 북미에 전파해서, 첫 캐나다 컬링 클럽이 몬트리올에서 1807년에 문을 열었으며, 첫 미국 컬링 클럽은 1828년 Michigan 주 Pontiac에 나타났다. 스코틀랜드의 Royal Caledonian 컬링 클럽은 흔히 컬링의 '어머니 클럽'이라고 불리며 1838년에 최초의 공식 컬링 규칙들을 작성했다. 컬링은 1924년 프랑스 Chamonix 올림픽에서 메달 종목으로 처음 출현했다. 남성들만이 토너먼트를 열었고, 영국이 금메달을 땄다(팀 전원이 스코틀랜드 사람이었다). 1998년 Nagano에서 올림픽 종목에 공식적으로 추가되기 전에 컬링은 올림픽 시범 종목으로 다섯 번 출현했다.

어휘 primitive 원시적인 spread 퍼뜨리다 so-called 흔히 ~라고 불리는 make an appearance 출현하다 trace back (~로) 거슬러 올라가다 found 설립하다 draft 초안을 작성하다 make one's debut 처음 등장하다, (~에) 발을 들여놓다

| 01 | ① | 02 | ② | 03 | ② | 04 | ② | 05 | ④ |
| 06 | ③ | 07 | ④ | 08 | ② | 09 | ③ | 10 | ③ |

01

정답 ①

해설 disdain은 '경멸하다, 무시하다'라는 뜻으로, 이와 의미가 가장 가까운 것은 ① 'despised(경멸하다)'이다.
② 외치다 ③ 칭찬하다 ④ 추측하다

해석 그 교수는 그 구식의 연구 방법이 거의 80년대에서 온 것 같다고 말하며 그것들을 공개적으로 경멸했다.

어휘 outdated 구식의

02

정답 ②

해설 마을에서 떨어진 곳에서 차가 고장 나서 트렁크에 있는 물건들을 사용하며 밤을 버텨내는 상황임을 알 수 있다. 따라서 빈칸에 들어갈 말로 가장 적절한 것은 ② 'make shift(그럭저럭 꾸려 나가다)'이다.
① 파산하다, 폭락하다 ③ 승리하다 ④ 서먹한 분위기를 깨다

해석 그들의 차가 마을에서 몇 마일 떨어진 곳에서 고장이 난 후, 그 밤을 살아남기 위해 그들은 그 트렁크에 있는 한정된 물품으로 그럭저럭 꾸려 나가야 했다.

어휘 break down 고장 나다 supply 물품

03

정답 ②

해설 (happy → happily) stay는 2형식 불완전 자동사로 뒤에 주격보어가 와야 한다. 이때 happy 뒤에 과거분사형 형용사 married가 있으므로 형용사를 꾸며줄 수 있는 부사가 와야 함을 알 수 있다. 따라서 형용사 happy를 happily로 고쳐야 한다.
① 전치사 after의 목적어로 쓰인 동명사 spending의 쓰임은 적절하다. after는 시간 부사절 접속사로도 쓰이므로, 이때 spending을 접속사가 생략되지 않은 분사구문으로도 볼 수 있다.
③ 사역동사 let의 목적격 보어 자리에서 목적어와 목적격 보어의 관계가 능동일 때 동사원형이 오므로 take의 쓰임은 적절하다.
④ 전치사 like 뒤에서 의문사 where가 간접의문문의 어순으로 완전한 문장을 이끌고 있으므로 적절하다.

해석 25년을 함께 보낸 후에도, Stella와 Joe는 여전히 매우 행복하고 서로를 아주 많이 사랑했다. 한 친구가 그들에게 어떻게 오랫동안 행복한 결혼 생활을 유지했는지 물었다. Joe는 "그것은 쉬워. 우리가 어디에 살고 돈을 어디에 투자해야 하는지 등등 같은 모든 중요한 가족 문제들은 Stella가 맡아서 하게 해."라고 말했다.

어휘 take care of ~을 돌보다 invest 투자하다

04

정답 ②

해설 (have → had) '~하자마자 …했다'는 'Hardly + had + 주어 + p.p. + when + 주어 + 과거동사'로 써야 하므로 have를 had로 고쳐야 한다.
① '~할 정도로 어리석지는 않다'는 'know better than to RV'의 관용 구문을 사용하므로 knows better than to reveal의 쓰임은 적절하다.
③ '부분명사 of 전체명사'가 주어로 오는 경우, of 뒤의 명사에 동사를 수일치 시키므로, 복수 명사 the problems에 맞춘 were의 수일치는 적절하다. 이때 관계절 she created 앞에 목적격 관계대명사가 생략되었음을 참고한다.
④ '아무리 ~해도 지나치지 않다'는 'cannot ~ too (much)'로 나타내므로 cannot emphasize the importance of elections too much의 쓰임은 적절하다.

어휘 reveal 드러내다 fault 잘못 emphasize 강조하다

05

정답 ④

해설 어제의 회의에서 A가 자신의 의견을 강하게 주장하여 상황이 다소 격양된 것에 대해 이야기를 나누는 상황이다. A가 사람들이 불편했을까 걱정된다고 말하자 B가 걱정 마시라고 응답한 후 빈칸에서 말한 내용에 대해 A는 그렇게 말해주다니 정말 친절하시다고 언급하는 것으로 미루어 보아, 빈칸에는 B가 A의 상황을 이해한다며 위로해 주는 내용이 와야 한다. 따라서 빈칸에 들어갈 말로 가장 적절한 것은 ④ '당신의 의견을 옹호하는 것은 잘못된 것이 아닙니다.'이다.
① 당신의 의견으로 다른 사람들을 실망시킬 수도 있었습니다.
② 다른 사람들은 아마 당신의 주장을 무시했을 거예요.
③ 당신은 당신의 생각을 좀 더 강하게 이해시켰어야 했어요.

해석 A: 어제 회의에서 상황이 좀 격해져서 죄송합니다.
B: 괜찮습니다. 당신은 당신의 의견을 이해시키려고 한 것이잖아요.
A: 감사합니다. 하지만 내가 사람들을 좀 불편하게 만든 것 같아 걱정되었습니다.
B: 걱정 마세요. 당신의 의견을 옹호하는 것은 잘못된 것이 아닙니다.
A: 그렇게 말씀해 주시다니 정말 친절하십니다.

어휘 heated 격한, 흥분한 put across 이해시키다, 받아들이게 하다 let down 실망시키다 pass over 무시하다 stand up for 옹호하다

06

정답 ③

해설 전치사와 접속사와 같은 문장 성분들이 텍스트 흐름에 있어 중요한 역할을 한다는 것을 강조하는 내용의 글이다. 특히 텍스트를 안내하고, 강조나 흐름의 변화를 알리고, 지문을 이해하는 데 있어 중요한 지표가 된다는 내용의 글이다. 따라서 글의 제목으로 가장 적절한 것은 ③ '작은 신호에 주의를 기울여라'이다.
① 유용한 표현들을 적어둬라 → 글에서 소개된 다양한 접속사들을 유용한 표현으로 지칭하기에는 무리가 있으므로 적절하지 않다.
② 사실과 이야기를 구별하라 → 전치사나 접속사가 사실이나 서사 정보를 추가하는 역할을 하지 못한다는 것이 언급되어 있긴 하나 이 둘을 구별하는 것이 글의 중심 내용이 아니다.
④ 이전 구절을 계속 파악하라

해석 우리가 텍스트의 페이지를 요리조리 빠져나가면서 우리의 움직임은 사실 주로 전치사 및 접속사 같은 단어 몇 개에 의해 지시된다. 이 몇 개의 단어들은 실제로 사실이나 서사 정보를 추가하는 것이 아니라 대신에 강조나 방향에 있어 전환을 준비하는 교통신호로서 역할을 한다. 'furthermore, however, on the contrary, nevertheless' 같은 구는 이전 구절에 대한 우리의 해석을 강화하고 다음 구절이 어떻게 그것과 맞아떨어질지 우리가 이해하도록 준비시켜 준다. 마지막 구절에 다가오는 구절의 의미를 추가하는 단어로는 'also, and, furthermore, not only … but also, too'가 있다. 그리고 이전의 구절과 다가오는 구절을 대조하는 구 'but, despite, however, nevertheless, instead of, rather than, yet'이 있다. 당신은 이런 작은 단어를 너무 잘 알기 때문에 그것들의 표시로서의 유용성을 간과하기 쉽다. 그러지 말아야 한다.

어휘 thread one's way through 누비며 나아가다 preposition 전치사 conjunction 접속사 narrative 서사, 이야기 shift 전환 emphasis 강조 preceding 앞선, 선행의 passage 구절 overlook 간과하다 marker (무엇의 존재·성격을 나타내는) 표시 keep track of ~의 자국을 뒤밟다, 파악하다

07

정답 ④

해설 객관적 진리를 믿는 것이 편협함을 초래한다는 잘못된 인식을 비판하는 내용의 글이다. 편협함은 사실 객관성이 아니라 교조주의에서 비롯된다고 주장한다. 빈칸 앞에서 객관적인 진리가 있다고 믿는 정도는 그것이 항상 틀릴 수 있다는 것을 인정해야 하는 정도라고 언급하고 있으므로 빈칸에 들어갈 말로 가장 적절한 것은 ④ '틀릴 가능성에 대해 항상 열려 있어야'이다.

① 그것을 얻을 효과적인 수단을 찾기 위해 노력해야 → 객관적 진리를 얻기 위한 수단에 대한 글이 아니므로 적절하지 않다.

② 앞서 수립된 우리의 첫 번째 원칙을 고수해야 → 자신이 수립한 특정한 원칙에 대한 내용이 글에 언급되지 않으므로 적절하지 않다.

③ 편협한 반응에 필연적으로 대비해야 → 객관적 진리를 믿는 것이 편협함을 초래한다는 것은 잘못된 생각임을 주장하고 있으므로 글의 내용과 반대된다.

해석 객관적인 진리를 믿어온 많은 사람들은 편협했다. 그러나 객관적인 진리를 중시하는 것이 대안적 삶의 방식과 신념을 무시하는 것이라고 보는 것은 잘못된 생각이다. 편협함의 원인은 객관성이 아니라 독단주의이다. 그것은 한 사람이 틀릴 수 없다는 감각에서 비롯된다. 많은 사람들은 정말로 자신들 (그리고 자신들만이) 진정한 진리를 안다고 생각한다. 사람들이 어떤 주제든지 진리가 무엇인지 그들 자기로서는 안다고 생각하는 것은 우울할 정도로 흔하다. 하지만 객관성이 있다고 생각하기 위해 우리가 어떤 것을 확실히 안다고 믿을 필요는 없다. 우리가 어떤 주제에 대해 객관적인 진리가 있다고 믿는 정도는 우리가 그 주제에 대해 항상 틀릴 수 있다는 것을 인정해야 하는 정도로, 그것은 우리가 그것에 대한 우리의 믿음이 정확하다고 확신할 수 없다는 것을 말한다. 진리가 객관적이라면, 우리는 틀릴 가능성에 대해 항상 열려 있어야 한다.

어휘 intolerant 편협한, 너그럽지 않은 value 중시하다 disregard 무시 alternative 대안의 dogmatism 독단주의 stem from ~에서 비롯되다 depressingly 우울할 정도로 degree 정도 strive 노력하다 means 수단 stick to ~을 고수하다

08

정답 ②

해설 관리자를 위한 보편적 도구로서 질문의 본질적 역할을 강조하는 내용의 글이다. 주어진 글은 목수와 치과 의사와 의사를 예시로 각각의 전문가들에게 필요한 도구를 나타내고 있으므로, 이때 For example에 유의하여 주어진 문장 이전에는 이 예시에 대한 설명이 제시되어야 하며 그 뒤에서는 각 전문가에게 필요한 도구에 대한 부연이 오는 것이 자연스럽다. ② 앞에서 대부분의 전문가들은 자신의 기술에 사용할 도구 세트를 가지고 있다는 내용이 나왔으며 ② 뒤에서 기본 도구 없이 일하는 사람을 상상하기 어렵다는 부연이 이어지고 있다. 따라서 주어진 문장이 들어갈 위치로 가장 적절한 곳은 ②이다.

해석 모든 관리자는 어떤 수준의 어느 조직에나, 어떤 상황, 전 세계 어디서나, 어떤 언어로서도 기본적인 질문 세트를 사용할 수 있다. 이러한 질문은 각 관리자가 직업에 합류할 때 지급받아야 하는 도구이다. 대부분의 전문가는 자신의 기술에 사용할 기본 도구 세트를 가지고 있다. 예를 들어, 목수에게는 망치가 있고, 치과 의사에게는 (이를) 쑤시는 도구가 있고, 의사에게는 청진기가 있다. 기본 도구 없이 자신이 선택한 분야에서 일하는 사람은 상상하기 어렵다. 관리자에게도 질문이라는 기본적인 도구가 있다. 그리고 관리자에게나 권위나 책임이 있는 위치에 있는 사람에게 질문하는 것만큼 간단하거나 복잡한 것은 없다. 우리 중 일부는 그것을 아주 잘한다. 우리는 항상 적절한 시기에 적절한 질문을 하는 것 같다. 우리 중 다른 사람들은 제대로 준비가 덜 되어 있고 우리의 질문은 종종 우리가 원하거나 비즈니스에 필요한 종류의 결과를 내지 못한다.

어휘 stethoscope 청진기 issue 발급하다, 지급하다 profession 직업 implement (흔히 옥외 활동에 쓰이는 간단한) 도구[기구] craft 기술 envision 상상하다 authority 권위 be good at ~을 잘하다 yield 내다, 산출하다

09

정답 ③

해설 상업 스포츠의 사업 운영 방식을, 특히 프로 스포츠에서의 카르텔 형성과 관련지어 설명하는 글이다. 구단주들이 중계권 판매를 통해 비용 통제, 경쟁 제한, 수익 증대를 꾀하며, 경기장 건설 및 운영과 관련하여 공적 지원, 보조금, 세금 감면 등의 혜택을 받는 특수한 사업 형태를 띤다는 것이 특징이다. 따라서 글의 흐름상 가장 어색한 문장은 스포츠에 종사하는 사람들의 성향과 그들이 대중을 감동시키는 방식을 언급하는 내용의 ③이다.

해석 상업 스포츠는 독특한 사업이다. 마이너 리그 수준에서, 그것은 소유주와 후원자들에게 그다지 크지 않은 수익을 창출한다. 그러나 프로 스포츠의 최고 수준에 있는 팀 소유주는 상당한 수익을 내기 위해 카르텔을 형성해 왔다. 이벤트 후원자와 기획자처럼, 팀 소유주도 돈을 벌기 위해 상업 스포츠에 관여함과 동시에 즐기면서 그들 자신이나 그들의 기업과 기업 제품 및 정책을 위한 좋은 이미지를 확립한다. (스포츠에 종사하는 사람들, 특히 선수들은 미적인 성향보다 영웅적 성향을 강조하고, 스타일과 극적인 표현을 사용해 일반 대중에게 감동을 준다.) 그들의 카르텔은 그들로 하여금, 비용을 통제하고 경쟁을 억제하며 수익, 특히 미디어 회사에 방송권을 판매하는 데서 비롯되는 수익을 증대할 수 있게 한다. 흔히 세금 감면과 경기장 및 무대의 건설 및 운영과 관련되어 있는 공공 지원 및 보조금 덕분에 수익 역시 향상된다.

어휘 modest 그다지 크지[많지] 않은, 보통의 revenue 수익 artel 카르텔, 기업 연합 promoter 기획자 corporate 기업의 heroic 영웅적인 orientation 방향, 지향, 성향 aesthetic 미적인 impress 감동을 주다 stifle 억제하다, 억압하다 broadcasting right 방송권 subsidy 보조금 tax break 세금 감면 operation 운영

10

정답 ③

해설 마지막 2번째 문장에서 메타 분석은 연구 조사 결과들을 요약하는 통계량을 부호화하고 분석하기 위한 기술이라고 언급되므로, 글의 내용과 일치하는 것은 ③ '통계적인 자료는 메타분석을 수행하기 위한 근본적인 재료이다.'이다.

① 메타 분석은 선행 연구를 종합하고, 보고하는 유일한 방법론이다. → 첫 번째 문장에서 메타 분석은 이전 연구를 요약, 통합, 해석하는 방법 중 하나라고 했으므로 옳지 않다.

② 이론적 논문은 메타 분석을 수행하여 정확하게 요약될 수 있다. → 4번째 문장에서 메타 분석은 이론 논문을 요약하는 데 사용될 수 없다고 했으므로 옳지 않다.

④ 요약 통계량을 보고한 연구 논문에서 항상 더 유용한 결과를 거둬들일 수 있다. → 마지막 문장에서 관련 연구의 모든 데이터 세트가 이용 가능할 경우에만 전통적인 방식을 사용하여 분석하는 것이 일반적으로 더 적합하다고 언급되므로 옳지 않다.

해석 메타 분석은 다양한 지식 분야의 이전 연구를 요약하고 통합하고 해석하는 많은 방법들 중 단지 하나일 뿐이다. 그리고 그것(메타 분석)은 다소 제한된 응용 가능성을 가진다. 우선, 이것은 오직 실증 연구 논문에만 적용한다. 그것은 이론 논문, 정책 제안서 그리고 같은 종류의 것을 요약하는 데 사용될 수 없다. 둘째, 그것은 오직 양적 조사 결과들, 즉, 결과를 기술하기 위해 수치를 사용하는 연구 논문에만 적용할 수 있다. 이것은 사례 연구, 민족지학과 같은 연구의 질적 형태를 배제한다. 셋째, 메타 분석은 그것들이 전형적으로 연구 보고에 나타나는 것처럼 연구 조사 결과들을 요약하는 통계량을 부호화하고 분석하기 위한 기술이다. 만약 관련 연구의 모든 데이터 세트가 이용 가능하다면, 그것은 요약 통계량을 메타 분석하는 것보다 직접 전통적인 방식을 사용하여 그것들을 분석하는 것이 일반적으로 더 적합하고 유용한 정보를 제공할 것이다.

어휘 integrate 통합하다 discipline 지식 분야 applicability 응용 가능성 empirical 실증적인 theoretical 이론적인 quantitative 양적인 rule out 배제하다 qualitative 질적인 ethnography 민족지학 inquiry 연구, 탐구 encode 부호화하다 informative 유용한 정보를 주는, 유익한 conventional 전통적인, 종래의 meta-analyze 메타 분석을 하다 sole 유일한 utilize 이용하다 reap 거두다

01	③	02	②	03	③	04	③	05	③
06	④	07	④	08	④	09	②	10	④

01

정답 ③

해설 빈칸 뒤에 위태롭게 균형을 잡고 다양한 동작을 수행하는 신체적 능력이라는 내용이 나왔으므로 빈칸에 들어갈 말로 가장 적절한 것은 ③ 'pliable(유연한)'이다.

① 굳은 ② 서투른 ④ 사려 깊은

해석 체조 선수들은 좁은 평균대 위에서 위태롭게 균형을 잡는 등 다양한 동작을 수행할 수 있을 정도로 <u>유연한</u> 신체 능력을 자랑한다.

어휘 gymnast 체조 선수 physical 신체적인 precariously 위태롭게 beam 평균대

02

정답 ②

해설 burst ino는 '갑자기 ~하기 시작하다'라는 뜻으로, 이와 의미가 가장 가까운 것은 ② 'broke into(갑자기 ~하기 시작하다)'이다.

① 꽉 붙잡다, 기다리다 ③ ~에 기대다 ④ 우연히 마주치다

해석 화산이 화산재와 용암을 하늘로 뿜어내며 <u>갑자기 폭발하기 시작했다.</u>

어휘 eruption 폭발 spew 내뿜다 lava 용암

03

정답 ③

해설 의문형용사 which가 이끄는 명사절이 문장의 주어 역할을 하고 있으며, team member는 '선택되는' 것이므로 수동태 will be chosen으로 적절하게 쓰였다. 의문사가 이끄는 명사절은 단수 취급하므로, 단수 동사 is로 수일치한 것과, 보어 자리에 쓰인 형용사 unclear의 쓰임 또한 적절하다.

① (to repair → repaired) 준사역동사 get은 목적어와 목적격 보어의 관계가 능동이면 to RV를, 수동이면 p.p.를 목적격 보어로 취하는데, 여기서는 vehicle이 '수리되는' 것이므로 수동을 나타내는 repaired를 써야 한다.

② (that → what) 현재분사구 carrying that appeared to be a gun이 명사 A man을 수식하고 있으며, 이때 carrying의 목적어 자리에서의 선행사 없이 명사절을 이끌 수 있는 것은 관계대명사 what이므로 that을 what으로 고쳐야 한다. 명사절 접속사 that은 뒤에 완전한 문장이 오는 차이에 유의한다.

④ (is → are) 문장의 본동사는 specifies이며 목적어로 명사절 접속사 that이 생략된 명사절이 이어지고 있다. 이때 명사절의 동사는 부분명사 all of 뒤의 복수 명사 the applicants에 수일치하므로 단수 동사 is를 복수 동사 are로 고쳐야 한다.

해석 ① 차량 수리는 언제 해주실 건가요?

② 총으로 보이는 것을 들고 있던 한 남자가 경찰의 총에 치명상을 입었다.

③ 어떤 팀원이 회사 대표로 선택될 것인지는 여전히 불확실하다.

④ 지원 공고는 모든 지원자들이 마감 전에 지원할 것을 요구받는다는 것을 명시한다.

어휘 shoot 총을 쏘다 represent 대표하다 specify 명시하다 applicant 지원자 apply 지원하다

04

정답 ③

해설 (remind → reminding) 전치사 without의 목적어 역할을 하면서 뒤에 재귀대명사 myself를 목적어로 취할 수 있는 것은 동명사이므로 remind를 reminding으로 고쳐야 한다. '~할 때마다 ~한다'는 관용구는 'never ~ without RVing'으로도 표현하는 점과 'remind A of B'는 'A에게서 B를 생각나게 하다'를 뜻하는 것을 참고한다.

① 타동사 see의 목적어 자리에서 '~인지'의 의미로 완전한 절을 이끌 수 있는 명사절 접속사 if의 쓰임은 적절하다.

② 분사구문의 의미상 주어인 Kane이 혜성에 '매료된' 것이므로, 수동의 과거분사 Fascinated로 쓴 것은 적절하다.

④ 명사절 접속사 What이 이끄는 명사절이 문장의 주어 역할을 하고 있으며, 주어 자리에 온 명사절은 단수 취급하므로 단수 동사 is로 알맞게 수일치 되었다. 'of + 추상명사'는 형용사 역할을 할 수 있으므로, '흥미로운'의 의미를 나타내는 of interest로 적절하게 쓰였다.

어휘 fascinated 매료된 remind 생각나게 하다, 상기시키다

05

정답 ③

해설 B가 영국으로 발령을 받은 상황에 대한 대화이다. 집을 알아보기 시작했다는 B의 말에 A가 그곳의 집세가 비싸다고 들었다고 말하자 B는 회사가 집세를 부담해 준다고 말한 뒤, 빈칸 뒤에서 새로운 환경에 적응하는 것이 더 걱정된다고 얘기하고 있으므로 빈칸에는 집세는 걱정이 안 된다는 내용이 와야 한다. 따라서 빈칸에 들어갈 말로 가장 적절한 것은 ③ '그게 내 큰 걱정거리는 아니야'이다.

① 그건 네가 상관할 게 아니야

② 그곳에서 사는 것은 매우 힘들 거야

④ 나는 내 친척 집에서 지낼 거야

해석 A: 네가 런던으로 발령 났다고 들었어.

B: 맞아. 그곳에서 앞으로 2년 정도 있을 거야. 그곳에서 살 집을 구하려던 참이야.

A: 그곳의 집세가 매우 비싸다고는 들었어.

B: 회사가 그것(집세)을 부담해 줘서 <u>그게 내 큰 걱정거리는 아니야.</u> 새로운 모든 것에 적응하는 것이 가장 걱정되기는 해.

A: 겁먹지 마. 언제나처럼 네가 해낼 걸 알아.

B: 격려해 줘서 고마워.

어휘 get assigned 배정받다 house-hunting 집 구하기 rent 집세 pricy 비싼 cover 부담하다 get used to RVing ~에 익숙해지다 encouragement 격려

06

정답 ④

해설 신입 사원의 성공과 더 나아가 조직의 성공이 조직 구성원들의 관계에 달려 있음을 강조하는 내용의 글이다. 조직은 기본적으로 함께 일하는 사람들에 의해 형성되고 특히 신입 직원들이 성공하기 위해서 조직 내의 강력한 관계성이 중요함을 강조하고 있다. 따라서 글의 요지로 가장 적절한 것은 ④ '직장 내 좋은 인간관계는 신입사원의 성공의 열쇠이다.'이다.
① 새로 고용된 사원에게는 신뢰와 열정이 필수 덕목이다. → 신입사원에게 있어서 중요한 것은 조직 내의 강력한 관계라고 언급되므로 적절하지 않다.
② 직장에서 직원들을 만족시키는 것은 늘 도전적이다. → 조직의 성공을 직원 만족이 아닌 조직 내의 관계에서 찾고 있는 내용이므로 적절하지 않다.
③ 승진의 공정성은 직장 내 분위기에 큰 영향을 미친다. → 승진과 관련된 내용은 글에서 언급되지 않는다.

해석 조직은 단순히 업무와 의무의 집합일 뿐만 아니라 공동의 목표를 달성하기 위해 함께 일하는 사람들이다. 사람들은 조직을 형성하고, 일이 어떻게 이루어지는지를 결정하고, 직원의 미래를 정하고, 그 조직의 성공을 결정한다. 게다가, 신입사원이 조직에서 성공하게 되는 방법(목표를 성취하는 방법, 문화가 무엇인지, 자신들의 생각을 납득시키는 방법 등)을 배울 유일한 방법은 조직 내의 다른 사람들로부터 온다. 이러한 교훈들은 글로 쓰여 지지 않으며, 조직 내의 다른 사람들로부터만 배워질 수 있다. 그러면 결과적으로 좋은 관계를 맺는 것이 그들이 그들의 직장에서 성공할 수 있는 유일한 방법이다. 조직 내에서 강력한 관계가 없다면, 당신의 신입사원은 우수한 업무 수행자로 발전하지 못할 것이다.

어휘 accomplish 성취하다, 달성하다 sell 납득시키다 new hire 신입사원 outstanding 우수한 enthusiasm 열정 virtue 미덕, 덕목 fairness 공정성 promotion 승진

07

정답 ④

해설 캐리비안의 해적과 같은 영화로 고착화된 해적의 이미지에 대한 오해를 특히 해적의 안대를 중점에 두고 설명하는 글이다. 빈칸 앞에서 안대는 갑판 위아래를 다니던 하급 선원을 위한 것이었음과, 빈칸 뒤에서 어두운 화물칸에 들어갔을 때 안대를 다른 쪽으로 바꿔서 원하는 물건의 위치를 쉽게 찾아냈다는 말을 통해, 안대 착용의 목적이 밝은 곳과 어두운 곳을 오갈 때 잘 적응하기 위함이었음을 알 수 있다. 따라서 빈칸에 들어갈 말로 가장 적절한 것은 ④ '어둠에 더 빨리 적응하도록'이다.
① 강렬한 햇빛으로부터 쉽게 하도록 → 안대는 햇빛 아래에서뿐만 아니라 어두운 갑판 아래 들어갔을 때 물건을 잘 찾기 위한 목적도 있으므로 적절하지 않다.
② 멀리서 표적을 추적하도록
③ 전투 후에 다치지 않은 채로 있도록

해석 <캐리비안의 해적>과 같은 영화들 때문에, 우리 중 다수는 해적에 대한 특정한 이미지를 가지고 있다. 그들(해적)은 강렬한 억양으로 말하고, 별로 서로가 널빤지 위를 걷게 한다. 하지만, 예전 현실 세계의 해적들은 당신이 스크린에서 본 것과 일치하지 않았다. 무엇보다도, 안대는 당신이 생각했던 것처럼 칠대양을 지배하는 악명 높은 해적 선장들의 상징이 아니었다. 사실, 해적들이 안대를 착용하기는 했지만, 그것은 주로 모든 잡일을 하면서 항상 갑판 위아래를 다녀야 했던 하급 선원들을 위한 것이었다. 그들의 눈이 어둠에 더 빨리 적응하도록 돕기 위해 해적들은 한쪽 눈에 헝겊 조각을 대었다. 그들이 밧줄, 여분의 캔버스 천, 또는 포탄을 가져가기 위해 갑판 아래의 어두컴컴한 화물칸에 들어갔을 때, 그들은 안대를 다른 쪽 눈으로 바꾸기만 하면 되었고, 횃불의 빛 없이도 그들이 원하는 것의 위치를 쉽게 찾아낼 수 있었다.

어휘 intense 강렬한, 극심한 accent 억양, 강세 plank 나무판자, 널빤지 notorious 악명 높은 rule 지배하다 sailor 선원 deck 갑판 all the time 늘, 항상 chore 허드렛일, 잡일 patch 덧대다; 조각 dimly-lit 어두컴컴한, 불빛이 희미한 cargo hold 선창, 화물칸 canvas 캔버스 천 (돛의 소재) cannonball 포탄 locate ~의 위치를 찾아내다 torchlight 횃불의 빛 track 추적하다 at a distance 멀리서, 멀리에 있는 uninjured 다치지 않은 adjust to ~에 적응하다

08

정답 ④

해설 주어진 문장은 사회과학에서의 사랑이 유럽인들에 의해서만 몇 백 년 전에 도입된 것이라는 내용으로, 뒤에는 이것이 틀렸음을 지적하며 사랑의 증거가 전 세계 문화권에 있다는 내용의 (C)가 이어지는 것이 자연스럽다. 그다음으로 네 가지 사랑의 증거를 다양한 문화를 대상으로 조사한 내용을 언급하는 (B)가 온 뒤, (B)에서 언급된 네 가지 증거를 these phenomena로 받아 이 현상이 해당 문화권에서 88.5% 드러났음을 말하며 사랑이 미국이나 서구 문화에만 국한된 것이 아님을 다시 한번 강조하는 (A)가 와야 한다. 따라서 글의 순서로 가장 적절한 것은 ④ '(C) - (B) - (A)'이다.

해석 사회과학에서 사랑은 낭만적인 유럽인들에 의해서만 몇 백 년 전에 도입된 비교적 최근 발명으로 보여진다. (C) 연구는 이것이 근본적으로 틀렸다는 것을 시사한다. 사랑은 전 세계 문화권의 사람들에 의해 경험된다는 증거가 있다. (B) 전 세계 168개 다양한 문화를 대상으로 한 조사에서, 두 명의 인류학자는 사랑의 존재에 대한 증거의 네 가지의 출처, 즉 사랑 노래, 부모의 희망에 반하는 연인의 도망, 상사병을 보도하는 문화 정보원, 그리고 낭만적인 얽히고설킨 관계를 묘사하는 민속 문화를 조사했다. (A) 이러한 현상들을 이용하여, 그들은 문화의 88.5퍼센트에서 낭만적인 사랑의 존재에 대한 증거를 찾았다. 분명히 사랑은 미국이나 서구 문화에 국한된 현상이 아니다.

어휘 relatively 비교적 phenomenon 현상(pl. phenomena) evidence 증거 presence 존재 anthropologist 인류학자 informant 정보원 lovesickness 상사병 depict 묘사하다 folklore 민속 문화 entanglement (다른 사람·국가와의) 얽히고설킨 관계 radically 근본적으로

09

정답 ②

해설 힘들거나 어려운 상황을 포함한 모든 경험은 가치가 있음을 주장하는 글이다. (A) 앞은 당신이 진로를 바꾼다고 하더라도 각각 경험을 통해 지식과 통찰을 얻었음을 주장할 수 있다는 내용이며, 뒤는 어려서 겪는 경제적 어려움이 미래에는 용기로 작용한다는 내용이므로, (A)에 들어갈 연결사로 가장 적절한 것은 For example이다. 또한, (B) 앞은 고난을 겪을 때에는 매우 힘들게 느껴질 테지만 미래에는 그 경험으로 얻은 힘이 필요한 손을 들어준다는 내용이고 (B) 뒤에서 앞 내용을 정리하며 파괴적인 경험으로 유익한 결과를 얻을 수 있다고 결론짓고 있으므로, (B)에 들어갈 연결사로 가장 적절한 것은 Thus이다.

해석 모든 상황은 당신에게 새로운 미래를 설계할 기회를 준다. 설령 당신이 사고 습관을 바꿈으로써 진로를 조정하기로 결정한다고 할지라도, 당신은 각각의 경험이 제공하는 지식과 통찰이 사실이라고 여전히 주장할 수 있다. 예를 들어, 어려서 경제적 고난을 겪는 것은 나중에 당신이 사업을 시작할 수 있는 용기를 줄 수 있다. 그 고난은 실제로 당신의 실패에 대한 두려움을 해소시켰을지도 모른다. 당시에는 그 고난이 대단히 파괴적으로 보였을지도 모르지만, 미래에는 당신이 획득한 그 힘은 딱 당신에게 필요한 손을 들어주는 것이 될지도 모른다. 따라서, 파괴적인 경험으로부터 당신은 유익한 결과를 가져올 수 있다. 당신이 자신의 상황을 자신에게 일어나고 있는 것으로 (인식할 것인지) 또는 당신이 이득을 얻을 수 있는 것으로 인식할 것인 지에 관한 선택은 당신의 것이다.

어휘 present 주다, 제시하다 adjust 조정하다 hardship 고난, 어려움 dissolve 해소시키다 devastating 대단히 파괴적인 destructive 파괴적인 bring about ~을 가져오다, ~을 유발하다 as to ~에 관한 benefit from ~에서 이득을 얻다

10

정답 ④

해설 마지막 문장에서 평균 반감기의 넓은 범위는 과다복용으로 이어질 수 있는 정확한 카페인 양을 알기 어렵게 한다고 했으므로 글의 내용과 일치하지 않는 것은 ④ '다양한 반감기 범위는 카페인 과다 복용을 예측하는 데 도움이 된다.'이다.
① 건강한 성인은 카페인 섭취량을 매일 400mg으로 제한해야 한다. → 2번째 문장에서 언급된 내용이다.
② 카페인이 아기에게 미치는 영향은 아직 불확실하다. → 5번째 문장에서 언급된 내용이다.
③ 나이, 체중, 전반적인 건강은 안전한 카페인 섭취 수준에 영향을 미친다. → 6번째 문장에서 언급된 내용이다.

해석 카페인은 당신을 깨우고 각성시키는 자극제로, 다양한 음식, 음료수, 그리고 다른 제품들에서 찾아볼 수 있다. Mayo Clinic에 따르면, 건강한 성인에게 권장되는 카페인의 양은 하루에 최대 400 밀리그램이다. 이 양 이상으로 섭취하면 카페인 과다복용이 발생할지도 모른다. 청소년들은 하루에 카페인을 100 mg 이내로 제한해야 한다. 임산부는 그들의 하루 카페인 섭취량을 200 mg 밑으로 제한해야 하는데, 아기에게 미치는 카페인의 영향이 완전히 알려지지 않았기 때문이다. 하지만, 안전한 카페인 (섭취) 양을 구성하는 것은 나이, 몸무게, 전반적인 건강 상태에 따라 모두 다르다. 혈액 내 카페인의 평균 반감기는 1.5시간에서 9.5시간이다. 이것은 혈액 속의 카페인 수치가 원래 양의 절반으로 떨어지기까지 1.5시간에서 9.5시간이 걸릴 수 있다는 것을 의미한다. 이렇듯 평균 반감기의 넓은 범위는 과다복용으로 이어질 수 있는 정확한 카페인 양을 알기 어렵게 한다.

어휘 stimulant 자극제 overdose 과다복용 ingest 섭취하다, 삼키다 no more than 이내, ~까지 pregnant 임신한 constitute ~에 해당하다, ~을 구성하다 half-life (화학 반응 물질 효력의) 반감기 intake 섭취(량)

01	④	02	②	03	④	04	②	05	③
06	④	07	③	08	②	09	③	10	④

01

정답 ④

해설 defer는 '연기하다, 미루다'라는 뜻으로, 이와 의미가 가장 가까운 것은 ④ 'postpone(연기하다)'이다.
① 수집하다 ② 매다 ③ 빼다

해석 정부가 지원하는 특정 (담보) 대출을 보유한 집주인들은 어려움을 겪고 있는 임대인에 대한 지원을 유지하는 한 지급을 연기할 수 있다.

어휘 landlord 집주인 mortgage (담보) 대출 struggle 어려움을 겪다 renter 임대인, 임대 업자

02

정답 ②

해설 boil down to는 '결국 ~이 되다, ~으로 귀결되다'라는 뜻으로, 이와 의미가 가장 가까운 것은 ② 'result in(결국 ~이 되다, ~으로 귀결되다)'이다.
① 기입하다, 작성하다 ③ 뒷받침하다 ④ ~에서 유래하다

해석 궁극적으로, 새로운 방법의 성과는 그것이 생산성을 향상시킬까라는 하나의 질문으로 귀결된다.

어휘 enhance 향상시키다 productivity 생산성

03

정답 ④

해설 (running → being run) 작은 동물들이 자동차에 의해 '치이는' 것이므로 능동형 동명사 running을 수동형 동명사 being run으로 고쳐야 한다. 'keep O from RVing'는 '~가 ~하는 것을 막다'라는 뜻의 구문으로 from 뒤에 동명사가 오는 것은 적절하다.
① 지각동사 see의 목적어 small animals와 목적격 보어의 관계가 능동이므로 목적격 보어 자리에 '눕다'라는 뜻으로 쓰인 자동사 lie의 현재분사형 lying의 쓰임은 적절하다.
② 도로를 기준으로 한쪽과 다른 한쪽은 부정대명사 one과 the other로 나타내므로, the other의 쓰임은 적절하다.
③ 동사 risk는 동명사를 목적어로 취하므로 dying은 적절하게 쓰였다.

해석 당신은 도로 옆에 죽은 채로 누워 있는 작은 동물들을 자주 볼 것이다. 자동차들은 도로 한쪽에서 또 다른 한쪽으로 건너려고 하는 동물들에게 진짜 위험을 만들어 냈다. 그런데, 작은 동물들이 죽을 위험을 무릅쓰지 않아도 되는 고속도로가 이 세상에 적어도 하나는 있다. 영국 London과 Exeter 시(市) 사이에 그 고속도로가 나 있다. 작은 동물들이 자동차에 치이지 않게 하기 위하여, 영국인들은 고속도로 아래에 지하도를 건설했다.

어휘 highway 고속도로 risk 위험을 무릅쓰다 run over ~을 치다 underpass (다른 도로의) 지하도, 아래쪽 도로

04

해설 작가에게 꽤 많은 편지들이 '주어지는' 것이므로 수동태 was given으로 알맞게 쓰였으며, 4형식 문장이 수동태 문장으로 전환되어 직접목적어 quite a few letters가 동사 뒤에 남은 형태 또한 알맞다.
① (so → too) '너무 ~해서 ~할 수 없다'는 'too + 형용사/부사 + to RV'로 써야 하므로 so를 too로 고쳐야 한다.
③ (which → where 또는 at which) 관계대명사 which 뒤에는 불완전한 문장이 와야 하는데 여기서는 완전한 문장이 오고 있다. 따라서 which를 명사 a point를 선행사로 받으면서 완전한 문장을 이끌 수 있는 관계부사 where로 고치거나, which 앞에 전치사 at을 더해 '전치사 + 관계대명사'로 만들어야 한다. 참고로 관계절의 동명사구 trying to argue with him이 주어 역할을 하며, 이에 단수 동사 becomes로 수일치한 것은 적절하다.
④ (to harbor → harboring 또는 but harbor) '~하지 않을 수 없다'는 'cannot help RVing 또는 cannot help but RV'의 관용 표현으로 나타내므로 to harbor를 harboring 또는 but harbor로 고쳐야 한다. 참고로 정치자금의 액수는 '공개된' 것이므로 수동의 과거분사 disclosed로 쓰인 것은 적절하다.

어휘 futile 헛수고인 harbor (계획·생각 등을) 품다 disclose 공개하다

05

해설 중간 사이즈의 스웨터를 찾고 있는 A에게 B가 죄송하다며 그것들은 고장이 났다고 응답하는 것은 적절하지 않다. 따라서 대화 중 가장 어색한 것은 ③이다.

해석 ① A: 어제 테니스를 치다가 발목을 삐었어.
B: 아팠겠네. 지금은 좀 나아졌길 바라.
② A: 내가 중간고사 공부를 더 열심히 했더라면 좋았을 텐데.
B: 괜찮아. 아직 기말고사가 남았어.
③ A: 실례합니다. 이 스웨터의 중간 사이즈가 있나요?
B: 죄송합니다. 그것들은 고장 났습니다.
④ A: 피시앤칩스를 주문하셨네요. 더 필요하신 게 있나요?
B: 지금은 없어요. 필요한 것이 있으면 알려 드릴게요.

어휘 sprain one's ankle 발목을 삐다 out of order 고장 난

06

해설 어린아이들이 자신의 능력을 과대평가함으로써 얻는 긍정적인 효과를 강조하는 내용의 글이다. 아이들이 자신의 능력을 과신하는 것이 동기 부여에 도움이 되며, 더 넓은 범위의 활동을 시도하고 늘 행동하고 나아지도록 한다고 한다. 따라서 글의 제목으로 가장 적절한 것은 ④ '아이들의 동기부여 추진기: 과신'이다.
① 과대평가의 위험성 → 과대평가의 긍정적인 효과에 대한 내용이므로 글의 내용과 반대된다.
② 조기 교육의 효과 → 조기 교육에 관해서는 언급되지 않았다.
③ 아이들의 동기부여의 중요성 → 아이들이 자신을 과대평가함으로써 계속 동기부여를 받는다고 언급되어 있긴 하나, 이 동기부여의 중요성이 아닌 과대평가의 중요성에 초점을 두고 있으므로 적절하지 않다.

해석 어린아이들의 자신의 능력에 대한 정확한 인식 부족은 종종 그들이 계속 동기부여를 받도록 해준다. 계속되는 연구에서 아이들은 자신의 능력과 재능을 자신의 성과가 보여주는 것보다 훨씬 더 좋게 평가한다. 질문을 받을 때 아이들은 자신의 신체적 능력, 지식, 지능을 과대평가한다. 한 실험에서 650명의 2학년에서 5학년 학생들은 도전적인 일을 시도하기 전에 학업적, 신체적 모두에서 자신의 역량을 추정하도록 요구받았다. 더 어린 아이들은 거의 항상 그들 자신을 최대치로 평가했고, 평점은 나이에 따라 선형적으로 감소했다. 또 다른 일련의 연구에서 미취학 아동들은 복잡한 행동을 따라 할 수 있는 자신의 능력을 일관되게 과대평가했고, 그에 따라 종종 그들의 이해를 훨씬 넘어선 행동들을 따라 하려 했다. 발달 과학자인 David Bjorklund는 그렇게 형편없이 전개된 자기 평가가 어린아이들이 더 넓은 범위의 행동들을 시도하도록 장려하고, 이는 결국 그들이 늘 행하고 나아지도록 한다고 단정했다.

어휘 accurate 정확한 perception 인식 rate 평가하다 overestimate 과대평가하다 intelligence 지능 estimate 평가하다, 추정하다 academically 학업적으로 physically 신체적으로 linearly 선형적으로 consistently 일관되게 imitate 따라 하다 grasp 이해 (능력) posit 사실로 가정하다, 단정하다 in turn 결국 propeller 추진기 overconfidence 과신

07

정답 ③

해설 생성적 적대 신경망(GANs)을 소개하는 내용의 글이다. GANs는 실제 데이터와 거의 유사한 합성 데이터 이미지를 생성하며, 실제 세상과 비슷한 세상을 창조하는 것을 배울 수 있어 선악 모두에 대한 잠재력이 크다고 언급하고 있으므로, 빈칸에 들어갈 말로 가장 적절한 것은 ③ '흉내 내는 법을 습득하는'이다.

① 유지하도록 돕는 → 데이터를 유지하는 것과 관계없다.

② 어떻게든 접근하는 → 데이터 접근에 논점을 두는 내용이 아니다.

④ 원하는 방식대로 바꾸는 데 방해하는 → 오히려 데이터를 흉내 내고 원하는 대로 바꿀 수 있으므로 글의 내용과 반대된다.

해석 생성적 적대 신경망(GANs)은 실제 데이터로 통할 수 있는 새로운 합성 데이터 예제들을 생성하기 위해 서로 경쟁하는 두 신경망을 사용하는 알고리즘 구조이다. 그것들은 이미지 생성, 비디오 생성 및 음성 생성에 널리 사용된다. GANs는 2014년 Ian Goodfellow와 다른 연구자들에 의해 논문에 소개되었다. 그것들은 어떤 유형의 데이터도 흉내 내는 법을 습득할 수 있기 때문에 선악 모두에 대해 GANs가 지닌 가능성이 크다. 즉, GANs는 이미지, 음악, 연설, 산문 등 어떤 영역에서든 우리의 실제 세상과 무시무시하게 비슷한 세상을 창조하도록 학습할 수 있다. 그것들은 어떤 의미에서는 로봇 예술가이고, 그것들의 산출물은 인상적이다. 그러나 그것들은 또한 가짜 미디어 콘텐츠를 만드는 데 사용될 수 있고 딥페이크를 뒷받침하는 기술이다.

어휘 Generative Adversarial Network (GAN) 생성적 적대 신경망(실제 이미지를 활용해 가짜의 이미지를 만들어 내는 것) algorithmic 알고리즘의 architecture 구조 neural 신경의 synthetic 종합적인, 합성의 pass for ~로 통하다 good and evil 선악 eerily 무시무시하게 domain 영역 prose 산문 in a sense 어떤 의미에서는 output 산출물 underpin 뒷받침하다 retain 유지하다 mimic 흉내 내다

08

정답 ②

해설 기술이라는 용어의 유래와 그것이 지닌 개념의 확장에 대한 글이다. 주어진 문장은 But 뒤에서 이 용어가 실제로는 17세기 초부터 사용되었다는 내용이 이어지고 있으므로, 앞에는 이와 대조적인 내용이 와야 하며, 뒤에는 해당 시기에 대한 부연이 이어지는 것이 자연스럽다. ② 앞에서 이 용어의 역사가 오래되었다고 생각할 수 있는 지점이 언급되었으며, ② 뒤에서는 17세기 초에 대한 시대 상황에 대한 설명이 이어지고 있다. 따라서 주어진 문장이 들어갈 위치로 가장 적절한 곳은 ②이다.

해석 Oxford English Dictionary에서는 기술을 "단일 기술이나 여러 기술들에 대한 담론이나 논문 혹은 실용적 기술 또는 산업 기술에 대한 과학적 연구"라고 정의한다. 이 단어의 기원은 그리스어 'techne'에서 왔으므로 우리는 이 용어가 오랜 역사를 가질 것으로 예상할지도 모른다. 그러나 실제로 이 용어 사용의 최초 기록은 17세기 초이다. 의미 있게도, 이것은 현대 서구 사회에서 전문화 및 산업화 시대의 출현과 우연히 일치한다. 따라서 당시 그리스어 용어 사용은 전문화된 전문 지식 또는 기술의 특정 영역과 관련한 지식의 최근 생겨난 감각, 즉 삶과 활동의 일부 측면은 "기술적"으로 생각될 수 있다는 바로 그 생각을 시사한다. 이것은 결과적으로 "기술"과 "사회" 사이의 관계에 대한 우리의 현재 공통된 개념에 지속적이고 심오한 유산을 제공했다.

어휘 discourse 담론 treatise 논문 practical 실용적인 significantly 의미 있게, 중요하게 coincide with ~와 우연히 일치하다 era 시대 specialization 전문화 industrialization 산업화 appropriation 차용, 사용 signal 시사[암시]하다 emerging 최근 생겨난 in turn 결과적으로, 결국 abiding 지속적인, 변치 않는 profound 심오한 legacy 유산

09

정답 ③

해설 화자는 수영을 하며 느끼는 두려움과 물속에서 무언가에 의해 찔린 고통을 상세하게 묘사하고 있다. 따라서 화자의 심경으로 가장 적절한 것은 ③ '겁에 질리고 무서워하는'이다.

① 신나고 희망찬

② 차갑고 무덤덤한

④ 부끄럽고 창피한

해석 수영 운동을 하려고 하니, 물에 들어가면 서릿발 같은 느낌이 내 뼈를 갉아먹는다. 팔로 (물살을) 매번 저을 때 어두운 물속에서는 아무것도 보이지 않는다. 물이 나를 압도하고 있다. 갑자기 수면 아래에 있는 무언가가 내 허벅지를 쏘면서 나를 찌른다. 뭔지 모르겠어! 나는 최대한 빨리 물 밖으로 날아서 나온다. 따끔하고 타는 듯한 고통은 극심하다. 내 피부가 마치 불타고 있는 것 같다! 내가 접촉한 것이 독이 있는 생물인지는 모르겠다. 방금 어떤 악몽 같은 괴물이 나를 쐈는지, 그것이 나에게 독이 될지는 잘 모르기 때문에 내 마음은 마구 뛰고 있다.

어휘 frosty 서릿발 같은 eat up 갉아먹다 stroke (수영·조정에서 팔·노를) 젓기 overtake 압도하다, 엄습하다 sting 찌르다, 쏘다 zap 강타하다, 쏘다 excruciating 몹시 고통스러운 venomous 독이 있는 nightmarish 악몽 같은

10

정답 ④

해설 6, 7번째 문장에서 뇌 부위의 손상이 특정한 기억 기능 작동을 멈추게 하지만, 그만큼 중요한 것은 그들 사이의 연결이라고 언급되므로 글의 내용과 일치하지 않는 것은 ④ '특정 뇌 부위의 손상은 두뇌 사이의 연결보다 기억 기능에 더 치명적이다.'이다.

① 뉴런에 의한 신호 전달은 세포 사이의 물리적 연결을 변화시킬 수 있다. → 3번째 문장에서 언급된 내용이다.

② 우리가 새로운 기술이나 정보를 마주칠 때, 우리는 두뇌 연결을 형성한다. → 4번째 문장에서 언급된 내용이다.

③ 연습이 완벽을 만든다는 표현은 뇌 연결의 빈번한 사용과 관련이 있다. → 5, 6번째 문장에서 언급된 내용이다.

해석 뇌는 뉴런이라고 불리는 전문화된 세포들과 신경교(膠)라고 불리는 지지 세포들로 이루어진 거대한 상호 연결된 네트워크이다. 뇌에서 정보를 전달하기 위해 뉴런은 서로 신호를 전달한다. 이러한 신호 전달은 세포 사이의 연결에 물리적 변화를 일으킬 수 있다. 우리가 (자전거 타기와 같은) 기술을 배울 때 또는 (구구단과 같은) 새로운 정보를 배울 때, 우리는 두뇌 연결을 쌓고 있다. 우리가 뇌 연결을 더 많이 사용할수록, 그것들(연결)은 더 강해진다. 그것이 "연습이 완벽을 만든다"라는 이유이다. 위의 활동에서, 당신은 특정 뇌 부위의 손상이 어떻게 특정한 기억 기능 작동을 멈추게 하는지 읽을 수 있다. 하지만 그만큼 중요한 것은 그것들 사이의 연결이다. 만약 두 개의 뇌 영역이 더 이상 의사소통을 할 수 없다면, 학습과 기억력은 아주 나빠질 수 있다.

어휘 enormous 거대한 interconnected 상호 연결된 neuron 뉴런, 신경 세포 glia 신경교(膠) transmit 전송하다, 전달하다 multiplication table 구구단 break down 아주 나빠지다

Staff

Writer	심우철
Director	정규리
Researcher	강다비다 / 한선영 / 장은영
Design	강현구
Manufacture	김승훈
Marketing	윤대규 / 한은지 / 장승재 / 유경철

발행일: 2024년 2월 23일 (1쇄)

내용문의: http://cafe.naver.com/shimson2000

This is TRENDY HALF!

심우철
하프 모의고사

공시계를 선도하는
트렌디한
하프 콘텐츠

POINT 1. 차원이 다른 고퀄리티 실전 문제

심우철 하프 모의고사는 심혈을 기울여 문제를 선별합니다.
프리시즌 기출편에서는 최신 공시 트렌드에 맞는 기출 200 문제를 엄선하여 실었습니다.
시즌1부터 4까지 진행되는 하프에서는 실제 시험 출제 경험이 풍부한 박사 및 교수진과
심슨 영어 연구소가 협업으로 만든 고퀄리티 실전 문제를 제공합니다.

POINT 2. 문제점 파악과 솔루션을 제공하는 강의

심우철 선생님의 하프 모의고사 강의는
① 왜 틀렸는가? ② 무엇이 부족한가? ③ 어떻게 공부해야 하는가?
세 가지의 요소를 항상 짚어주는 수업입니다.

POINT 3. 손글씨 필기노트 해설지

필기하느라 힘 빼지 마세요!
어휘/문법/생활영어 유형(1~5번) 문제에 대한
필기노트는 수험생의 강의 수강 시간을 줄여주고
복습은 훨씬 효율적으로 할 수 있도록 도와줍니다.

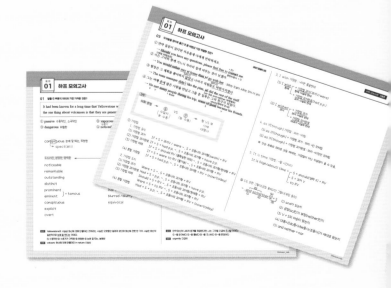

Shimson_lab

2024

심우철
하프
모의고사

심우철 지음

This
is
TRENDY
HALF!

커넥츠 공단기 gong.conects.com
심슨영어연구소 카페 cafe.naver.com/shimson2000

2024 심우철 영어 하프 모의고사 시리즈

Season 3. 국가직 대비

2024

심우철
하프
모의고사

심우철 지음

This
is
TRENDY
HALF!

2024 심우철 영어 하프 모의고사 시리즈

Season 3. 국가직 대비

01 밑줄 친 부분과 의미가 가장 가까운 것은?

> Some research suggests that multitasking can actually <u>hinder</u> your productivity.

① employ　　　　② boost
③ shift　　　　　④ interrupt

02 밑줄 친 부분과 의미가 가장 가까운 것은?

> When we <u>set about</u> the manuscript review, our goal wasn't to rewrite it entirely.

① entitled　　　　② completed
③ initiated　　　　④ assigned

03 어법상 옳은 것은?

① We could hear someone shouted at the TV.
② A desert is a sand-covered plain which nothing grows.
③ The park in the middle of the woods were amazingly beautiful.
④ Had it not been for his mistake, he wouldn't have gotten into so much trouble.

04 우리말을 영어로 잘못 옮긴 것은?

① 벤자민 프랭클린은 정직이 최선의 방책이라고 말했다.
　→ Benjamin Franklin said that honesty is the best policy.
② 그 진단을 통해 환자는 자신이 건강하다는 것을 알 수 있었다.
　→ The diagnosis made possible for the patient to find himself fit.
③ 그 식당은 가장 신선한 재료만을 사용하는 데 전념하고 있다.
　→ The restaurant is committed to using only the freshest ingredients.
④ 나는 가장 인기 있는 관광지 중 하나인 괌에 가본 적이 있다.
　→ I have been to Guam which is one of the most popular travel destinations.

05 밑줄 친 부분에 들어갈 말로 가장 적절한 것은?

> A: Mike suddenly got relocated to England at his job. So we decided to throw him a farewell party tomorrow.
> B: Really? I had no idea. I'll definitely be there!
> A: Good. Mike will be so happy to see you.
> B: By the way, _____
> A: No, it's okay. Everything's taken care of already. Your presence will be enough.
> B: Alright then. I'll make sure to leave my schedule empty. See you then.

① when is Mike leaving for England?
② have you prepared a speech for him?
③ can you fill me in on the exact location?
④ do you need a hand with the preparation?

06 다음 글의 주제로 가장 적절한 것은?

> Geography, as its etymology suggests, could be thought of as 'earth writing'. In this sense, geography showcases the ability of agents and organizations to describe, occupy, organize, and create places with specific visions. It has played a crucial role in nation-building and forming modern territorial states. But the geographies of the earth, even in the modern era, have never been entirely stable; there was a 'Little Ice Age' between 1500 and 1850. Geography evolves as human-environment relations change. Chinese investment in artificial islands in the South China Sea is a good example of how they use territorial expansion or maritime construction to occupy and consolidate their national presence while excluding others. Geographical dynamics are being reshaped.

① origin of the word 'geography'
② transformational quality of geography
③ importance of raising national presence
④ geographical disputes between world powers

07 밑줄 친 부분에 들어갈 말로 가장 적절한 것은?

In schools, we spend most of our time learning the solution to a problem or the answer to a question. All other answers are incorrect, and the person who has the right answer most often is the best student. After years of learning this way, we carry this type of thinking into our jobs and other areas of our lives. When we learn how to do a job, it becomes the way to do the job. No other approaches need to be considered. If someone else does the job differently, we tend to think he or she must be doing it incorrectly. When it comes to work, this type of thinking can really hurt us. Inflexible thinking keeps us from finding creative, simpler and better ways to do the job. The solution to a problem is not necessarily _____.

① hard to find out
② limited to one way
③ known by everyone
④ far from your place

08 주어진 글 다음에 이어질 글의 순서로 가장 적절한 것은?

The term "deepfake" comes from the underlying technology of "deep learning," a form of AI. Deepfakes are used to swap faces in videos and digital content to make deceptively realistic fake media.

(A) In this method, you first need a target video to use as the basis of the deepfake, together with a collection of videos of the person you want to insert into the target.

(B) Various methods exist for creating deepfakes, with the most common relying on the use of deep neural networks involving autoencoders that utilize a face-swapping technique.

(C) These clips can be completely unrelated. For instance, the target clip might be from a Hollywood movie, while clips of the person to be inserted in the deepfake can be random ones from YouTube.

① (A)−(B)−(C)
② (B)−(A)−(C)
③ (B)−(C)−(A)
④ (C)−(A)−(B)

09 다음 글의 흐름상 가장 어색한 문장은?

Decisions vary greatly in the timeframe being considered. A coach on a given game day typically has an objective to win the game with whatever resources he brings to the field of play that day. ① Once the game begins, the timeframe can further shorten, often dramatically. ② In a game such as basketball, where the coach has a great ability to change who is in the game, the timeframe can be simply the very next play. ③ In contrast, consider the general manager of a basketball club who is in charge of building a squad of players that can compete over several years at the highest championship level. ④ The difference between a good basketball coach and a great one is not basketball knowledge, but passion for the game of basketball and passion for coaching. Here there is a much longer timeframe and the general manager's decisions will be less affected by the ups and downs of individual games.

10 다음 글의 내용과 일치하지 않는 것은?

Perfumes are very complex mixtures. Composing successful perfumes is an art, and perfumers who create them go through in-depth schooling. Only a very small percentage of new perfume creations make it onto the market. A perfume needs to have some highly volatile fragrant ingredients that are smelled first when applied to the skin (the top notes). Less volatile compounds, the middle notes, have to develop shortly after the top notes fade and should last for several hours. The least volatile components, the base notes, are the persisting odors (or what clothing smells like long afterward). In a successful perfume, all these notes must blend harmoniously. Aside from a desirable fragrance, an acceptable perfume must have a lasting, pleasing color. Its price has to be such that the consumer finds it fair for the product. In addition, it has to be reasonably stable on the skin and with skin secretions, and must not be allergenic nor have other health concerns.

① Very few new perfumes are launched in the market.
② The top notes are less volatile than the base notes.
③ The key to a successful scent is harmonious note blending.
④ A reasonable price is also essential for perfect perfumes.

손글씨 필기노트, 해설지, 백지복습지 다운로드   http://cafe.naver.com/shimson2000

01 밑줄 친 부분에 들어갈 말로 가장 적절한 것은?

> Attending the safety workshop is _____ for all employees to ensure a secure work environment and compliance with company policies.

① optional
② obligatory
③ credible
④ excessive

02 밑줄 친 부분에 들어갈 말로 가장 적절한 것은?

> If any disturbances or cheating _____ during the test, the officials will investigate to guarantee the fairness of the test results.

① brings out
② brings back
③ breaks down
④ breaks out

03 밑줄 친 부분 중 어법상 옳지 않은 것은?

> Tutankhamen became the king of Egypt in 1348 B.C. and ① died when he was only 18 years old. He was buried in a tomb ② filling with Egyptian treasures. In 1922, British archaeologist Howard Carter broke through an inner door of King Tutankhamen's tomb. As he peered into the dark tomb ③ cautiously enough, he saw golden beds, couches, and jewelry. It was ④ the most complete and untouched royal tomb ever excavated.

04 우리말을 영어로 잘못 옮긴 것은?

① 우리는 비가 오기 전에 지붕을 고쳐야 한다.
  → We must get the roof repaired before it rains.
② Steve는 그 보고서를 3시까지 끝냈어야 했다.
  → Steve ought to have finished the report by three o'clock.
③ 도시들은 주차 수입으로 훨씬 더 많은 돈을 벌 것이다.
  → Cities will make much more money from parking revenue.
④ 문화적으로 중요하게 여겨지더라도, 방언은 계속해서 적게 사용되고 있다.
  → Although considering culturally important, dialects continue to be less used.

05 밑줄 친 부분에 들어갈 말로 가장 적절한 것은?

> A: Excuse me, but you look familiar. Have we met before?
> B: I don't think so. This is my first time here.
> A: Wait. Didn't you go to Eagle High School?
> B: Yes?
> A: Tom, right? Don't you remember me? We used to be on the same football team and practice after school together.
> B: John? You changed a lot! Sorry _____.

① I didn't recognize you
② it's been long time no see
③ I was up all night last night
④ it caught my attention right away

06 다음 글의 제목으로 가장 적절한 것은?

> For average customers, one of the easiest ways to pursue a green lifestyle is to purchase eco-friendly products. To target these customers and raise their brand images, companies worldwide are introducing eco-friendly products one after another, including some made of biodegradable plastic. Typically made from natural materials such as corn starch, biodegradable plastic is designed to break apart naturally when it goes to landfills. However, these efforts – and extra expenses – might be in vain, as most of these products are burned after they are thrown away. Even if they end up in landfills, it is likely that they don't break apart as promised, since very few of the landfills provide conditions suitable for them to biodegrade.
>
> *starch: 전분, 녹말가루

① Benefits of Eco-friendly Products
② Trend of Worldwide Plastic Recycling
③ Concerns Regarding Biodegradable Plastic
④ Production Process of Biodegradable Plastic

07 밑줄 친 부분에 들어갈 말로 가장 적절한 것은?

Can you survive as a cheerful scientist without being somewhat _____? Likely not. If you are perceived as someone incapable of saying no to committee work, to becoming associate editor of a journal, or to being the lead investigator on serial projects, you are likely to join the many scientists who are perpetually under stress and who often seem irritable or angry. Your goal, whether in a university department or a research lab, is to win respect for your scientific product, not love for undertaking whatever extra job comes your way. Once you are established and correspondingly experienced, you will have the freedom and ability to multitask. Even then, however, declining more than a little unnecessary work is likely to make you (and your family) happier.

① selfish
② dedicated
③ connected
④ quick-tempered

08 주어진 문장이 들어갈 위치로 가장 적절한 곳은?

Nevertheless, wristwatches proved to be highly practical for soldiers waging war in the trenches, during World War I.

In the early 1900s, wristwatches themselves were actually novelties for men. They were originally invented by the Swiss watchmaker Patek Philippe & Company in the late 1800s, and were designed specifically for women. Men typically used the larger, more masculine pocket watches. (①) Coupled with a glow-in-the-dark dial, they were extremely valuable for night operations. (②) Since there was nothing feminine about a trench soldier, wristwatches with glowing dials suddenly became associated with machismo. (③) By 1921, the war was over and everyone wanted to own this new high-tech time device that was so popular among the soldiers. (④) The watches were in great demand, and the workers in watch making factories were kept very busy.

*machismo: 남자다움의 과시

09 밑줄 친 (A), (B)에 들어갈 말로 가장 적절한 것은?

Although most major companies provide their employees with email accounts as well as internet access, many of these companies are concerned about potential abuse and monitor their employees' use of these media. __(A)__, more than 75% of all major corporations report that they monitor their employees' use of email and internet access either by spot-checking or constant observation. Businesses have many reasons for monitoring email and internet use. __(B)__, they may be concerned about protecting sensitive company information. They may also want to identify employees who are surfing the internet rather than working. In other words, they are concerned about cyberslacking.

	(A)		(B)
①	In contrast	······	Likewise
②	In contrast	······	Therefore
③	In fact	······	In addition
④	In fact	······	For example

10 다음 글의 내용과 일치하지 않는 것은?

Magnesium is a mineral that is important for normal bone structure in the body. People get magnesium from their diet, but sometimes magnesium supplements are needed if magnesium levels are too low. Low magnesium levels in the body have been linked to diseases such as osteoporosis, high blood pressure, hereditary heart disease, diabetes, and stroke. An easy way to remember foods that are good magnesium sources is to think of fiber. Foods that are high in fiber are generally high in magnesium, including whole grains, vegetables, seeds, nuts, and beans. Dietary sources of magnesium also include dairy products, meats, chocolate, and coffee. On top of that, water with high mineral content, or "hard" water, is a good source of magnesium. Magnesium is most commonly used for constipation, heartburn, pregnancy complications, and a certain type of irregular heartbeat.

*osteoporosis: 골다공증

① 당뇨병, 뇌졸중은 마그네슘 부족으로 발생할 수 있다.
② 섬유질이 많은 식품은 보통 마그네슘 함량이 높다.
③ 초콜릿과 커피 섭취는 체내 마그네슘 흡수를 방해한다.
④ 미네랄 농도가 높은 경수는 마그네슘의 좋은 공급원이다.

📃 정답/해설 83p

01 밑줄 친 부분에 들어갈 말로 가장 적절한 것은?

> The rapid evolution of technology and its _____ advancements showcase the incredible capacity of modern devices.

① sparse
② intuitive
③ trivial
④ unprecedented

02 밑줄 친 부분과 의미가 가장 가까운 것은?

> The company has refuted allegations that they turn a blind eye to posts on controversial content.

① embrace
② eliminate
③ disregard
④ ridicule

03 어법상 옳은 것은?

① It was Switzerland in that the film was made.
② Depression would accompany her for the rest of her life.
③ You can't force people to do things they don't want them.
④ I asked him how could I get to the airport, and he told me.

04 우리말을 영어로 잘못 옮긴 것은?

① 그들은 교사이지만 둘 다 똑똑하지는 않다.
   → They are teachers, but neither of them is smart.
② 그 뉴스는 놀랍기보다는 실망스러웠다.
   → The news was not so much surprising as disappointing.
③ 그것을 누구든 마케팅을 책임지고 있는 사람에게 보내라.
   → Send it to whomever is in charge of marketing.
④ 그녀는 아이들을 방치할 수 없었기 때문에 집에 있었다.
   → She stayed home because she could not let her children be unattended.

05 밑줄 친 부분에 들어갈 말로 가장 적절한 것은?

> A: Winter vacation's finally here! What are you going to do?
> B: I'm going to join a gym and lose some weight. I feel like I've gained too much weight lately.
> A: _____. I'm feeling some extra weight around my belly too.
> B: Why don't we work out together at the gym?
> A: That's a good idea. Which gym are you thinking of signing up for?
> B: I'm thinking about the one near the school. Should we go and have a look this weekend?
> A: Sounds good.

① That won't work
② Take it or leave it
③ Welcome to the club
④ Push yourself a little more

06 다음 글의 요지로 가장 적절한 것은?

> Cupholders are taking over the world. It would be almost impossible to exaggerate the importance of cupholders in automotive circles these days. The *New York Times* recently ran a long article in which it tested a dozen family cars. It rated each of them for ten important features, among which were engine size, trunk space, handling, quality of suspension, and, yes, number of cupholders. One car dealer tells us that they are one of the first things people mention, ask about, or play with when they come to look at a car. People buy cars on the basis of cupholders. Nearly all car advertisements note the number of cupholders prominently in the text. Some cars come with as many as seventeen cupholders.

① Demand for cupholders has grown due to press releases.
② The cupholders in cars have recently become very popular.
③ Car companies should focus more on a variety of car options.
④ Automotive ads are the best way to promote the number of cupholders.

Even though it can be difficult to pull yourself out of a negative feeling state, it is possible, once you identify the source — your own thoughts. When you are already in a negative state of mind, negativity is all you see. The negativity itself, however, always stems from holding onto negative thoughts. Simple thoughts like 'I'll never be any good at that' can be dismissed or contemplated. Letting go of such thoughts has an insignificant impact on emotional well-being. If, however, you give significance to negative thoughts, you will open the door for unnecessary and almost certain pain. We all do this to ourselves, to various extents, every day. With proper understanding, nevertheless, we can reduce this _____ pain and suffering to a large degree.

① collective
② accidental
③ self-imposed
④ shame-provoking

When someone is vaccinated, they are very likely to be protected against the targeted disease. But not everyone can be vaccinated.

(A) So the more others are vaccinated, the less likely people who are unable to be protected by vaccines are at risk of even being exposed to the harmful pathogens. This is called herd immunity.

(B) People with underlying health conditions that weaken their immune systems or who have severe allergies to some vaccine components may not be able to get vaccinated with certain vaccines.

(C) These people can still be protected if they live among others who are vaccinated. When a lot of people in a community are vaccinated the pathogen has a hard time circulating because most of the people it encounters are immune.

*pathogen: 병원균, 병원체

① (B)-(A)-(C)
② (B)-(C)-(A)
③ (C)-(A)-(B)
④ (C)-(B)-(A)

The most important ethical consideration in sociological research is that participants in the research are not harmed in any way. ① Exactly what this means can vary from study to study, but there are several universally recognized considerations. ② For instance, research on children and youth always requires parental consent. ③ Some sociology studies involve intentionally deceiving subjects about the nature of the research. ④ All sociological research requires informed consent, and participants are never forced into participation. Informed consent involves making sure that prior to agreeing to participate, research subjects are aware of details of the study including the risks and benefits of participation and how the data collected will be used.

Energy drinks are beverages that have added caffeine. The amount of caffeine in energy drinks can vary widely, and sometimes the labels on the drinks do not give you the actual amount of caffeine in them. Energy drinks may also contain sugars, vitamins, herbs, and supplements. Companies that make energy drinks claim that the drinks can increase alertness and improve physical and mental performance. This has helped make the drinks popular with American teens and young adults. There's limited data showing that energy drinks might temporarily improve alertness and physical endurance. There is not enough evidence to show that they enhance strength or power. But what we do know is that energy drinks can be dangerous because they have large amounts of caffeine. And since they have lots of sugar, they can contribute to weight gain and worsen diabetes.

① The amount of caffeine is clearly shown on energy drinks.
② Energy drinks are popular among the young due to sweetness.
③ Whether energy drinks boost body and mind remains unclear.
④ Too much energy drink caffeine can lead to obesity and diabetes.

01 밑줄 친 부분에 들어갈 말로 가장 적절한 것은?

His client was in a(n) _____ mood and did not lose his sense of humor.

① agreeable
② careless
③ indifferent
④ noxious

02 밑줄 친 부분과 의미가 가장 가까운 것은?

In the latest financial report, executives were urged to account for the unexpected expenses that arose during the quarter.

① clarify
② excel
③ attribute
④ assess

03 어법상 옳은 것은?

① The woman who lives next door to me are a dancer.
② The farther you go, however, the harder it is to return.
③ I'm not accustomed to change my lifestyle to eco-friendly tendencies.
④ Anyone wishing to work on holidays is asking to obtain permission in advance.

04 우리말을 영어로 잘못 옮긴 것은?

① 나는 설거지를 할 때마다 접시를 깨뜨린다.
→ I never wash dishes without breaking a dish.
② 나는 억눌렀던 감정을 너에게 말한 것을 후회한다.
→ I regret telling you the feelings that I suppressed.
③ 우리가 3년 전에 그 아파트를 구입했더라면 얼마나 좋을까.
→ I wish we had bought the apartment three years ago.
④ 이 시리즈의 각 책에는 교과서의 오디오 파일이 포함되어 있다.
→ Each of the books in this series include audio files of the textbook.

05 밑줄 친 부분에 들어갈 말로 가장 적절한 것은?

A: Jane, could you help me with something?
B: Of course, what is it?
A: My thesis reviewer says he is no longer available.
B: Then, are you looking for someone else?
A: Yes, is there anyone you know who might be interested?
B: I can't think of anyone right now. _____
A: You're all I've got. I'm glad that you have many close associates.

① That reviewer is really irresponsible.
② I'll pass the word on to my colleagues.
③ I think your thesis will be worth reading.
④ I'm happy to assist you in your research.

06 다음 글의 제목으로 가장 적절한 것은?

Accurately evaluating the role of English in contemporary research has been considered as challenging due to the pro-Western and pro-Anglophone bias in major databases. To better determine the predominance of English as the language of research and scholarship, studies have looked at articles describing small-scale empirical research papers. These early examinations of small studies suggested that the role of English was exaggerated. They concluded that a more accurate percentage for English as the language of publication would be around 50% rather than 80%.

*pro-Anglophone: 친영어사용자의

① Dominance of English in Academia
② Publication Trend in Major Databases
③ Advent of World Englishes in Research
④ Overstated Role of English in Scholarship

07 밑줄 친 부분에 들어갈 말로 가장 적절한 것은?

People don't process information neutrally, making it challenging to correct false beliefs. Exposure to balanced information might even strengthen our original perceptions. What's more problematic is that attempting to correct false perceptions can reinforce our commitment to those beliefs, making corrections _____. For instance, if a company tries to fight a false rumor about its difficulties, more people may end up believing the rumor. And if a person — whether a movie star or your next-door neighbor — tries to combat an Internet rumor that he has cheated on his taxes, the consequence could well be that the rumor is more widely believed.

① recurrent
② controllable
③ time-saving
④ counterproductive

08 주어진 문장이 들어갈 위치로 가장 적절한 곳은?

For example, businesses might serve the angels first and leave the demons waiting; or perhaps, they might even try to turn the demons away entirely.

Companies now use personal information to categorize customers as either "angel" or "demon." (①) Angel customers take up a large amount of a company's business whereas demon customers make small purchases and are likely to cost the company money. (②) For example, a demon customer is the one who uses up a company's resources by frequently calling customer service. (③) Some business experts thus recommend that companies identify these types of customers through the use of personal information and treat them differently. (④) As a result, people may experience different treatments without knowing why.

09 밑줄 친 (A), (B)에 들어갈 말로 가장 적절한 것은?

Two key features distinguish AI algorithms. First, these algorithms usually work with possibilities instead of certainties. __(A)__, an AI algorithm won't say for sure if a credit card transaction is fraudulent. Instead, it might say there's a 96% chance it is. Second, there's the question of how these algorithms "know" what instructions to follow. In traditional algorithms, those instructions are fixed ahead of time by a programmer. In AI, __(B)__, those instructions are learned by the algorithm itself, directly from "training data." Instead of being told exactly how to decide if a credit card transaction is fraudulent or not, the AI algorithm looks at lots of examples from each category (fake or not fake), and finds the patterns on its own.

	(A)	(B)
①	Nonetheless	…… in contrast
②	Nonetheless	…… therefore
③	For example	…… however
④	For example	…… consequently

10 다음 글의 내용과 일치하지 않는 것은?

A Super Moon is a combination of two different astronomical effects. It's when a new or full Moon coincides with a perigee — the Moon's closest point to Earth in its monthly orbit. A Moon has to come within 90% of its closest approach to Earth to be formally defined as a Super Moon. That means the Moon needs to come within 224,865 miles of Earth and be a full Moon to boot. Super Moons are relatively rare, occurring just three or four times in a single year. That's because you need a full Moon to occur alongside close-to-Earth orbital positioning. Many astronomers stick to a strict definition of what makes a Super Moon, which only considers the closest Full Moons at perigee in a given year. By this definition, two Super Moons occur in 2024: those on 18 September and 17 October.

① The Moon's closest point to Earth is known as perigee.
② Super Moons take place fewer than five times annually.
③ Astronomers don't have a clear definition of a Super Moon.
④ There'll be two Super Moons in September and October, 2024.

📄 정답/해설 **88p**

01 밑줄 친 부분과 의미가 가장 가까운 것은?

> Contemporary people, most of whom earn wages, expect their underlined exertions to be rewarded by surviving the fierce competition.

① salaries ② endeavors
③ loyalties ④ dispositions

02 밑줄 친 부분에 들어갈 말로 가장 적절한 것은?

> Although he achieved better results than his other colleagues, he would be _____ for promotion.

① turned to ② handed in
③ ruled out ④ started over

03 밑줄 친 부분 중 어법상 옳은 것은?

> "Everyone has the need to cry," says psychotherapist Vera Diamond. She explains that psychic therapy often ① consists the ways to permit people to cry. She even gives crying exercises, in which patients practice crying just to become used to ② expressing emotion. She suggests safe, private places to cry, like under the bedcovers or in the car. Crying is a way of ③ relieve tension, but people don't like it when others cry because it makes them ④ gloomily. After all, people may be holding back a need to cry, or they'll do just about anything to make you stop crying.

04 우리말을 영어로 가장 잘 옮긴 것은?

① 그들은 매일 서로 전화한다.
　→ They call themselves every day.
② 면접을 본 두 후보 중에서 그가 더 나았다.
　→ Of the two candidates interviewed, he was the best.
③ 그가 유학을 마칠 때쯤이면 그녀는 이미 결혼했을 것이다.
　→ She will have been married by the time he finishes studying abroad.
④ 그들은 프로젝트 기간 동안 생기는 모든 문제를 처리할 것이다.
　→ They will handle any issues that emerged during the project.

05 두 사람의 대화 중 가장 어색한 것은?

① A: Excuse me, can you move over?
　B: Well, there's no space here.
② A: Can I get a table for two?
　B: You'll have to wait half an hour, ma'am.
③ A: We're behind schedule. Please hurry up!
　B: Don't worry. We'll arrive right on time.
④ A: Oh my god! I can't find a place to park.
　B: Yeah, there's a lot of traffic.

06 다음 글의 주제로 가장 적절한 것은?

> Negotiation is a process that involves communication and persuasion between two or more individuals, parties, or groups having diverse interests to achieve the desired goals. The negotiation process starts with the differences between the objectives or opinions of two parties which prevent agreement. The parties involved in negotiation willfully communicate or cooperate to meet their objectives. The parties involved during negotiation try to find a mutually beneficial position, by trying their best to influence each other. Both the parties believe that negotiation would produce the desired, or at least acceptable outcomes for all parties concerned. Hence, negotiation is the involvement of two individuals, groups or parties over an acceptable decision for certain issues.

① win-win business strategies and tactics
② important rules of international negotiation
③ various types of professional negotiating skills
④ overall concept of negotiation and its features

07 밑줄 친 부분에 들어갈 말로 가장 적절한 것은?

A home is a big financial investment. It's also where we make memories and mark many of life's big milestones. So it's easy for homeowners to develop a personal connection with the property that doesn't break just because the house goes on the market. In the light of this, _____ carries more weight. Some buyers make negative comments about a property thinking that it will result in a better price for them somehow. And that's extremely unhelpful. You need to do the opposite. Tell people that you love their house. They're more likely to want to sell it to you if they think that you appreciate it.

① pointing out the house's shortcomings
② discussing your plans to renovate the house
③ building a personal connection with the owner
④ speaking in a considerate manner about the house

08 주어진 글 다음에 이어질 글의 순서로 가장 적절한 것은?

Everyone gets a little nervous before a big game or athletic event. Fortunately, you can use several strategies to help overcome pre-game anxiety and manage stress.

(A) Also, make sure that you are imagining from your own perspective — not from that of an observer. You should be viewing the scene as you would if you were really there — not watching yourself compete.

(B) As one of the strategies, many elite athletes use visualization to improve performance, develop confidence, and manage anxiety. Visualization, also known as mental rehearsal, involves imagining yourself successfully competing at an athletic event.

(C) In order to make visualization work, close your eyes and imagine the physical movements that you would make in competition. Try to imagine yourself moving at the same speed as you would in real life.

① (B) − (A) − (C)   ② (B) − (C) − (A)
③ (C) − (A) − (B)   ④ (C) − (B) − (A)

09 다음 글의 흐름상 가장 어색한 문장은?

Text-to-speech (TTS) technology is an assistive technology that converts text into audio. ① In EduTech, TTS is gradually finding a role in education, particularly in supporting students with learning disabilities. ② However, there are limitations in using TTS in the classroom. ③ Studies have shown how text-to-speech allows students to focus on content, not just reading, resulting in a better understanding of the material. ④ This not only makes students more likely to remember information but also increases their confidence and motivation. By making students more independent in their learning process, TTS also makes it easier for teachers and parents to supervise their progress.

10 다음 글의 내용과 일치하지 않는 것은?

Nearly 500 billion cups of coffee are consumed every year, making it easily one of the most popular goods in the world. It's cultivated in dozens of countries by nearly 25 million farmers who depend on it to make a living. But coffee is becoming harder to grow. It's a notoriously picky plant that requires very specific conditions to grow. And as climate change warms the planet, the places that can support the plant are shrinking. A recent study estimates that by 2050, the amount of land that can support coffee will have fallen by 50 percent. But while there may be time to save the coffee plant, the crisis has already arrived for coffee farmers. Deteriorating conditions and plummeting prices have made it difficult to make a living by growing coffee, not to mention invest in measures to adapt to climate change.

① About 25 million farmers rely on coffee cultivation for their living.
② A coffee plant is infamous for its demanding growth environment.
③ The places suitable to cultivate coffee shrink due to global warming.
④ Coffee growers have been affected by the increase in coffee prices.

01 밑줄 친 부분에 들어갈 말로 가장 적절한 것은?

> The transportation authority decided to _____ the subway line to the suburbs to accommodate the growing population in those areas.

① extend
② prevail
③ extinguish
④ pretend

02 밑줄 친 부분에 들어갈 말로 가장 적절한 것은?

> Despite nationwide efforts to enhance the economy, the financial situation still seems _____ for the country.

① at stake
② within range
③ off its guard
④ in accordance

03 어법상 옳은 것은?

① They forced to take a reduction in their pay.
② Old computers were not as faster as modern ones.
③ At no point did our parents tell us what the problem was.
④ There are books which covers and backs are by far the best parts.

04 우리말을 영어로 잘못 옮긴 것은?

① 내가 외출한 사이에 그가 나를 방문했음이 틀림없다.
   → He should have visited me while I was out.
② 우리는 그들에게 정보를 제공하지 않기로 결심했다.
   → We decided not to provide them with the information.
③ 그들은 그 일을 빠르고 효율적으로 끝내느라 바빴다.
   → They were busy getting the job done quickly and efficiently.
④ 그녀는 디저트를 먹고 싶은 충동을 참을 수밖에 없었다.
   → She had no choice but to endure the urge to eat dessert.

05 밑줄 친 부분에 들어갈 말로 가장 적절한 것은?

> A: Hey, do you have a moment to discuss something?
> B: Sure, what is it about?
> A: I was wondering if you could cover some of my tasks tomorrow. Unfortunately, my uncle passed away, and I need to attend the funeral.
> B: I'm really sorry to hear that. Of course, I can take over some of your work.
> A: Thank you so much for your support.
> B: No problem at all. _____

① Enjoy your time off.
② I hope he gets better soon.
③ Please accept my condolences.
④ I'm sorry for the inconvenience.

06 다음 글의 제목으로 가장 적절한 것은?

> Learning about color is a step-by-step process of observation, memory, and training that teaches us that seeing is a creative process involving the entire mind. What is ultimately learned is that color continues to be private, relative, elusive, and hard to define. Our perception of color is hardly ever as it actually appears in the physical world. There are no orthodox rules because of the mutual influences colors have on one another. We may know the actual wavelength of a certain color, but we hardly ever perceive what the color physically is. Although a group of people may be simultaneously looking at the same color, there is no way to know how each individual actually perceives the color.

① Hidden Meanings of Colors
② Why Color Blindness Occurs
③ Use Colors as a Learning Tool
④ Color as a Personal Experience

07 밑줄 친 부분에 들어갈 말로 가장 적절한 것은?

Writing, unlike editing, must be highly personal. You go by your emotions, as if you were writing only for yourself. While writing, do not criticize or edit yourself. In editing, however, you must be as objective and impersonal as possible. Try to read it _____. This is not difficult to do. Anyone who has acted or played charades knows that one can pretend to be another person. So imagine that you have forgotten how the article was written, including all of the emotions, hesitations, and choices involved.

*charades: 제스처 놀이

① as fast as possible
② as if it were by someone else
③ without criticizing and judging
④ pretending you can read it only once

08 주어진 문장이 들어갈 위치로 가장 적절한 곳은?

However, our research suggests that more often than not, simplification is the best strategy across the board.

The modern consumer faces too many choices every day, from what to read to where to shop and what to buy. And each of those decisions takes a mental toll. And yet, marketers continue to emphasize more. (①) More choices, more products, more features, information, and discounts. (②) Investing in new technologies, products, and services that add value to the consumer isn't a bad idea. (③) We conducted a thorough review of customer preferences and found that most studies prioritize simplicity for consumers. (④) For example, one survey by a leading brand consultancy with over 15,000 consumers found that brands providing the simplest, seamless experiences had the strongest stock performance and the most loyal customers.

09 밑줄 친 (A), (B)에 들어갈 말로 가장 적절한 것은?

Do dogs have feelings? Most people can read emotions in their dog quite easily. ___(A)___, you come home and your dog dances around wagging her tail, and you think to yourself, "Molly is happy to see me," or "Molly really loves me." Or perhaps you're out on a walk and, at the approach of another dog, your dog freezes in place and gives a low throaty growl. We interpret this as "Charlie does not like that dog. Seeing him makes Charlie angry." In such situations, the emotional state of our dogs seems quite obvious. ___(B)___, it is difficult for many people to understand that the existence of emotions in dogs was — and in some places still is — a point of scientific controversy.

	(A)		(B)
①	For example	······	Furthermore
②	For example	······	For this reason
③	Besides	······	Therefore
④	Besides	······	On the other hand

10 다음 글의 내용과 일치하는 것은?

Fencing is only ever contested one against one, although team events exist. The most important piece of equipment is of course the weapon itself of which, there are three kinds: the epee is the heaviest sword, the foil is a lighter thrusting weapon, and the sabre is a cutting and thrusting weapon derived from the cavalry sword. To register the scores, players' swords are electronically sensitive, as are the scoring areas of the body. And they are connected by a body cord to the scoring box. When a strike is registered, there is an audible tone and a light illuminates. Fencers must wear a variety of protective attire to minimize the chance of serious injury. This includes a mask and helmet that completely covers the head and has a tough mesh at the front through which fencers can see but which is strong enough to repel the weapons.

① In fencing team events, several players compete together.
② The foil is a heavy weapon used to stab the other person.
③ The scoring areas of the fencing players' bodies are electronically sensitive.
④ The fencing players' helmets are strong but can interfere with their vision.

01 밑줄 친 부분에 들어갈 말로 가장 적절한 것은?

> The _____ and detailed footnotes found in most academic books are designed to give credit to the authors for their sources.

① ample
② rebellious
③ vague
④ unnamed

02 밑줄 친 부분과 의미가 가장 가까운 것은?

> As part of the New Year routine, Mark is eager to dispose of unnecessary items that have accumulated over the years.

① refine
② conform
③ dump
④ preserve

03 밑줄 친 부분 중 어법상 옳지 않은 것은?

> Storms affect birds in a variety of ways. When a storm is approaching, birds may stop flying and ① rest in nearby trees. If the coming storm is a severe one, the birds may fly off to an area ② where the weather is clear. Birds may appear ③ uneasy and nervous when a storm is on its way. They might become noisier. When a snowstorm is coming, birds may eat more, too. They seem to realize that food might be difficult ④ to get it for a while.

04 우리말을 영어로 잘못 옮긴 것은?

① 그는 항상 자신이 진짜 의사인 것처럼 말한다.
  → He always speaks as if he were a real doctor.
② 그녀가 나서서 먼저 행동하다니 정말 멋졌다.
  → It was very nice of her to step up and act first.
③ 감독은 그 전술을 좋아하지 않았고, 나머지 선수들도 마찬가지였다.
  → The manager didn't like the tactics, and nor did the rest of the players.
④ 그 학교 운동장은 22명이 무리 없이 축구를 할 수 있을 정도로 충분히 넓다.
  → The school playground is large enough for 22 people to play soccer without difficulty.

05 밑줄 친 부분에 들어갈 말로 가장 적절한 것은?

> A: How about the job applicants this time?
> B: Well, I guess they're not as qualified as expected.
> A: Too bad. You'd rather turn down all of them.
> B: But _____.
> A: Can't we just work overtime for a while?
> B: That could be one alternative. However, in the long term, we'll still need to hire new staff anyway.

① we still have a lot of time left
② we're shorthanded at the moment
③ I can't let them all down this time
④ we should give them a second chance

06 다음 글의 요지로 가장 적절한 것은?

> As medical technology advances, we expect to see more developments in the medical industry in the next decade than in the past century. We already use wearable devices to monitor our physical states. Keeping track of vital signs is by no means a burden thanks to smartphones. In addition, costs for genome sequencing are falling so fast that it may be cheaper than a blood test shortly. What next? As technology keeps evolving, we can discover the missing link between the microbiome and human health as well. This discovery opens the door to the intriguing prospect of eliminating disease altogether. The convergence of these innovations anticipates significant breakthroughs in healthcare, surpassing the progress achieved over the past century.
>
> *microbiome: 인체 내 미생물 생태계

① Medical staff are making every effort to cope with modern diseases.
② Innovation is paving the way for significant changes in various industries.
③ Our next goal is to find the elusive link between the microbiome and human health.
④ Medical technology is progressing rapidly with significant strides expected in the next decade.

07 밑줄 친 부분에 들어갈 말로 가장 적절한 것은?

Status can be an important way to boost our self-esteem. But as the eighteenth-century philosopher Jean-Jacques Rousseau warned, 'this universal desire for reputation', in which we judge ourselves through other people's eyes, is fraught with dangers. We can easily find ourselves pursuing a career that society considers prestigious, but which we are not intrinsically devoted to ourselves – one that does not fulfill us on a day-to-day basis. In my teaching, I am constantly meeting people who are deeply unhappy about their work despite having apparently enviable careers, such as being a photojournalist or neuroscientist. Others in the room can hardly believe that _____.

① they were able to find fulfilling jobs
② they want recognition from other people
③ they are miserable in their outwardly impressive jobs
④ they manage to strike a balance between work and family

08 주어진 문장 다음에 이어질 글의 순서로 가장 적절한 것은?

Salary caps, limiting how much teams can pay players, is a relatively recent development.

(A) Basketball was the first sport to reflect this idea. The new rules prevented any team from having more than three top-paid players on their roster.

(B) In the early 1980s, U.S. sports witnessed a trend where big-market teams grew stronger each season due to the aggressive recruitment of nationwide stars.

(C) This also meant that weaker teams continued losing key players each year. To break this vicious cycle and ensure fairness, sports administrators agreed that compulsory regulations were needed.

① (B)－(A)－(C)　　　② (B)－(C)－(A)
③ (C)－(A)－(B)　　　④ (C)－(B)－(A)

09 다음 글의 흐름상 가장 어색한 문장은?

Confidence helps children learn. As adults, we often have a fairly accurate idea of what we're best at and what things come easily and naturally to us. Confidence in our own abilities becomes the first step toward success. ① The definition of success can vary from person to person and can also vary at different points in life. ② On the other hand, if we have had a negative experience with learning, we may label ourselves as deficient in that subject. ③ When we believe that we can't do something no matter how hard we try, we'll soon give up. ④ Countless students believe themselves to be "bad at" a particular subject and stop trying anymore. Even when situations change, these students lose the motivation to try.

10 다음 글의 내용과 일치하지 않는 것은?

What's the difference between stress and burnout? Although the two share some characteristics, there are distinct differences. Stress is often relatively short-term, and it is often caused by a feeling that work is out of control. You might experience stress several days in a row, especially when you're working on a large project or under a tight deadline. However, once the situation changes, stress often lessens or disappears entirely. Burnout often takes place over a longer period. You might experience it if you believe your work is meaningless; or when things change for the worse – for instance, when you lose a supportive boss, or when your workload increases beyond a sustainable point. You go through "the motions" instead of being truly engaged. Over time, this leads to cynicism, exhaustion, and, sometimes, poor performance.

① Stress is common when working under strict deadlines.
② Burnout occurs over an extended period while stress tends to last shorter.
③ A loss of a supportive boss or a negative change can contribute to stress.
④ Doing something without commitment or enthusiasm is a sign of burnout.

정답/해설 95p

01 밑줄 친 부분에 들어갈 말로 가장 적절한 것은?

> Ongoing _____ raises concerns for privacy advocates, alarmed by the expanding camera network capturing daily activities.

① superstition
② dominance
③ discrimination
④ surveillance

02 밑줄 친 부분에 들어갈 말로 가장 적절한 것은?

> In the family, traditions and family treasures are often _____ from generation to generation.

① got through
② tried out
③ handed down
④ lined up

03 어법상 틀린 것은?

① Jane was supposed to phone me last night, but she didn't.
② The car, destroyed in the accident, carried away by the tow truck.
③ Never did she imagine that she would suffer such a great loss.
④ He was sad when he left the house he had lived in for so many years.

04 우리말을 영어로 잘못 옮긴 것은?

① 그녀는 수업 시간에 계속 졸았다.
 → She kept on dozing off in class.
② 단순히 배를 채우는 것과 맛있게 먹는 것은 별개이다.
 → Simply filling your stomach is one thing and eating deliciously is another.
③ 낮은 세금 때문에 그 회사는 다른 나라로 이전할 수 없었다.
 → Low taxes prevented the company from relocating to a different country.
④ 삶이 아무리 어려워 보일지라도, 항상 당신이 할 수 있는 일이 있다.
 → However life may seem difficult, there is always something you can do.

05 밑줄 친 부분에 들어갈 말로 가장 적절한 것은?

> A: Look how much I saved last year!
> B: Wow, that's quite a lot of money.
> A: Isn't it? I'm so proud of myself.
> B: Is there any particular reason you saved up so much money?
> A: Actually, _____.

① that's way more expensive than I thought
② you should have saved up for a rainy day
③ I've made up my mind to buy my first car
④ after a slow start, it's finally turning a profit

06 다음 글의 제목으로 가장 적절한 것은?

> Embarrassing autocorrect mistakes often end up as funny content on social media threads. But they are also a big headache for geneticists using spreadsheet programs such as Microsoft Excel. Five years after a study showed that autocorrect problems were widespread, the academic literature is still filled with error-riddled spreadsheets, according to an analysis of published gene lists. And the problem may be even worse than previously realized. The long-standing issue often occurs when the abbreviated form of a gene's name is incorrectly recognized as a date and autocorrected as such by Excel or Google Sheets. For example, SEPT4 (septin 4) and MARCH1 (membrane associated ring-CH-type finger 1) will be automatically changed to 4-Sep and 1-Mar. "It can have a significant impact on your research," says molecular biologist Auriol Purdie at the University of Sydney in Australia.
>
> *membrane: 세포막

① Unveiling Academic Literature's Long Secrets
② Unexpected Genetic Discovery Thanks to Autocorrect
③ Five Years Later: Autocorrection's Trials and Triumphs
④ The Everlasting Troubles of Autocorrect: Errors Prevail

Nobody likes to wait in line. Sometimes you can pay to jump the line. It's long been known that, in fancy restaurants, a handsome tip to the waiter can shorten the wait on a busy night. Such tips are close to bribes and handled discreetly. There is no indication in the window that immediate seating is available for those who are willing to hand the host a fifty-dollar bill secretly. But in recent years, selling the right to cut in line has come out of the shadows and become a familiar practice. Amusement parks have also started selling the right to jump the line. Interestingly, amusement parks often _____ the special privileges they sell. To avoid offending ordinary customers, some parks guide their premium guests through back doors and separate gates.

① abuse
② obscure
③ abolish
④ illuminate

Textual sources from the time of the Old Kingdom, however, are silent on the presence of slaves.

There have been numerous theories as to who built the pyramids. Disregarding the absurd suggestion that aliens built them, Egyptian slaves or the Hebrews are also popular suggestions. (①) Herodotus, who wrote about Egypt in the fifth century BC, mentions that King Khufu forced a large portion of his subjects into slavery to build his Great Pyramid at Giza. (②) If we look at a townsite to the south of Menkaure's pyramid, it quickly becomes obvious that the workers who lived there were well looked after. (③) Archaeologists found not only bakery, brewery, and butchery installations in the town, but also several galleries which acted as sleeping areas for the workmen. (④) A number of the workmen also had tombs near the pyramid town. Slaves certainly were not afforded such amenities.

All of us tend to take for granted the way people in our community do things. When we travel to distant places, our assumptions about our own social life and its cultural practices may be challenged. _____(A)_____, the segregation of children by age outside of school is very uncommon in many parts of the world. Children in Mayan communities of Central America spend less than 10% of their time outside of school with other same-age children. They are much more likely to spend time with siblings and other young relatives who are not in their age group. _____(B)_____, it is much more common for children in Canada and the United States to spend most of their free time with peers in organized activities such as soccer, ballet, chess clubs, and street games.

	(A)		(B)
①	However	......	In addition
②	However	......	That is
③	For instance	......	As a result
④	For instance	......	In contrast

The function of a coast guard varies, depending on the location of the nation. Almost every nation with a shoreline has this type of organization, but its nature can vary from a branch of the military to an all-volunteer civilian agency. The coast guards can perform several tasks related to navigation, national security, and ocean safety. They are usually posted in harbors and may maintain fleets of trucks, helicopters, fixed-wing aircraft, and other support vehicles besides boats. Origins of the modern coast guard can be found in the 1800s, when several communities established civilian groups to aid ships involved in a wreck accident in the oceans. These groups would send out rescue and salvage operations as needed. And they supported organized government efforts to create navigational markers like buoys and lighthouses. The improvements in maritime safety created by such groups spurred the organization of more formal coast guards.

① 해안선이 있는 거의 모든 국가에는 해안 경비대가 있다.
② 해안 경비대는 항해, 국가 안보, 해양 안전 등에 관한 업무를 수행한다.
③ 현대의 해안 경비대는 조난을 당한 배를 돕는 국가 조직 단체로부터 유래했다.
④ 해상 안전성의 향상은 공적인 해안 경비대의 출범에 기여했다.

📋 정답/해설 98p

01 밑줄 친 부분에 들어갈 말로 가장 적절한 것은?

> The software company plans to _____ the release of new features to elevate customer satisfaction and meet the market demand.

① shield　　　　② infringe
③ suspend　　　④ accelerate

02 밑줄 친 부분과 의미가 가장 가까운 것은?

> The portable generator underlined came in handy to provide electricity for essential appliances during the power outage.

① hit the ceiling　　② was of use
③ got the point　　　④ came to life

03 어법상 옳은 것은?

① Autobiography is probably one of the most powerful form of lying.
② This book teaches us what to stay healthy in our busy schedule.
③ Workers doing construction work or repairing roofs face various potential hazards.
④ In addition to be promoted to director, he will also have separate personnel rights.

04 우리말을 영어로 잘못 옮긴 것은?

① 매출은 작년과 비교하면 10% 증가했다.
　→ The sales have risen by 10% compared to those of last year.
② 한국에서는 국회의원 선거가 4년마다 치러진다.
　→ In Korea, the parliamentary election is held every four years.
③ 고혈압이 있는 사람들은 정기적으로 혈압을 확인해야 한다.
　→ People with high blood pressure should have their blood pressure check regularly.
④ 공부하느라 늦게까지 깨어 있는 것보다 차라리 잠을 좀 자는 편이 낫다.
　→ You may as well get some sleep as stay up late studying.

05 밑줄 친 부분에 들어갈 말로 가장 적절한 것은?

> A: Tom, is everything ready for the morning presentation?
> B: Actually, the presentation got pushed to the afternoon.
> A: Well, that gives you more time to go through the details. By the way, you look pale. Is everything okay?
> B: I just feel nervous about the presentation. You know how hard I've worked for this.
> A: I understand, and it's normal to feel nervous.
> _____

① You didn't need to do that.
② Why don't we call it a day?
③ Leave it to me. I'll lead the meeting.
④ Just take a deep breath. You've got this.

06 다음 글의 주제로 가장 적절한 것은?

> A smoking gun is a piece of evidence that is irrefutably true — a fact or thing that proves conclusively that a crime has occurred or that someone is guilty. A smoking gun is a figurative term that is derived from the fact that if someone is found holding a smoking gun, it is reasonable to assume that person has recently fired that gun whether the shooting was witnessed or not. The term smoking gun was popularized during the Watergate investigation in the 1970s, when a particular White House tape recording was dubbed the *Smoking-Gun Tape*. In the recording, Nixon tells Halderman to order the CIA and the FBI to stop investigating the Watergate break in under the pretext of protecting national security. At the Watergate Congressional Hearing, Representative Barber Conable said the new evidence "looked like a smoking gun."

① how to secure clear evidence
② how a smoking gun got its name
③ how a gun control law was enacted
④ how the Watergate scandal concluded

07 밑줄 친 부분에 들어갈 말로 가장 적절한 것은?

We aim to maintain _____ between how we see ourselves as being, how we see ourselves to be behaving, and how we perceive others to perceive us. A person who sees himself as honest, sees himself as behaving honestly, and perceives that others perceive him as honest, would experience congruency. But if such a person is accused of being dishonest, he'll try to restore congruency in a variety of ways. He might change how he sees himself, criticize the person accusing him, or act in a way to change the accuser's opinion. If a person who sees herself as honest realizes she acted dishonestly, she'll feel guilty. To fix things, she might change her behavior. Or, she might trick herself into thinking she was actually honest. Or, she might find someone else to blame for her behavior.

① honesty　　　　　② coherence
③ conscience　　　　④ perception

08 주어진 글 다음에 이어질 글의 순서로 가장 적절한 것은?

Anne Sullivan showed up in Helen Keller's life in March 1887, when Helen was seven years old. Anne taught Helen 'finger spelling', which allowed her to finally communicate with those around her.

(A) At first, Helen did not make the connection between the letters on her palm and the objects.
(B) But the famous 'a-ha!' moment came when Anne took Helen to the water pump outside and while spelling "w-a-t-e-r" into Helen's palm, let the water run over the girl's other hand.
(C) To do this, Anne gave Helen an object such as a doll and traced the word 'd-o-l-l' onto her palm.

① (A) － (C) － (B)　　　② (B) － (A) － (C)
③ (B) － (C) － (A)　　　④ (C) － (A) － (B)

09 다음 글의 흐름상 가장 어색한 문장은?

A common cause of emotional driving is a time constraint. When you are trying to get out the door and head to work in the morning, you might feel rushed and stressed. ① This impatience can cause you to take bigger risks while driving, like hitting higher speeds or moving suddenly in and out of traffic. ② These practices are dangerous and could lead to a serious accident, making you even later for your appointment, if not putting you in the hospital. ③ The high number of car accidents caused by drowsy driving is likely due to how frequently drivers get behind the wheel when they are tired. ④ Should you find yourself rushing every day, try waking up earlier or cutting something out of your morning routine to give yourself some extra time. This way, you'll eliminate stress and can drive safely.

10 다음 글의 내용과 일치하는 것은?

The Ivy League is a popular name for eight private colleges and universities in the northeastern part of the United States. Since they were established, the Ivy League schools have tried to maintain their standards and traditions. But they have also heard the criticism against them and have changed with the times. Today, their student population is not made up of only wealthy, white, Protestant men, as it was in the past. While these schools began as all-male institutions, nearly half of the current students are women. One tradition that has not changed is that of alumni donations. Ivy League schools do not receive government funds to educate their students. They rely on tuition and income mainly from alumni gifts.

① The Ivy League has been open to changes since its establishment.
② Wealth and race used to be some of the requirements for the schools' admission.
③ Ivy League schools were initially coeducational institutions.
④ Alumni donations are a minor source of income for Ivy League schools.

📋 정답/해설 100p

01 밑줄 친 부분에 들어갈 말로 가장 적절한 것은?

> Seeking to _____ the enraged crowd, the mayor issued a heartfelt apology and pledged to attend to their grievances.

① elicit　　　　　② embed
③ terrify　　　　　④ appease

02 밑줄 친 부분과 의미가 가장 가까운 것은?

> After years of use, the sofa started to wear out, showing visible signs of fraying and losing its original comfort.

① irrigate　　　　② erode
③ outlive　　　　④ scatter

03 밑줄 친 부분 중 어법상 옳지 않은 것은?

> First-born children, from their earliest years, experience a great deal of stimulation by adults ① which their later-born brothers and sisters may miss. They may want to learn in order ② to win the approval and acceptance of adults; they learn a new skill for the reward of seeing his father smile or ③ hearing his mother praise him. They are closer to their parents; on the other hand, they miss the stimulus of having older children ④ to play.

04 우리말을 영어로 가장 잘 옮긴 것은?

① 일을 그만둔 후, 그는 실업 수당을 신청했다.
　→ After stopped working, he applied for unemployment benefits.
② 크리스티아누 호날두는 그의 목을 움켜쥔 팬에게 격분했다.
　→ Cristiano Ronaldo was furious with a fan who grabbed him by his neck.
③ 그 최신 소프트웨어가 사업주들이 광고를 게재하는 것을 훨씬 더 쉽게 만들었다.
　→ The latest software has made it much easier for business owners to run ads.
④ 당신이 그들이 좋아하지 않는 것들에 대해 언급한다면, 그들은 아마 상당히 불쾌해 할 것이다.
　→ If you mention about things that they don't like, they will most likely be offended.

05 두 사람의 대화 중 가장 어색한 것은?

① A: Would you like more coffee, sir?
　B: Is that for here or to go?
② A: Can I get a window seat on my flight?
　B: Unfortunately, they're all taken.
③ A: I'll take these dress shirts to the cleaners.
　B: I can drop them off if you want me to.
④ A: You look so excited. What's the occasion?
　B: Believe it or not, I won the lottery.

06 다음 글의 제목으로 가장 적절한 것은?

> The act of tidying is a series of simple actions in which objects are moved from one place to another. It involves putting things away where they belong. This seems so simple that even a six-year-old should be able to do it. Yet most people can't. A short time after tidying, their space is a disorganized mess. The cause is not a lack of skills but rather lack of awareness and the inability to make tidying a regular habit. In other words, the root of the problem lies in the mind. Success is 90 percent determined by our mind-set. Excluding the fortunate few to whom organizing comes naturally, if we do not address this aspect, rebound is inevitable no matter how much is discarded or how cleverly things are organized.

① People Are Born Not Made
② Tidying Up Your Space Brings Success
③ Teach Your Six-Year-Old How to Organize
④ The Act of Tidying: The Matter of the Mind

Although we like to think that inspired ideas come in sudden bursts, in reality they seldom do. Rather, they develop slowly and piece by piece. When you feel like you're trying to solve a jigsaw puzzle with missing pieces, you may be tempted to quit and declare the puzzle insoluble. However, to be creative, you must learn to deal with the frustration of problem-solving and decision-making. It's like being a traveler trying to find their way through a dense fog — it's impossible to know whether you're on the right path until you come out of it. You have to anticipate long periods in which nothing will make sense, despite the external and internal pressures to come up with something as quickly as possible. Nonetheless, the most creative solutions come from people who are willing to wait out. As hard as it is to wait, the results are often worth the frustration. In short, what's needed to generate good ideas is the ability _____.

① to ask "why" instead of "how"
② to tolerate an uncertain result
③ to give up on something insoluble
④ to keep your anticipation not so high

Despite all the praising words about Mother Teresa, she received a lot of criticism during and after her lifetime.

(A) Yet, looking at her humanitarian work, one could say that caring for people matters more than promoting any specific religion.

(B) For instance, not all Catholics agreed with her being recognized as a saint, feeling she didn't contribute enough to the church by not trying to convert people.

(C) There is also an idea that famous figures like Mother Teresa might discourage ordinary people from making their contribution in any form of charity.

① (A)－(B)－(C)　　　② (A)－(C)－(B)
③ (B)－(A)－(C)　　　④ (B)－(C)－(A)

I was one of those unfortunate children who always wanted a pet but grew up in a home where my parents held, and frequently exercised, veto power. For years I brought home any cat or dog that was not tied down and repeatedly begged, "Can I keep it?" I'm not sure if my persistence was a virtue or an annoyance, but when I was twelve, my parents gave in and I got my first dog. The experience was everything I'd hoped for and solidified my love of animals. To this day, memories of Momo can bring tears to my eyes.

① calm and peaceful
② nervous and worried
③ indifferent and detached
④ resentful and disappointed

Renowned director Martin Scorsese has criticized superhero movies, stating that they don't qualify as true cinema. This remark sparked a debate as to what exactly 'cinema' is. The term itself, rooted in the Greek word 'kinema' for movement, suggests it is synonymous with a motion picture or movie. However, according to Scorsese, cinema is not just audiovisual entertainment but also an art form giving aesthetic, emotional, and spiritual experiences similar to literature or music. Also, cinema is about the characters. It dramatizes and interprets the complexity of people and their contradictory natures. On the contrary, most franchise movies lack a sense of, to borrow Scorsese's word, 'the unexpected'. When we watch a superhero movie, we already know that good will beat evil, and the day will be saved in the end.

① Scorsese's remark on superhero films triggered a discussion.
② Cinema and movie share fundamentally the same meaning.
③ The artistic aspects of filmmaking are something Martin Scorsese values.
④ Superhero movies receive acclaim for their unpredictable outcomes.

01 밑줄 친 부분에 들어갈 말로 가장 적절한 것은?

> The company was looking for lighter materials that were at least as strong as metal and were able to _____ high temperatures.

① impel ② withstand
③ intrigue ④ withdraw

02 밑줄 친 부분에 들어갈 말로 가장 적절한 것은?

> Getting enough sleep is essential to _____ fatigue and improve overall well-being.

① pay off ② show off
③ turn off ④ stave off

03 어법상 옳은 것은?

① You are not allowed to keeping pets in the flat.
② My uncle was in hospital during eight weeks after the accident.
③ The sudden and unexpected agreement between the leaders surprise me.
④ Some sea slugs can regrow whole new bodies after having their heads cut off.

04 우리말을 영어로 잘못 옮긴 것은?

① 그녀는 2년 후에 대학을 졸업할 것이다.
  → She will graduate from university in two years.
② 그는 사소한 실수도 저지르지 않는 사람이다.
  → He is above making even the smallest mistake.
③ 이 바이러스는 지난해 말 해산물 시장에서 시작된 것으로 생각된다.
  → The virus believes to have originated late last year in a seafood market.
④ 이 해변은 겨울엔 말할 것도 없고 여름에도 방문객이 거의 없다.
  → There are very few visitors to this seaside even in summer, much less in winter.

05 밑줄 친 부분에 들어갈 말로 가장 적절한 것은?

> A: Tyler, I heard you are familiar with laptop computers.
> B: That's my specialty. What's up?
> A: It's time to upgrade my laptop. How much would it take to buy a new one?
> B: You may get a decent one within around $1,000 unless you're planning on running high-performance games.
> A: _____
> B: Think about getting a second-hand laptop then. You can find some good deals on it.

① It fits perfectly within my budget.
② I can't afford to spend that much.
③ You don't seem to have a grasp of my laptop.
④ Can you assist me in browsing a new one online?

06 다음 글의 요지로 가장 적절한 것은?

> Humans evolved from creatures that were vegetarian. The digestive systems were not designed for eating and digesting meat. Eating meat is a fairly recent development in human history. It is believed that humans began to eat meat because they couldn't find the natural foods they were used to eating. They might have assumed that eating meat would help to sustain their bodies. Initially, we were similar to creatures that evolved from animals like herbivore apes. These apes looked similar to man and walked upright with their arms and hands. They naturally searched for food and ate roots, berries, fruits and nuts. They also lived moment to moment constantly looking for food. Hunting requires thought and eating meat required fire. Until fire was discovered, man primarily ate vegetables and fruits. Vegetarian eating is a natural form of eating and much healthier.

① Apes couldn't use fire, which led them to become vegetarians.
② Humans have a very similar digestive system to those of herbivore apes.
③ A vegetarian diet is better for humans as we were originally vegetarians.
④ Whether one consumes meat or adopts a vegetarian diet is a matter of choice.

A prosecutor is a legal representative of the government responsible for investigating crimes and bringing charges against suspects in the criminal court of justice. A prosecutor has an obligation to remain objective and to collect and examine evidence even when it is favorable to the suspect. Prosecutors are _____ when they make decisions such as whether to file a prosecution or place someone under arrest. This means that the individual prosecutors have sole responsibility for their own decisions and that these cannot be changed by, for example, the chief public prosecutor to whom they report. Anyone directly affected by a prosecutor's decision does, however, have the right to request that the decision be reviewed by a prosecutor at a higher judicial level.

① impartial
② impulsive
③ apathetic
④ independent

But knowledge has a closer connection to us than resources like water or gold.

Knowledge is sometimes portrayed as a free-flowing impersonal resource. (①) Knowledge is said to be stored in databases and libraries and exchanged through the knowledge economy, as information-driven commerce is sometimes called. (②) Like many resources, knowledge can be acquired, used for diverse purposes, and lost — sometimes at great expense. (③) Gold would continue to exist even if sentient life were wiped out in a catastrophe. (④) The continued existence of knowledge, on the other hand, depends on the existence of someone who knows.

Trade adds value and boosts a society's wealth by directing goods and commodities to those who want them the most. Since people have different preferences, the worth of an item varies from person to person. __(A)__, trade can create value by giving things to those who value them more. For instance, a technical book on electronics might not be valuable to an art collector, but it could be worth a lot to an engineer. __(B)__, a painting that an engineer doesn't appreciate might be valuable to an art collector. So, when the electronics book goes to the engineer and the painting goes to the art collector through a voluntary exchange, the value of both items goes up.

	(A)		(B)
①	Therefore	······	Nevertheless
②	Therefore	······	Similarly
③	Otherwise	······	Consequently
④	Otherwise	······	Besides

H. pylori is a common type of bacteria that grows in the digestive tract and has a tendency to attack the stomach lining. These bacteria infect the stomachs of roughly 60 percent of the world's adult population. H. pylori infection is usually harmless, but they're responsible for the majority of ulcers in the stomach and small intestine. The 'H' in the name is short for Helicobacter. 'Helico' means spiral, which indicates that the bacteria are spiral-shaped. These bacteria are adapted to live in the harsh, acidic environment of the stomach. These bacteria can change the environment around them and reduce their acidity so they can survive. The spiral shape of H. pylori allows them to penetrate your stomach lining, where they're protected by mucus and your body's immune cells are not able to reach them.

*mucus: 점액

① Less than half of the world's adult population is infected by H. pylori.
② H. pylori's act of infecting people isn't harmful and rarely causes ulcers in the stomach.
③ H. pylori can make its surroundings more acidic in order to survive.
④ The mucus on the stomach lining keeps H. pylori from being attacked.

📖 정답/해설 105p

01 밑줄 친 부분과 의미가 가장 가까운 것은?

> Located in the center of the town is the large old house with several spacious living rooms.

① roomy
② cramped
③ decorative
④ splendid

02 밑줄 친 부분에 들어갈 말로 가장 적절한 것은?

> The continuation of this contract will be _____ the quality of the sample product you sent.

① accessible to
② incapable of
③ susceptible to
④ contingent upon

03 밑줄 친 부분 중 어법상 옳지 않은 것은?

> Several thousand years ago chickens were wild birds ① living in the jungles of southeast Asia. Early records tell us ② that the Chinese started to tame them around 1,400 B.C. Centuries later, in the 1600s, English colonists ③ brought farm chickens to America. Today thousands of American farmers ④ rise more than three billion chickens every year.

04 우리말을 영어로 잘못 옮긴 것은?

① 이 문제를 해결하는 사람이면 누구나 보상이 주어질 것이다.
→ A reward will be given to whoever solves this problem.

② 도시에서 발생하는 사망자의 수가 매년 감소하고 있다.
→ The number of fatalities that occur in cities are decreasing every year.

③ 한국인들은 전쟁 후 번영하는 사회를 건설하는 데 헌신했다.
→ South Koreans devoted themselves to building a prosperous society after the wars.

④ 우리는 현지인들과 일본어로 대화할 기회가 있는 시장을 방문했다.
→ We visited the market where we had the opportunity to talk to the locals in Japanese.

05 밑줄 친 부분에 들어갈 말로 가장 적절한 것은?

> A: Did you read the book I recommended?
> B: Yes. I read it all last night.
> A: How was it? I found it interesting and read it at one sitting.
> B: I didn't quite understand. I couldn't sympathize with the main character, and the plot was gloomy.
> A: I see. _____
> B: Well, I guess this one just didn't resonate with me.

① It's good to know it suits your taste.
② The author is well-known for his wit.
③ I didn't like the twist of the story, either.
④ I'm surprised we're not on the same page.

06 다음 글의 제목으로 가장 적절한 것은?

> The most important algorithm in your digital life used to be search, which for most of us meant Google. But the key algorithms of the future are about suggestions, not search. Search is narrow and circumscribed; you have to know what to search for, and you're limited by your own knowledge and experience. Suggestions, on the other hand, are rich and open ended; they draw on the accumulated knowledge and experience of billions of other people. Suggestion engines are like "doppelgänger software" that might someday come to know your preferences better than you do, at least consciously. How long will it be, for example, before you can tell Alexa, "I'm feeling adventurous; book me a weeklong holiday," and expect a brilliant result?

① How to Create Suggestions
② Search: The Most Important Algorithm
③ Online Search Turning Into Suggestions
④ Digital Doppelgänger Threatening Our Identities

07 밑줄 친 부분에 들어갈 말로 가장 적절한 것은?

Branding is very important in the retail business because you can charge more per product and still outsell your competition. When I was a salesperson and making long drives in an unknown city, I would always stop by a Starbucks whenever I was tired. It was not that I thought the coffee was a real standout above the rest. It was just that the experience was _____. I knew what I wanted, how much it would cost, and how it would taste. If I went to local coffee shops, the predictability stops. Do they sell ice coffees? Are credit cards accepted? Is it going to be too sweet? Sure, I can be adventurous, but I wasn't in the right mood after a full day of meetings and driving. Is it worth the hassle when my main goal is to have good sales meetings? Not really.

① daring and exciting
② convenient and luxurious
③ consistent and foreseeable
④ predictable but challenging

08 주어진 문장이 들어갈 위치로 가장 적절한 곳은?

In contrast, pessimistic procrastinators do worry about delaying tasks.

Procrastination is when people delay or never get around to doing something they planned to do. There are two types of procrastinators. (①) Optimistic procrastinators put off their intentions but do not worry about doing so. (②) They're confident about their abilities but often miscalculate their progress and the time needed. (③) They are concerned that they get behind schedule. (④) Nevertheless, they still procrastinate because they do not know how to deal with the task.

09 다음 글의 흐름상 가장 어색한 문장은?

Many things we think of as obvious today were hotly debated at one time. ① One of the great debates in early brain science concerned the nerve cell. ② Without very good microscopes, pioneering biologists were not sure if the brain was made out of separate cells, like other organs, or if the brain might be one gigantic connected network, like the electrical power grid. ③ When motor skills are mastered, the brain can put letters into words and numbers in sequences and groups. ④ Ramon y Cajal is remembered today as the microscopist who was able to determine, after many years of painstaking work, that the nervous system is actually made of separate cells. This discovery has been so fundamental to neuroscience that Cajal is often considered to be the founder of the brain sciences.

10 다음 글의 내용과 일치하지 않는 것은?

Feta is a cheese traditionally made from the milk of goats in Greece. It is probably the most famous and important culinary export of Greece, and is popular all over the world. Feta has a distinct salty taste and crumbly texture, and it is considered by many to be among the finest of cheeses. A number of nations make versions of their own, although Greece continues to be the largest exporter of the cheese. In fact, the ancient Greeks considered feta cheese to be one of the foods of the gods, presented as a gift when the son of Apollo was sent down from Mount Olympus to teach the Greeks the art of cheese making. Probably one of the earliest known cheeses, feta has been manufactured all over the Greek islands for centuries. In Greece, most of the land is too rocky and grass is sparse to nourish cattle. As a result, many traditional Greek foods, including feta, rely on the goat. To conclude, feta is not just a cheese; it is a big part of Greek culture.

① Feta cheese stands out with its salty flavor and crumbly texture.
② Greece faces lower feta exports with increased global production.
③ In the eyes of ancient Greeks, feta cheese was a divine food.
④ Many traditional Greek culinary dishes are derived from goat.

📋 정답/해설 108p

01 밑줄 친 부분에 들어갈 말로 가장 적절한 것은?

> In the face of the academic challenge, the most intricate dilemma _____ even scholars with vast experience.

① certified   ② denoted

③ amplified   ④ perplexed

02 밑줄 친 부분과 의미가 가장 가까운 것은?

> The hard-working students would often pore over their textbooks late into the night to prepare for exams.

① brush up   ② look into

③ watch out   ④ skim through

03 어법상 옳은 것은?

① Caucasian shepherd dogs are stubborn, independent, and intelligence.

② Food deliverers protested to demand they be able to stay self-employed.

③ His popular reputation remained highly throughout the nineteenth century.

④ All of the staff members who operates machinery should wear safety helmets.

04 우리말을 영어로 잘못 옮긴 것은?

① 해가 뜨기 전에 우리는 목적지에 도착할 것이다.

   → We will reach our destination before the sun rises.

② 당신이 천재일지라도, 노력이 뒤따라야 한다.

   → Genius as you are, hard work should follow.

③ 통계학은 우리가 거대한 정보를 이해하는 데 도움이 된다.

   → The statistics helps us make sense of big sets of information.

④ 디지털 치매는 디지털 기술의 남용 때문이다.

   → Digital Dementia is resulted from the overuse of digital technology.

05 밑줄 친 부분에 들어갈 말로 가장 적절한 것은?

> A: Good afternoon, sir. Where can I take you today?
> B: Football stadium, please. How long does it take from here?
> A: It usually takes about 10 minutes. But with heavy traffic today, I think it takes triple that time.
> B: Thirty minutes? Is there any way to get there sooner?
> A: _____
> B: Thank you. I hope I'm not late for the game.

① No way! That's out of the question.

② The game has been delayed by an hour.

③ Let me see if I can take an alternative route.

④ Consider taking the subway for your next commute.

06 다음 글의 주제로 가장 적절한 것은?

> When grilling raw meat, there are multiple steps you can take to avoid getting food poisoning, especially with E. coli, which can cause dehydration, bloody diarrhea, and abdominal cramps three to four days after exposure — and potentially kidney failure in children under 5 years old and in older adults, the Centers for Disease Control and Prevention says. "Grilling really makes it look done a lot of times way before it actually is fully done," said USDA food safety expert Meredith Carothers in recent remarks about grilling mistakes. Don't reuse marinades that have been used with raw meat. If you're preparing kabobs for the holiday, keep meat and vegetables separate. Veggies cook faster than meats so put peppers, onions and carrots on separate sticks.

① tips for cooking raw meat in multiple ways

② benefits of meat consumption on overall health

③ things to be aware of when cooking meat on a grill

④ food sanitation guidelines to avoid the risk of diseases

07 밑줄 친 부분에 들어갈 말로 가장 적절한 것은?

In the presence of multiple causes and random events, attributing blame or praise to someone or something can offer psychological comfort. It also provides a sense of reassurance about our ability to understand and control events in a complex and confusing world. Primitive peoples' belief in magic gave them a reassuring sense of control over such crucial events as disease and storms, even though it had no actual power to influence these occurrences. The modern political arena offers a similar _____: "Belief in a political leader's ability to alter circumstances may generate a feeling of indirect control. The power to reward or punish those in office through the vote implies this influence." Various experiments have shown that the desire to make sense of confusing events leads to a romanticized, larger-than-life role for leaders, particularly in extreme cases of very good or very bad performance.

① silence
② illusion
③ complexity
④ inconvenience

08 주어진 문장 다음에 이어질 글의 순서로 가장 적절한 것은?

At first glance, bullet-proof glass looks identical to an ordinary glass, but that's where the similarities end.

(A) So, how is that possible? The basic method of manufacturing bullet-proof glass is to layer a polycarbonate material between ordinary glass pieces through a process called lamination.

(B) Regular glass shatters when struck by a single bullet, while bullet-proof glass is designed to resist one or more rounds of bullets.

(C) This produces a thicker, glass-like material. Polycarbonate which is a tough transparent plastic absorbs the bullet's energy, thus preventing it from passing through after piercing the outer layer of the glass.

① (A)－(C)－(B)
② (B)－(A)－(C)
③ (B)－(C)－(A)
④ (C)－(A)－(B)

09 밑줄 친 (A), (B)에 들어갈 말로 가장 적절한 것은?

Although laying the dead in the ground is the most common, cultures around the world practice other forms of releasing a person into the spiritual realm. __(A)__, many cultures cremate their loved ones; Hindu tradition involves a pyre cremation with family present. Zoroastrians and Tibetan Buddhists use elevated locations to allow vultures to remove remains. For Zoroastrians, this prevents the world of the living from being contaminated by the dark forces of the dead. __(B)__, Tibetan Buddhists believe this is the most generous and compassionate way to return the body to the circle of life. Although the practice is similar, the symbolism is very different.

*vulture: 독수리, 콘도르(주로 죽은 고기를 주식으로 하는 맹금)

	(A)	(B)
①	However	Otherwise
②	However	In addition
③	For instance	In contrast
④	For instance	As a result

10 다음 글의 내용과 일치하지 않는 것은?

Environmental plastic pollution has become a major ecological and societal concern. Plastic pollutants vary widely in size, from large debris, such as fishing nets and single-use plastic bags, to invisible nano-sized plastic particles. While the visible impact of large plastic debris, so-called macroplastics, in marine environments has been well documented, the potential harm caused by microplastics or nanoplastics is much less clear. Microplastic particles are accidentally consumed by marine organisms, which are then consumed by predator fish. Nanoplastic particles are even more toxic to living organisms as they are more likely to be absorbed through the walls of digestive tracts and thereby transported into the tissues and organs. Consequently, such plastic particles can interfere with various physiological processes like neurotransmission and immunity of freshwater and marine organisms.

*neurotransmission: 신경 전달

① Plastic pollution poses a critical concern for both ecosystems and societies.
② The consequences of nanoplastics in oceans are still not evident.
③ Macroplastic particles put more danger to organisms due to their digestive system.
④ Plastic particles may disturb various physiological processes upon exposure.

📄 정답/해설 110p

01 밑줄 친 부분에 들어갈 말로 가장 적절한 것은?

Mankind is struggling to survive and has to do everything possible to evade further _____.

① salvation   ② prosperity
③ quarantine   ④ catastrophe

02 밑줄 친 부분에 들어갈 말로 가장 적절한 것은?

The initial investment of $500 has the potential to _____ $10,000 with the right market conditions.

① pay for   ② cut back
③ enter into   ④ amount to

03 어법상 옳은 것은?

① How successfully is the test in containing the spread of the disease?
② The police officer is recovering from hitting on the head with a bat.
③ Follow someone who never fails to do what he promises to do.
④ Her outfit was reminiscent of the way how my mother dressed when she was young.

04 우리말을 영어로 잘못 옮긴 것은?

① 모든 그렇게 힘든 일은 정말로 성과를 거두었다.
　→ All that hard work really paid off.
② 종이 봉지는 자원의 큰 낭비이고, 비닐봉지 또한 그렇다.
　→ Paper bags are a huge waste of resources, and so are plastic ones.
③ 감각 중 하나가 아주 나빠질 때까지 우리의 감각을 당연시하기가 쉽다.
　→ It's easy to take our senses for granted until one of them breaks down.
④ 그들은 심장을 건강하게 유지하기 위한 최적의 취침 시간을 찾으려고 노력했다.
　→ They tried to find an optimal bedtime to keep the heart healthily.

05 밑줄 친 부분에 들어갈 말로 가장 적절한 것은?

A: Hi, Violet. What brings you here?
B: Good morning, professor. I was wondering if you could write me a recommendation letter for an internship program with a publicly owned company.
A: That would be a good experience for you.
　_____
B: The application should be turned in by this Friday.
A: Okay. I'll have it ready by Thursday morning.
B: I really appreciate it.

① When can they let us know?
② How soon should I get it done?
③ Is a written submission required?
④ You owe me a favor for fixing the mess.

06 다음 글의 제목으로 가장 적절한 것은?

The Civil War in the United States began in 1861, after long-standing tensions between northern and southern states over slavery and states' rights. In the mid-19th century, as the United States underwent significant growth, a fundamental economic difference existed between the country's northern and southern regions. The North was characterized by well-established manufacturing and industry, with agriculture primarily consisting of small-scale farms. Meanwhile, the Southern economy relied on large-scale farming, heavily dependent on the labor of Black enslaved people, particularly for crops like cotton and tobacco. Growing anti-slavery sentiment in the North after the 1830s, coupled with northern opposition to extending slavery into the new western territories, led many southerners to fear that the existence of slavery in America — and thus the backbone of their economy — was in danger.

① Civil War's Aftermath: A Legacy Remembered
② Exposing the Roots: What Gave Rise to the Civil War
③ From Shadows to Glory: The Unsung Heroes of the Civil War
④ Historical Accounts of American Warfare throughout the 19th Century

07 밑줄 친 부분에 들어갈 말로 가장 적절한 것은?

The idea of a 'presupposition' is easy to grasp. A presupposition is what one needs to assume, if something — and this 'something' could be anything at all that one wishes to consider — is to be true or is to exist. Consider the words in this sentence. For someone to read the words and understand them, we must presuppose that the person understands the English language. For someone to add a few numbers together, one must presuppose that the person knows how to count. For someone to drive a car well, one must presuppose that the person understands the difference between driving slowly and driving rapidly, and between driving on the left side of the road and driving on the right. Presuppositions _____. They are the soil from which our more detailed knowledge extends.

① surpass personal limitations
② determine the background context
③ allow for flexible and reasonable thinking
④ have a foundation in linguistic understanding

08 주어진 문장이 들어갈 위치로 가장 적절한 곳은?

But before making hasty decisions, take time to think rationally about your next steps.

When coworkers leave your company, you might feel the urge to seek new opportunities, leading to a sense of social exclusion. (①) It's not uncommon to engage in what psychologists call "affective forecasting," imagining future regret you may feel in the future if you don't seek the new opportunities as others. (②) Start by reflecting alone or with a trusted partner on your intrinsic values and goals, regardless of others' choices. (③) Ask yourself, "What truly matters to me professionally now and in the future?" (④) Then honestly assess your current capabilities, reputation, and areas for development to achieve your ideal work life.

09 다음 글의 흐름상 가장 어색한 문장은?

Avoid forwarding private emails without the sender's permission, whether to another person or a mailing list. ① Imagine every email you had ever sent were suddenly to be published for everyone to read online! ② 100% confidential emails simply don't exist as they're stored on servers. ③ This is an extreme case, of course, but it's a general courtesy to ask before distributing someone's words more widely. ④ Most people'll actually be flattered by your interest so they generally won't have any objection to your forwarding it. However, it's still polite to ask in advance.

10 다음 글의 내용과 일치하지 않는 것은?

Generalized Anxiety Disorder (GAD) is characterized by persistent and excessive worry about a number of different things. People with GAD may anticipate disaster and may be overly concerned about money, health, family, work, or other issues. Individuals with GAD find it difficult to control their worry. They may worry more than seems warranted about actual events or may expect the worst even when there is no apparent reason for concern. GAD is diagnosed when a person's worrying happens on most days and for at least six months, and he or she has three or more symptoms including restlessness, difficulty concentrating, irritability, muscle tension, or sleep disturbance. This differentiates GAD from worry that may be specific to a set stressor or for a more limited period of time. GAD affects 6.8 million adults, or 3.1% of the U.S. population, in any given year. Women are nearly twice as likely to be affected as men.

① 범불안장애를 앓는 사람들은 이유 없이 최악의 상황을 상상하는 경향이 있다.
② 범불안장애의 증상은 집중력 문제와 수면 장애를 포함한다.
③ 범불안장애 환자의 걱정은 특유의 스트레스 요인에 한정되는 경향이 있다.
④ 범불안장애는 남성보다 여성에게서 약 두 배 더 흔히 발생한다.

📋 정답/해설 113p

01 밑줄 친 부분과 의미가 가장 가까운 것은?

> It takes a keen eye to <u>discern</u> the subtle nuances in abstract artwork.

① disperse
② discredit
③ disprove
④ distinguish

02 밑줄 친 부분과 의미가 가장 가까운 것은?

> In negotiations, it's often beneficial to find a compromise and <u>meet halfway</u> to reach a mutually satisfying agreement.

① dictate
② concede
③ maneuver
④ circulate

03 밑줄 친 부분 중 어법상 옳지 않은 것은?

> Famous violinists and pianists regularly earn between $30,000 and $50,000 for a single performance. Rare ① <u>are</u> the musical organizations that can afford to hire those musicians for every concert. So, many orchestras turn to lesser-known musicians, some of ② <u>them</u> can play better than the famous musicians. ③ <u>If</u> an orchestra hires a soloist you haven't heard of, the chances are good ④ <u>that</u> she's fantastic.

04 우리말을 영어로 가장 잘 옮긴 것은?

① 모든 선수들이 정시에 도착하는 것이 필수적이다.
  → It is essential that every player arrives on time.
② 그는 뉴욕에 가서 책 몇 권을 사고 그의 딸을 만났다.
  → He went to New York, bought some books, and meet his daughter.
③ 당황스러운 사정을 고려하면, 그녀는 그 상황에 훌륭하게 대처했다.
  → Given embarrassing circumstances, she handled the situation admirably.
④ 관리자는 대규모 시위가 벌어지고 있는 현장에 방문했다.
  → The manager visited the site which a large-scale protest was taking place.

05 두 사람의 대화 중 가장 어색한 것은?

① A: It's supposed to rain tonight, isn't it?
  B: That's what I heard.
② A: Would you like to join us for dinner?
  B: I'll have to pass on the dinner invitation.
③ A: What's the policy for unauthorized absence?
  B: Ask the HR team for your paycheck details.
④ A: Where is the parking space for visitors?
  B: They can park on the left side of the building.

06 다음 글의 요지로 가장 적절한 것은?

> The need for student products to be reviewed by an authentic audience is essential to the acquisition of many skills. Students may not strive to do their best if all they have to do is prepare work for the teacher to grade. When they know that their work will leave the classroom to be evaluated by some other group, such as contest judges, school boards, local organizations, or newspaper editors, they are more likely to care about refining their work, practicing longer, or getting more information. Authentic audiences give bright students a reason to excel — a reason beyond grades. It is also important that participants be evaluated in a true-to-life manner. Some students set such unrealistic standards for themselves that it may be helpful for them to be evaluated by more realistic criteria. Unreasonable expectations may be more harmful than helpful, and they may be counterproductive to the acquisition of skills.

① Having an authentic audience benefits students.
② It is important for students to set realistic goals.
③ A teacher is the best evaluator of his or her students.
④ The audience should not have high expectations for students.

07 밑줄 친 부분에 들어갈 말로 가장 적절한 것은?

Although advanced age is marked by physical and cognitive decline, accumulating research suggests that emotional well-being is maintained well into later life. In fact, increased age is associated with improved emotion regulation and emotional stability. Both cross-sectional and longitudinal studies substantiate this association and further reveal that reductions in negative emotional experience are accompanied by a greater frequency in positive emotions across age cohorts. Even individuals in their eighties enjoy high levels of positive emotions; it is not until the "terminal phase" of life that older adults exhibit a precipitous decline in emotional well-being. Although some evidence calls into question whether age-related shifts in subjective well-being are moderated by functional health constraints, overall, the data suggest that _____.

*cohort: (통계적으로 동일한 특색이나 행동 양식을 공유하는) 집단
**precipitous: 급작스러운

① emotions sometimes disrupt thinking and reasoning
② positive emotions remain stable throughout old age
③ increased age does not necessarily lead to well-being
④ the elderly are greatly affected by emotional ups and downs

08 주어진 문장 다음에 이어질 글의 순서로 가장 적절한 것은?

Business organizations eagerly adopt and utilize new technologies to save time, cut costs, enhance productivity, and gain a competitive advantage.

(A) However, developing appropriate technology is time-consuming and requires significant investment in research and development, posing risks of financial burdens if outcomes aren't favorable.

(B) Simultaneously, there's the threat of competitors copying inventions or developing superior technology, making existing technology outdated.

(C) They apply technological advancements in areas like hiring, outsourcing, inventory management, quality control, speedy communication, and broadening customer reach.

① (B) − (A) − (C)　　② (B) − (C) − (A)
③ (C) − (A) − (B)　　④ (C) − (B) − (A)

09 밑줄 친 (A), (B)에 들어갈 말로 가장 적절한 것은?

Money laundering is essential for criminal organizations wishing to use illegally obtained money effectively. __(A)__, criminals require a means to deposit the money into legitimate financial institutions. And they can only do so only if it appears to come from legitimate sources. Money laundering techniques vary, ranging from simple to highly complex. One common method involves using a legitimate, cash-based business owned by a criminal organization. __(B)__, if the organization owns a restaurant, it might inflate the daily cash receipts to channel illegal cash through the restaurant and into the restaurant's bank account. After that, the funds can be withdrawn as needed.

　　　(A)　　　　　　　(B)
① However　 ······　Therefore
② However　 ······　Furthermore
③ As a result　······　In addition
④ As a result　······　For example

10 다음 글의 내용과 일치하는 것은?

Astronomers have discovered a black hole with just three times the mass of the sun, making it one of the smallest found to date — and it happens to be the closest known black hole, at just 1,500 light-years from Earth. The discovery "implies that there are many more small black holes that we might find if we increased the volume of space that we searched," says Tharindu Jayasinghe, an astronomer at Ohio State University and lead author of a new paper detailing the discovery in the Monthly Notices of the Royal Astronomical Society. The finding "should create a push to find these systems." Jayasinghe and his colleagues have dubbed the object the "unicorn," in part because it is unique, and in part because it was found in the constellation Monoceros, named by ancient astronomers after the Greek word for unicorn.

① The smallest black hole in space is smaller in mass than the sun.
② The black hole astronomers found is the second closest one to the Earth.
③ Astronomers have already found many more small black holes in constellations farther from Earth.
④ The astronomers considered the uniqueness and the location of the black hole for its name.

📄 정답/해설 115p

01 밑줄 친 부분에 들어갈 말로 가장 적절한 것은?

> The jury members considered the deponent's testimony as _____ due to her compelling evidence.

① peripheral   ② wandering
③ conclusive   ④ counterfeit

02 밑줄 친 부분에 들어갈 말로 가장 적절한 것은?

> After years of managing the family business, he _____ the ownership to his eldest son.

① hit on   ② hung out
③ heard out   ④ handed over

03 어법상 옳지 않은 것은?

① Your hair is getting very long. It will need cutting soon.
② Truly happy people are those who make up their minds to be.
③ The captain became increasingly disturbing for fear of shipwreck.
④ The sun, one of millions of stars in the universe, provides us with heat and light.

04 우리말을 영어로 잘못 옮긴 것은?

① 플라톤은 예술을 단지 자연의 모방일 뿐이라고 본다.
  → Plato sees art as nothing but the imitation of nature.
② 디지털 티켓은 구매 직후에 도착할 것이다.
  → The digital tickets will arrive shortly after your purchase.
③ 전기 울타리로 둘러싸인 그 공장은 아무도 접근할 수 없다.
  → Surrounded by electric fences, the factory is not accessible to anyone.
④ 그는 의미 있는 일을 하지 않았고, 말할 필요도 없이 성과가 없었다.
  → He did nothing meaningful, and needless to say, achieved results.

05 밑줄 친 부분에 들어갈 말로 가장 적절한 것은?

> A: Look at the hallway! Kids are littering trash anywhere.
> B: You can say that again.
> A: What can we do to stop this? I can't stand it anymore!
> B: Well, you can either make announcements or put up posters.
> A: I did both before, but _____.
> B: Hmm... No ideas come to mind. Let's take some time to think about it.

① they were close calls
② my arm was constantly sore
③ the time was too short to check
④ both of them turned out empty-handed

06 다음 글의 제목으로 가장 적절한 것은?

> We think, plan, imagine and remember by making pictures and sounds in our heads. We use a copy of our own voice in our imagination when we rehearse things to say, and sometimes when we read. We talk to ourselves when we are planning, commenting or wondering. We use this voice all the time, day in day out, but most of the time we don't realize how influential that voice can be. The way it says has an effect on how we feel and the possibilities we see. It is almost like having a hypnotist between your ears. You can use that voice to radically change your mood. You can think exactly the same thoughts, with exactly the same words, and yet make changes that will transform your experience.

① Power of Voice in Life
② Effective Rehearsal Strategies
③ How to Make Yourself Heard
④ Quiet Your Annoying Inner Voice

07 밑줄 친 부분에 들어갈 말로 가장 적절한 것은?

A strong nation-state maintains autonomy from domestic social groups and foreign institutions. Central government officials make decisions based on their own policy preferences, not on the preferences of ethnic groups, religious associations, social classes, multinational corporations, or other states. The nation-state possesses several key resources: legal authority, finances, information, bureaucratic expertise, and the loyalty of the military and police, who maintain control over the territory. By controlling the armed forces, police, security agencies, and mass media, state officials use their resources to repress the opposition, persuade dissidents, and maintain mass apathy. Hence, central government leaders have the power to _____.

① promote experiences other institutions of state have
② change their policy preferences into strong decisions
③ liberate their communities during rapidly changing times
④ modify the existing norms by reflecting the opinions of several groups

08 주어진 문장이 들어갈 위치로 가장 적절한 곳은?

But this is a completely false image of the modern discipline of statistics.

Statistics suffers from an unfortunate but fundamental misconception that misleads people about its essential nature. (①) Many think statistics requires tedious arithmetic manipulation. (②) It is, therefore, commonly perceived as a dry and dusty discipline, lacking in creativity or excitement. (③) The reality is that modern statistics, transformed by computers, relies on advanced software tools to explore data for understanding and enlightenment. (④) That is what the modern discipline is all about: using tools to enhance perception, find insights, guide decisions, and provide a system for understanding and monitoring.

*arithmetic: 산수[산술]의

09 다음 글의 흐름상 가장 어색한 문장은?

The rise of data is taking place in virtually every domain of society. ① If you're into sports, you probably know about *Moneyball*, which changed professional baseball and now impacts most major sports using player performance data and analytics. ② If you like soccer, you'll have no difficulty at all finding out who the best players are by watching the game only for one minute. ③ If you're into online gaming, you probably realize that online gaming companies like Zynga and Electronic Arts collect and analyze every aspect of user behavior. ④ Like movies? If so, you probably know about the algorithms Netflix uses to predict what movies you'll like. You may not have heard that a few producers of Hollywood movies employ algorithms to decide which movies to back financially, though.

10 다음 글의 내용과 일치하지 않는 것은?

Car-Sharing is a service that provides a vehicle to an individual for temporary use whenever needed. Through this service, people can have the use of a car without owning one. It is an alternative to traffic congestion and it resolves parking issues and reduces pollution. Car-sharing differs from traditional car rentals. Users of the car-sharing service can rent a vehicle for occasional use and for shorter periods of time, at places and times convenient to them. Also, you pay only for the amount of time you use the vehicle. Without needing to sign a separate contract, anyone can reserve a car over the internet or through a smartphone application. You can pick up the car at an unmanned pick-up point and you can drive it for the reserved period of time.

① Car-sharing can be a means of solving traffic jams and parking problems.
② Users of the car-sharing service can rent a vehicle regardless of time and place.
③ Those who use the car-sharing service only need to pay as much as the time they spend.
④ Car-sharing users must sign an online contract to use the service.

정답/해설 118p

01 밑줄 친 부분에 들어갈 말로 가장 적절한 것은?

> Plants that take two years to sprout, bloom, bear fruit, and die are called _____ plants.

① annual
② bizarre
③ biennial
④ perennial

02 밑줄 친 부분에 들어갈 말로 가장 적절한 것은?

> The boy was caught in a rain shower on the way back from a farm and had to wait for the rain to _____.

① let in
② let up
③ turn in
④ turn up

03 어법상 옳은 것은?

① Neither of his parents are good at handling difficult situations.
② Many accidents are caused by people who drive while intoxicated.
③ The building which was damaged bad in the fire has now been rebuilt.
④ I have taught English for 10 years when my first book was published in 2013.

04 우리말을 영어로 잘못 옮긴 것은?

① 나는 집을 나설 때마다 항상 마스크를 착용한다.
→ Whenever I leave the house, I always put on a mask.
② 그런 실수에 대해 경찰을 비난해도 소용없다.
→ It is no use to criticize the police for those mistakes.
③ 그들이 그런 어리석은 결정을 내린 것은 바로 어제였다.
→ It was yesterday that they made such a silly decision.
④ 그의 3점 슛 성공률은 팀 내 어떤 선수들보다도 더 높다.
→ His three-point shot success rate is higher than any other player on the team.

05 밑줄 친 부분에 들어갈 말로 가장 적절한 것은?

> A: I don't feel like going to work today.
> B: What's wrong? Are you alright?
> A: My stomach hurts and I feel sick. I think the spicy fajitas I had last night didn't agree with me.
> B: That's too bad. _____
> A: I wish I could, but I have an important meeting this morning.
> B: That's too bad. Then, take some medicine. It will work for a while.

① I didn't mean to hurt you.
② How about calling in sick right now?
③ Why didn't you file a complaint on the spot?
④ For the record, my boss is on a business trip.

06 다음 글의 주제로 가장 적절한 것은?

> There is no absolutely fixed meaning to anything in life. It is always affected by the point of view you bring. The meaning you bring to what you see is a function of the point of view, or frame, in which you see things. One of the secrets of maintaining happiness is to use your frame to make sure that in difficult times you always stay in touch with the source of your happiness. Over the years I have had the opportunity to work with people who have undergone some terrible tragedies, but their frame gave them an amazing strength that enabled them to handle them. Equally I have seen some people devastated by a relatively small challenge. The difference was in the way they framed these situations in their minds. The meaning in any situation depends on what we include or exclude from our frame of perception.

① forming attitudes to be successful at work
② emphasizing the consequences of positivity
③ seeing people in the frame of their own perspective
④ understanding the importance of frame setting in life

07 밑줄 친 부분에 들어갈 말로 가장 적절한 것은?

The Yucatan Peninsula is on the southern end of Mexico and is the ancestral home of the Maya people, who inhabited the land long before the arrival of the first Spanish explorers. When the first Spanish explorers arrived in the area, they tried to get a feel for the area and know the name of the place they had just arrived. Unfortunately for them, there were no interpreters available that could translate from the native languages to Spanish, so they _____. When the Spanish kept asking what the country was called, the natives kept responding with a word that sounded very similar to Yucatan, which in the native language meant "I don't understand you." And so the name stuck.

① turned to sign language
② misinterpreted the words
③ surmounted lingual barriers
④ discontinued the communication

08 주어진 글 다음에 이어질 글의 순서로 가장 적절한 것은?

The human brain is often compared to the most complex of man-made machines, digital computers. But they differ fundamentally.

(A) Does it matter what a machine is made of? Not really, for computers. It's because their operations are 'medium independent,' meaning any computation can theoretically be performed in any medium.

(B) Thus replacing the electronics of a modern computer with cogs or levers for that matter won't affect its computing ability that much. But using them for thinking, like nerve cells, seems extraordinarily unlikely.

(C) The brain is a biological entity evolved from materials like organic molecules, salty water, and so on. In contrast, a modern computer is made of electronic components and switches using silicon, metal, and plastic.

*cog: 톱니

① (A)－(B)－(C)　　　② (A)－(C)－(B)
③ (C)－(A)－(B)　　　④ (C)－(B)－(A)

09 밑줄 친 (A), (B)에 들어갈 말로 가장 적절한 것은?

Social media is an almost unavoidable part of our society now. Can it be a trusted news source? Not always. When looking at what constitutes "fake news" and how it gets shared on social media, there are two kinds of information to be aware of — misinformation and disinformation. The two are both, at their core, incorrect information.   (A) , the motivation for sharing the content and the actors who share it are very different. Misinformation sometimes refers to an "honest mistake" — for example when an article written by a generally reputable media includes an error and it spreads organically. Disinformation,   (B) , is deliberately wrong and spread tactically. It is explicitly intended to cause confusion or to lead the target audience to believe a lie. Disinformation is a tactic in information warfare.

　　　(A)　　　　　　　(B)
① Hence　　…… therefore
② Hence　　…… by contrast
③ However　…… for example
④ However　…… on the other hand

10 다음 글의 내용과 일치하지 않는 것은?

Curling is a team sport in which two teams of four players take turns sliding stones on a sheet of ice toward a target, which is known as a house. Curling originated in Scotland and dates as far back as 1511. Early games were played on frozen ponds and lakes with primitive curling stones made from different types of rocks. Scottish immigrants spread the sport to North America: the first Canadian curling club opened in Montreal in 1807, and the first American club appeared in Pontiac, Michigan, in 1828. The Royal Caledonian Curling Club in Scotland, the so-called "mother club" of curling, wrote the first official curling rules in 1838. Curling first appeared as a medal sport at the 1924 Olympics in Chamonix, France. Only the men held a tournament, and Great Britain won gold (the entire team was Scottish). Curling made five appearances as an Olympic demonstration sport before the sport was officially added to the Olympic program in Nagano in 1998.

① Curling traces back to 16th century Scotland.
② The first curling club in Canada was founded by Scottish immigrants.
③ The Royal Caledonian Curling Club drafted the first official curling rules.
④ Curling made its Olympic debut as a medal sport in Nagano.

01 밑줄 친 부분과 의미가 가장 가까운 것은?

> The professor openly <u>disdained</u> the outdated research methods, saying they were almost like from the 80's.

① despised
② exclaimed
③ applauded
④ speculated

02 밑줄 친 부분에 들어갈 말로 가장 적절한 것은?

> After their car broke down miles from town, they had to _____ with the limited supplies they had in the trunk to survive the night.

① go south
② make shift
③ carry the day
④ break the ice

03 밑줄 친 부분 중 어법상 옳지 않은 것은?

> After ① <u>spending</u> 25 years together, Stella and Joe were still very happy and loved each other very much. A friend asked them how they managed to stay ② <u>happy</u> married through the years. Joe said, "That's easy. I let Stella ③ <u>take</u> care of all the important family matters like ④ <u>where</u> we should live and invest our money, and so forth."

04 우리말을 영어로 잘못 옮긴 것은?

① 그는 자신의 잘못을 드러낼 만큼 어리석지는 않다.
　→ He knows better than to reveal his own faults.
② 내가 집에 도착하자마자 비가 오기 시작했다.
　→ Hardly have I arrived home when it began to rain.
③ 그녀가 만들어낸 모든 문제가 좋은 것은 아니었다.
　→ Not all of the problems she created were good.
④ 선거의 중요성은 아무리 강조해도 지나치지 않다.
　→ We cannot emphasize the importance of elections too much.

05 밑줄 친 부분에 들어갈 말로 가장 적절한 것은?

> A: I'm sorry things got a little heated at the meeting yesterday.
> B: That's okay. You were trying to put your opinion across.
> A: Thanks. But I was afraid I made people a little uncomfortable.
> B: No worries. _____
> A: That's very nice of you to say that.

① You could have let down others with your opinion.
② Other people probably passed over your arguments.
③ You should have put your thoughts across more strongly.
④ There is nothing wrong with standing up for your opinion.

06 다음 글의 제목으로 가장 적절한 것은?

> As we thread our way through the pages of any text, our movement is actually directed by little words, mostly prepositions and conjunctions. These little words don't actually add facts or narrative information but instead act as traffic signals preparing us for a shift in emphasis or direction. Phrases like *furthermore, however, on the contrary,* and *nevertheless* reinforce our interpretation of a preceding passage and prepare us to understand how the next passage will fit along with it. There are words that add the meaning of the coming passage to the last one: *also, and, furthermore, not only ... but also, too.* And there are phrases that contrast the preceding passage with the coming one: *but, despite, however, nevertheless, instead of, rather than, yet.* You know such little words so well that it's easy to overlook their usefulness as markers. Don't.

① Note Down Useful Expressions
② Distinguish Facts from Narratives
③ Pay Attention to the Little Signals
④ Keep Track of the Previous Passages

07 밑줄 친 부분에 들어갈 말로 가장 적절한 것은?

Many people who have believed in objective truth have been intolerant. But it's a mistake to assume that valuing objective truth indicates a disregard for alternative lifestyles and beliefs. The cause of intolerance is not objectivity but dogmatism. It stems from a sense that one can't be wrong. Many people do indeed think that they (and they alone) know the real truth. It is depressingly common for people to think they personally know what the truth is on any subject. But one doesn't need to believe that we know anything for certain to think that there is objectivity. The degree to which we believe there is objective truth about some subject is the degree to which we must admit that we can always be wrong about that subject — which is to say that we cannot be certain that our beliefs about it are correct. If truth is objective, then we must _____.

① strive to find an effective means to obtain it
② stick to our first principles established earlier
③ necessarily be prepared for intolerant responses
④ always be open to the possibility of being wrong

08 주어진 문장이 들어갈 위치로 가장 적절한 곳은?

For example, carpenters have hammers, dentists have picks, and physicians have stethoscopes.

All managers can use a basic set of questions, at any level in any organization, in any situation, anywhere in the world, and in any language. These questions are tools that should be issued to each manager when he or she joins the profession. (①) Most professionals have a basic set of implements to use in their craft. (②) It is hard to envision any of these people working in their chosen fields without their basic set of tools. Managers, too, have a basic set of tools: questions. (③) And nothing is as simple, or as complex, for a manager, or for any person in any position of authority and responsibility, than asking questions. (④) Some of us are very good at it. We always seem to ask the right question at the right time. Others of us are less well prepared, and our questions often do not yield the kinds of results we want or that the business needs.

09 다음 글의 흐름상 가장 어색한 문장은?

Commercial sports are unique businesses. At the minor league level, they generate modest revenues for owners and sponsors. ① However, team owners at the top levels of professional sports have formed cartels to generate significant revenues. ② Like event sponsors and promoters, team owners are involved with commercial sports to make money while having fun and establishing good public images for themselves or their corporations and corporate products and policies. ③ People in sports, especially athletes, emphasize heroic orientations over aesthetic orientations and use style and dramatic expression to impress mass audiences. ④ Their cartels enable them to control costs, stifle competition, and increase revenues, especially those coming from the sale of broadcasting rights to media companies. Profits also are enhanced by public support and subsidies, often associated with tax breaks and the construction and operation of stadiums and arenas.

10 다음 글의 내용과 일치하는 것은?

Meta-analysis is only one of the many ways to summarize, integrate, and interpret previous research in the various disciplines. And it has somewhat limited applicability. First, it applies only to empirical research studies; it can't be used to summarize theoretical papers, policy proposals, and the like. Second, it applies only to research studies that produce quantitative findings, that is, studies using numbers to describe their findings. This rules out qualitative research like case studies or ethnography. Third, meta-analysis is a technique for encoding and analyzing the statistics that summarize research findings as typically presented in research reports. If the full data sets for the related studies are available, it'll generally be more appropriate and informative to analyze them directly using conventional procedures rather than meta-analyze summary statistics.

① Meta-analysis is a sole method to aggregate and report previous research.
② Theoretical papers can be accurately summarized by utilizing meta-analysis.
③ Statistical data are fundamental ingredients for conducting meta-analysis.
④ More informative findings are always reaped from studies with summary statistics.

📋 정답/해설 123p

01 밑줄 친 부분에 들어갈 말로 가장 적절한 것은?

Gymnasts boast incredibly _____ physical skills to perform a diverse range of movements like balancing precariously on a narrow beam.

① rigid
② clumsy
③ pliable
④ considerate

02 밑줄 친 부분과 의미가 가장 가까운 것은?

The volcano burst into eruption, spewing ash and lava into the sky.

① hung on
② broke into
③ leaned on
④ bumped into

03 어법상 옳은 것은?

① When are you going to get the vehicle to repair?
② A man carrying that appeared to be a gun was fatally shot by the police.
③ Which team member will be chosen to represent the company is still unclear.
④ The job posting specifies all of the applicants is required to apply before the deadline.

04 우리말을 영어로 잘못 옮긴 것은?

① 당신은 이사 전에 동네가 안전한지 확인해 봐야 한다.
→ You need to see if the neighborhood is safe before moving in.
② 혜성에 매료된 Kane은 그것들을 연구하는 데 많은 시간을 보냈다.
→ Fascinated by comets, Kane spent a lot of time studying them.
③ 나는 그 사진을 볼 때마다 나의 학창 시절이 떠오른다.
→ I never see the photo without remind myself of the school days.
④ 그 연예인이 사생활에서 하는 일은 언론의 큰 관심사다.
→ What the celebrity does in his private life is of great interest to the media.

05 밑줄 친 부분에 들어갈 말로 가장 적절한 것은?

A: I heard you got assigned to London.
B: That's right. I'll be there for the next two years. I'm just getting started on house-hunting.
A: I heard the rent can be pretty pricy over there.
B: The company is covering it, so _____. Getting used to everything new is what I worry about most, though.
A: Don't be a chicken. I know you'll handle it like you always do.
B: Thanks for the encouragement.

① that is none of your business
② living there would be so hard
③ that is not my biggest concern
④ I'm staying in my cousin's place

06 다음 글의 요지로 가장 적절한 것은?

Organizations aren't just collections of tasks and duties but are people working together to achieve a common goal. People shape an organization, determine how work gets done, decide employees' futures, and determine the success of the organization. In addition, the only way new employees will learn how to become successful in an organization (how to accomplish goals, what the culture is, how to sell their ideas, and so on) is from other people within the organization. These lessons are not written down and can be learned only from others within the organization. It then follows that building good relationships is the only way that they can be successful in their jobs. Without strong relationships within the organization, your new hires will not develop into outstanding performers.

① Trust and enthusiasm are essential virtues for new employees.
② Making employees satisfied in the workplace is always challenging.
③ The fairness of promotion greatly affects the atmosphere in the workplace.
④ A good human relationship at work is the key to the success of new hires.

Because of movies like *Pirates of the Caribbean*, many of us have a certain image of pirates. They speak with intense accents, and they make each other walk on the plank as punishment. However, the old, real-world pirates didn't match what you've seen on the screen. Most of all, an eyepatch was not a symbol of the notorious pirate captains ruling the seven seas as you thought. In fact, pirates did wear an eyepatch, but it was mainly for low-level sailors who had to go above and below decks all the time, doing every chore. In order to help their eyes _____, pirates would patch one eye. When they got into the dimly-lit cargo hold below the deck to pick up some rope, extra canvas, or cannonballs, they only had to switch the eyepatch to the other eye, and were able to easily locate what they wanted without torchlight.

① relax from intense sunlight
② track a target at a distance
③ remain uninjured after a battle
④ adjust more quickly to darkness

In the social sciences, love is seen as a relatively recent invention, introduced a few hundred years ago by only romantic Europeans.

(A) Using these phenomena, they found evidence for the presence of romantic love in 88.5 percent of the cultures. Clearly, love is not a phenomenon limited to the United States or Western culture.

(B) In a survey of 168 diverse cultures around the world, two anthropologists examined four sources of evidence for the presence of love: love songs, lovers' escape against the wishes of parents, cultural informants reporting lovesickness, and folklore depicting romantic entanglements.

(C) Research suggests that this is radically wrong. There is evidence that love is experienced by people in cultures worldwide.

① (B)−(A)−(C)   ② (B)−(C)−(A)
③ (C)−(A)−(B)   ④ (C)−(B)−(A)

Every situation presents you with the opportunity to design a new future. Even if you decide to adjust your course, by changing your thinking habits, you can still claim the knowledge and insight each experience offers. __(A)__, experiencing financial hardship early in life might later provide you with the courage to start your own business. The hardship might have actually dissolved your fear of failure. While the hardship might have seemed devastating at the time, in the future, the strength you gained might be just the hand up you need. __(B)__, from destructive experiences, you can bring about beneficial results. The choice is yours as to whether you will perceive your situation as something that is happening to you or something that you can benefit from.

	(A)		(B)
①	For example	······	However
②	For example	······	Thus
③	In contrast	······	Instead
④	In contrast	······	Similarly

Caffeine is a stimulant that keeps you awake and alert, found in various foods, drinks, and other products. According to the Mayo Clinic, the recommended amount of caffeine is up to 400 milligrams per day for healthy adults. Caffeine overdose may occur if you ingest more than this amount. Adolescents should limit themselves to no more than 100 mg of caffeine per day. Pregnant women should limit their daily intake to less than 200 mg of caffeine per day, since the effects of caffeine on the baby are not fully known. However, what constitutes a safe amount of caffeine differs for everyone based on age, weight, and overall health. The average half-life of caffeine in the blood ranges from 1.5 to 9.5 hours. This means it can take anywhere from 1.5 to 9.5 hours for the level of caffeine in your blood to drop to half of its original amount. This wide range in average half-life makes it difficult to know the exact amount of caffeine that can lead to overdose.

① Healthy adults should limit caffeine intake to 400 mg daily.
② The impact of caffeine on the baby remains uncertain.
③ Age, weight, and overall health influence a safe caffeine intake level.
④ The diverse half-life range helps predict caffeine overdose.

📋 정답/해설 125p

01 밑줄 친 부분과 의미가 가장 가까운 것은?

> Landlords with certain government-supported mortgages can defer payments as long as they maintain support for struggling renters.

① collect
② fasten
③ subtract
④ postpone

02 밑줄 친 부분과 의미가 가장 가까운 것은?

> Ultimately, the success of the new method boils down to one question: will it enhance productivity?

① fills out
② results in
③ backs up
④ stems from

03 밑줄 친 부분 중 어법상 옳지 않은 것은?

> You've often seen small animals ① lying dead by the side of the road. Automobiles have created a real danger for animals that want to cross from one side of a road to ② the other. Well, there's at least one highway in the world where small animals don't have to risk ③ dying. The highway runs between the cities of London and Exeter, in England. To keep small animals from ④ running over by automobiles, the English built an underpass beneath the highway.

04 우리말을 영어로 가장 잘 옮긴 것은?

① 그 멋진 시계는 내가 사기에는 너무 비쌌다.
→ The fancy watch was so expensive for me to buy.
② 그 작가는 유럽 각지로부터 꽤 많은 편지를 받았다.
→ The writer was given quite a few letters from different parts of Europe.
③ 그와 논쟁을 벌이려다가 헛수고가 되는 지점이 항상 있다.
→ There's always a point which trying to argue with him becomes futile.
④ 그들은 공개된 정치자금의 액수에 대해 의심을 품지 않을 수 없다.
→ They cannot help to harbor doubts about the amount of political funds disclosed.

05 두 사람의 대화 중 가장 어색한 것은?

① A: I sprained my ankle playing tennis yesterday.
B: It must have hurt. I hope it is better now.
② A: I wish I had studied harder for the midterm exam.
B: It's okay. You still have finals left.
③ A: Excuse me. Can I have this sweater in a medium size?
B: I'm sorry. They are out of order.
④ A: You ordered fish and chips. Is there anything else?
B: Not for now. I'll let you know if I need anything.

06 다음 글의 제목으로 가장 적절한 것은?

> Young children's lack of accurate perception of their abilities often keeps them motivated. In study after study, children rate their abilities and talents far better than their performance shows. When asked, children overestimate their physical abilities, their knowledge, and their intelligence. In one experiment, 650 2nd through 5th graders were asked to estimate their skills both academically and physically, before trying challenging events. The younger children almost always rated themselves at the maximum, and their ratings decreased linearly with age. In another series of studies, preschool children consistently overestimated their ability to imitate complex acts and therefore tried to imitate behaviors that were often way beyond their grasp. Developmental scientist David Bjorklund has posited that such poorly developed self-assessment encourages young children to attempt a wider range of behaviors, which in turn lets them practice and improve.

① The Risks of Overestimate
② The Effects of Early Education
③ The Importance of Children's Motivation
④ Children's Motivation Propeller: Overconfidence

07 밑줄 친 부분에 들어갈 말로 가장 적절한 것은?

Generative Adversarial Networks (GANs) are algorithmic architectures that use two neural networks, competing with each other in order to generate new, synthetic instances of data that can pass for real data. They are used widely in image generation, video generation, and voice generation. GANs were introduced in a paper by Ian Goodfellow and other researchers in 2014. GANs' potential for both good and evil is huge because they can _____ any type of data. That is, GANs can be taught to create worlds eerily similar to our real world in any domain: images, music, speech, prose. They are robot artists in a sense, and their output is impressive. But they can also be used to generate fake media content and are the technology underpinning deepfakes.

① help to retain   ② manage to access
③ learn to mimic   ④ disturb to customize

08 주어진 문장이 들어갈 위치로 가장 적절한 곳은?

But in fact the first recorded use of the term is in the early seventeenth century.

The Oxford English Dictionary defines technology as "a discourse or treatise on an art or arts; the scientific study of the practical or industrial arts." (①) The origins of the word come from the Greek word *techne*, so we might expect the term to have a long history. (②) Significantly, this coincides with the emergence of eras of specialization and industrialization in modern Western societies. (③) So the appropriation of the Greek term at that time signals an emerging sense of specialized expertise or knowledge about particular areas of skill — the very idea that some aspects of life and activity can be thought of as "technical." (④) This in turn has provided an abiding and profound legacy for our current common conceptions of the relation between "technology" and "society."

09 다음 글에 나타난 화자의 심경으로 가장 적절한 것은?

The frosty feeling is eating up my bones when I go into the water, as I try to get some swimming exercise. When I take each stroke with my arms, I can't see anything in the dark water. The water is overtaking me. Suddenly, something that is underneath the water's surface is stinging me, zapping my thigh. I don't know what it is! I fly out of the water as fast as I can. The stinging, burning pain is excruciating. My skin feels like it is on fire! I don't know if it is a venomous creature that I have come in contact with. My mind is racing because I am not sure what kind of nightmarish monster has just stung me and if it will be toxic to me.

① excited and hopeful
② cold and indifferent
③ scared and frightened
④ ashamed and embarrassed

10 다음 글의 내용과 일치하지 않는 것은?

The brain is an enormous interconnected network of specialized cells called neurons and supporting cells called glia. To transmit information in the brain, neurons pass signals to each other. This passing of signals can cause physical changes to the connections between cells. When we learn a skill (like riding a bike) or new information (like multiplication tables), we are building brain connections. The more we use those brain connections, the stronger they get. It's the reason "practice makes perfect." In the activity above, you can read about how injuries to certain brain areas cause certain memory functions to stop working. But just as important are the connections between them. If two brain areas can no longer communicate, then learning and memory can break down.

① 뉴런에 의한 신호 전달은 세포 사이의 물리적 연결을 변화시킬 수 있다.
② 우리가 새로운 기술이나 정보를 마주칠 때, 우리는 두뇌 연결을 형성한다.
③ 연습이 완벽을 만든다는 표현은 뇌 연결의 빈번한 사용과 관련이 있다.
④ 특정 뇌 부위의 손상은 두뇌 사이의 연결보다 기억 기능에 더 치명적이다.

Shimson_lab